실질사례로 중심으로한

고발 · 고소장
내용증명
탄원서 · 진정서

편저 : 대한실무법률편찬연구회
(콘텐츠 제공)

KB057357

대한민국 법률지식의 중심
법문북스

실질사례로 중심으로한

고발 · 고소장
내용증명
탄원서 · 진정서

편저 : 대한실무법률편찬연구회
(콘텐츠 제공)

대한민국 법률지식의 중심
법문북스

머 리 말

   인간이 동물과 다른 점은 사회생활을 하면서 인간의 도리에 맞는 사회규범과 법률을 만들어 지키고 이를 어기면 그에 상응한 처벌을 가해 범죄의 발생을 미연에 방지해 가며 서로 어우리고 보살피며 살아간다는 점입니다. 그래서 우리 조상들은 고조선시대부터 팔조금법을 만들었고, 조선시대에서는 경국대전속에 형전을 별도로 두어 이를 지키지 않는 자에게는 상당한 형벌을 부과하였습니다.

   경제가 발전하고 사회가 복잡해 갈수록 이에 따라 범죄의 태양도 다양화 되고 있으며, 또 일상생활을 하면서 부딪치다 보면 여러 가지 분쟁이 발생하여 서로 자신의 권리를 지키려고 다투게 되고, 이를 해결하기 위하여 내용증명을 우편으로 보내 합의적으로 원만하게 해결하기도 합니다. 그러나 합의가 이루어지지 않는 경우가 많아 형사적인 해결책으로 고소·고발을 하는 사례가 비일비재합니다.

   이 책에서는 법을 잘 몰라서 억울하게 손해를 보거나 누구에게나 주어진 권리를 찾아 주기 위하여 생활에 가장 기초적이며, 상식적인 법 규정들인 제1장에서는 내용증명에 대해서, 제2장에서는 고소에 대해서, 제3장에서는 고발에 대해서, 제4장에서는 탄원서, 제5장에서는 진정서의 해설과 작성사례 및 상담사례들을 체계적으로 묶어 누구나 쉽게 이해할 수 있도록 엮었습니다.

   여기에 수록된 상담사례 및 작성사례들은 개인의 법률문제 해결에

도움을 주고자 게재하였으며, 생활에서 발생하는 구체적 사안에 따라서 동일하지는 않을 것이므로 참고자료로 활용하시기 바랍니다.

이러한 자료들은 대법원의 자료와 법제처의 생활법령 및 대한법률구조공단의 서식과 상담사례, 한국소비자원의 자료들을 참고하였으며, 이를 정리, 분석하여 이해하기 쉽게 편집하였습니다,

이 책이 법을 몰라 억울하게 피해를 보고 있는 모두 분과 실무에 종사하시는 분들에게 큰 도움이 되리라 믿으며, 열악한 출판시장임에도 불구하고 흔쾌히 출간에 응해 주신 법문북스 김현호 대표에게 감사를 드립니다.

2018. 10.
편저자 드림

목　차

제1장 내용증명

제2장 고소(告訴)

제3장 고발(告發)

제4장 탄원서

제4장 진정서

제1장
내용증명

제1장 내용증명

1. 내용증명 안내

① 내용증명 우편은 분쟁이 생겼을 경우에 대비하여 상대방에게 어떤 내용을 통지하였다는 것을 증거로 남겨두기 위하여 동일한 내용의 서신 3통을 우체국에 제출하면 서신의 끝에 '내용증명우편'임을 날인한 후 1통은 우체국에서 보관하고, 1통은 상대방에게 발송하며, 1통은 발송인이 보관하는 특수우편제도로서 개인 상호간의 채권·채무관계나 권리의무를 명확히 할 필요가 있을 때에 주로 이용되고 있습으며, 발송인이 수취인에게 어떤 내용의 문서를 언제 발송하였다는 사실을 우편관서가 공적으로 증명해 주는 우편서비스입니다.

② 내용증명 우편은 언제, 누구에게 어떤 내용의 문서를 발송했다는 사실을 우체국이 보증하는 특수우편으로서, 서면내용의 정확한 전달은 물론 보낸 사실에 대한 증거로서 활용됩니다.

예를 들면 방문판매, 전화권유판매, 통신판매, 할부거래 등 계약의 해지요구는 서면으로 알려야 하는데, 일반우편 발송시에는 분실되거나 수신자가 받은 사실을 부인 또는 수취 거절하는 경우가 있으므로 이를 예방하기 위해서는 내용증명 우편을 이용하는 것이 바람직합니다.

③ 우편관서에서는 문서내용과 발송사실만을 증명해 줄 뿐이고 내용증명을 발송하였다는 사실만으로 법적 효력이 발생되는 것이 아님을 유의하여야 합니다.

④ 내용증명 우편물은 등기통상으로 취급되어 배달기록을 남기고 있으며 언제 배달하였다는 것을 증명하는 '배달증명' 우편물로 발송하면 안전합니다.

⑤ 내용증명으로 발송한 우편물은 3년간 우체국에서 보관하며, 이 기간 내에는 해당 우체국에 특수우편물수령증, 주민등록증 등을 제시해 본인임을 입증하면 보관중인 등본의 열람을 청구할 수 있으며 필요시에는 복사를 요

청 할 수도 있습니다.

⑥ 내용증명 우편물의 배달 소요일은 등기통상으로 접수한 다음날부터 3일 이내 배달되고, 익일특급으로 접수한 내용증명은 다음날 배달됩니다. 다만, 14시 이전 결제 완료된 경우에 한하여 다음날 배달되며, 다량건은 100통이하 까지만 익일특급이 가능합니다. 토요일, 일요일 및 공휴일은 배달소요일수에서 제외됩니다.

2. 내용증명 작성하기

① 내용증명 우편의 작성에 정해진 규칙이 있는 것은 아닙니다. A4용지 한쪽 면만을 사용하여 상대방에게 알리고자 하는 내용을 6하 원칙에 의거 작성하되, 한글 또는 한자로 자획을 명료하게 작성하여야 하며, 공공의 질서 또는 선량한 풍속에 반하는 내용의 문서를 써서는 안 됩니다.

② 작성한 내용증명의 내용을 삽입 또는 정정하고자 할 때는 "정정", "삽입"의 문자와 정정 또는 삽입하고자 하는 글자 수를 빈 난에 표기하고 인장을 찍어야 하며, 이 때 정정한 글자는 명확하게 알아볼 수 있도록 남겨두어야 합니다.

③ 내용증명은 다음과 같은 경우에 이용합니다.

1. 전화권유에 의해 회원권, 어학교재, 학습지, 월간지 등을 구입 또는 이용계약을 한 후 철회기간 이내(14일)에 청약의 철회를 요구할 때

2. 방문판매로 자격증 교재, 건강식품, 유아용 교재, 가전제품 등을 구입 또는 스포츠센터 이용계약을 한 후 철회기간 이내(14일)에 청약의 철회를 요구할 때

3. 인터넷 쇼핑몰, TV홈쇼핑, 통신판매를 이용하여 물품이나 서비스상품을 구입한 후, 철회기간 이내(7일)에 청약의 철회를 요구할 때, 할부로 물품을 구입한 후, 철회기간 이내(7일)에 청약의 철회를 요구할 때

4. (상행위를 목적으로 할부계약을 체결한 경우 제외)물품 등을 할부로 구

입 후, 아래와 같은 사유로 매도인과 신용제공자에 항변권을 행사하고
자 할 때 할부계약이 무효·취소 또는 해제된 경우

가. 목적물이 약속된 날짜까지 인도되지 않은 경우

나. 매도인이 하자담보책임을 이행하지 않은 경우

다. 기타 매도인의 채무불이행으로 인하여 할부계약의 목적을 달성할 수
없는 경우

라. 기타 서면에 의한 의사표시 및 이에 대한 증빙자료가 필요할 때

5. 정기간행물 구독, 스포츠센터 이용, 피부관리실 이용 등 일정기간 동안
구독 또는 이용계약을 하고 그 기간 중에 구독 또는 이용을 중단하거
나 계약을 해지하고자 할 때

3. 내용증명 발송방법

작성된 내용증명은 수신인에게 1통 발송하고, 1통은 발신인에게, 나머지 1
통은 우체국에서 보관합니다. 다만, 신용카드로 결제하였거나 통신회사에서
대금을 청구한 경우에는 신용카드사 또는 통신회사에도 내용증명을 발송해
야 하고 이 결제 과정에 중간결제대행업체를 통해 결제한 경우 결제대행업
체에도 발송합니다.

4. 내용증명의 효력

① 내용증명의 효력은 수신자의 수취 여부와 상관없이 발송한 날부터 발생
합니다. '내용증명'은 단지 내용과 발송사실만을 우편관서에서 증명해 줄뿐
이고 법적 효력은 사법기관의 판단사항이므로 내용증명 발송만으로 법적
효력이 인정되는 것은 아니나 본안소송 제기에 앞서 의무의 이행을 촉구(이
행의 최고)하거나 증거력을 확보하기 위한 수단 등으로 개인 상호간에 주
로 이용되고 있습니다.

② 민법의 규정에 따라 일반적으로 도달된 때로부터 효력이 발생하나 통신판매, 방문판매, 할부거래에 있어 청약철회를 요청하는 경우에는 발송한 날부터 효력이 발생합니다.

5. 내용증명의 이용범위 및 재증명 청구

① 내용증명은 국내우편의 특수취급이기 때문에 외국으로 발송하는 우편물에는 이용할 수 없습니다. 다만, 국내에 거주하는 외국인에게는 국내 우편물로 발송이 가능합니다.

② 내용증명 우편물 발송 후 발송인이나 수취인이 내용문서의 등본이나 원본을 분실하였거나 새로운 등본이 필요할 때에는 당해 내용증명 우편물을 발송한 다음 날로부터 3년까지는 발송우체국에서 내용증명의 열람이나 재증명을 청구할 수 있습니다.

6. 인터넷 내용증명의 특징

① 우체국 방문없이 24시간 인터넷우체국을 통하여 내용증명을 신청할 수 있습니다.

② 내용증명 문서는 전자서명 및 위·변조방지 등을 통하여 원본의 무결성을 보장하며 안전하게 내용을 증명하여 3년동안 전자문서로 보관하므로 보관기간인 3년 이내 언제든지 인터넷 상에서 내용문서를 조회하거나 재증명 받을 수 있습니다.

③ 편지병합(메일 머지) 기능을 이용하여 다수의 수취인에게 주소와 일부내용을 달리한 다량의 내용증명을 발송하기에 편리합니다.

④ 동문내용증명 : 내용문서는 최대 150매(내용문, 보내는 분·받는 분 주소·성명, 내용증명인과 전자소인 포함) 제한, 1회 발송 가능한 받는 분의

수는 4320명까지 가능합니다.

⑤ 메일머지를 이용하는 내용증명 : 받는 분 2명부터 이용 가능, 내용문서는 150매(내용문, 보내는 분·받는 분 주소·성명, 내용증명인과 전자소인 포함)로 제한합니다.

⑥ 문서파일 작성 기준 : A4(세로), 여백 기준 : 상20mm, 하40mm, 좌15mm, 우15mm

⑦ 문서편집 툴 이용 시 유의사항

문서편집 툴에서 [문서 첨부하기] 가능한 문서파일 : 아래한글, MS-WORD, 파워포인트, PDF, 엑셀, 넥셀 등을 사용해야 하며, 문서파일 상·하단에 쪽번호, 꼬리말 등이 추가되면 파일 업로드가 불가합니다.

⑧ 내용증명 샘플 양식을 다운받아 수정편집이 가능하며, 제공되는 편집 툴에 문서파일을 업로드하거나, 직접 문서를 편집 신청도 가능합니다.

7. 신용카드 할부결제시 청약 철회, 항변권을 통한 피해 구제방법

7-1. 신용카드 할부금액, 이런 경우 지급 거절할 수 있습니다.

① 최근 상품 및 서비스를 신용카드로 할부 구매한 후 판매업자가 상품 인도를 지체하는 등 계약을 불이행함에 따라 카드할부금액의 결제 중지(지급 거절)를 요구하는 민원이 다발하고 있어,

금융감독원은 할부거래관련 '청약 철회권' 및 '항변권'에 대한 소비자들의 정확한 이해가 필요하다고 판단하여 소비자 경보를 발령하였습니다.

② 민원사례

   ▫ 아기성장앨범 촬영·제작 대금을 신용카드 일시불로 결제하였으나, 해당 업체가 경영난으로 임시 휴업하여 계약이행이 어려운 상황이 되자 카드사에 카드결제대금의 환불을 요청하였으나 거절한 경우.(☞ 일시불 또는 할부기간경과 결제건은 항변권 대상이 아님)

   ▫ 애견센타에서 강아지를 30만원에 6개월 할부로 구매하여 집에 데리

고 왔으나, 어디가 아픈지 잘 먹지도 않아서 구매처에 환불을 문의해 보니 판매시 문제가 없었기 때문에 환불은 불가하다고 거절한 경우.(☞ 농수축산물은 철회·항변권 대상이 아님)

□ 신용카드 할부로 휘트니스클럽 이용권을 구입하여 서비스를 이용중 어느 날 휴업하여 더 이상 이용을 할 수 없게 되어 카드사에 환불을 요청하였으나 거절한 경우.(☞ 7일이 경과하여 철회권 대상은 아니지만, 잔여할부금에 대한 항변권 주장은 가능)

□ 영업목적으로 커피자판기를 할부로 구입한 후 잦은 고장으로 업체에 교환 또는 할부계약취소를 요청했으나, 아무런 조치가 없어 카드사에 잔여할부 금의 지급중지를 요구하였으나 거절 한 경우.(☞ 사업자가 상행위 목적으로 구매한 경우 항변권 대상이 아님)

7-2. 할부 결제의 경우 청약철회 및 항변권을 주장할 수 있습니다.

① 상품·서비스 대금을 신용카드 할부로 결제한 경우에는 「할부거래에 관한 법률」에 따라 청약의 철회(제8조) 및 소비자의 항변권(제16조) 행사가 가능합니다. 다만, 일시불로 결제한 경우, 할부기간이 경과한 경우, 3개월 미만 할부결제의 경우에는 철회·항변권 행사가 불가능합니다.

② 따라서, 할부 결제후 판매업자(카드 가맹점)의 휴·폐업으로 인한 상품 인도 지체, 약정한 서비스 미제공 등의 피해가 예상되는 경우 신속한 청약 철회·항변권 행사를 통해 피해금액의 확대를 방지할 필요가 있습니다.

할부계약 철회권 및 항변권 개요

구분	청약 철회권	항변권
근거	「할부거래에 관한 법률」 제8조	「할부거래에 관한 법률」 제16조
개념	할부 구입일 또는 목적물 인도를 받은 날로부터 7일이내 철회(취소)를 요청할 수 있는 권리	할부계약기간 중 잔여 할부금의 지급을 거절할 수 있는 권리
공통요건	거래금액이 20만원이상이고 할부기간이 3개월 이상인 거래(다만, 동법 제3조에 명시한 '사업자가 상행위를 위하여 공급을 받는 거래, 농·수·축산물 및 임·광산물로서 제조업에 의해 생산되지 아니한 것, 의약품, 보험, 부동산 등'은 제외됨)	
적용대상	본인의 자유의사에 따라 거래를 취소하고 싶은 경우	재화·서비스 등이 계약내용대로 이행되지 않은 경우 등
	<u>철회권 행사가 불가능한 경우</u> -소비자에게 책임있는 사유로 당해 상품이 멸실 또는 훼손된 경우 -사용에 의하여 그 가치가 현저히 감소될 우려가 있는 경우(자동차 등) -복제할 수 있는 재화 등의 포장을 훼손한 경우(음반·비디오물 및 소프트웨어) -설치에 전문인력 및 부속자재 등이 요구되는 경우(냉동기, 전기냉방기, 보일러) 등	<u>항변권 행사가 가능한 경우</u> -할부계약이 무효·취소·해지된 경우 -상품·서비스의 전부(일부)가 계약에서 정한 시기까지 공급·제공되지 않은 경우 -가맹점이 하자담보책임을 이행하지 않거나, 채무불이행으로 인하여 할부계약의 목적을 달성할 수 없는 경우 -다른 법률에 따라 정당하게 청약을 철회한 경우

* 행사방법 : 철회·항변요청서(신용카드 매출전표 뒷면 참고) 작성 후 해당 가맹점과 카드사에 발송

7-3. 신용카드로 구매시 할부결제 활용방법 및 유의사항

① 상품·서비스의 제공기간이 장기(長期)이거나, 거래처(가맹점)의 계약이행 능력 및 신용 등이 의심스러운 경우에는 카드 구매시 일시불 보다 할부(3개월이상) 결제를 이용하면, 계약 불이행시 철회·항변권 행사를 통해 피해를 줄일 수 있습니다.

② 다만, 할부 결제는 할부기간에 걸쳐 동일 금액을 분할하여 지불하는 형태로서 할부수수료가 부과되며, 할부수수료는 회원별 이용실적 및 신용도 등에 따라 차등 적용되므로 할부 결제전 반드시 확인이 필요합니다.

  * 할부수수료 = 할부잔액(이용원금-기결제원금) × 할부수수료율 ×사용일수 ÷ 365

< 할부수수료율 확인 방법 >

> ▶ 이용대금명세서 및 카드사 홈페이지 등을 통해 확인 가능
> ▶ 금융감독원의 '금융소비자보호처'내 '금융상품 비교'나 여신전문금융협회 홈페이지 '신용카드 상품별 수수료율'을 통해서 개별회사의 수수료 비교 가능

7-4. 철회·항변권 주장이 불가능한 사례 확인은 필수

① 모든 할부 거래에 대하여 철회·항변권 행사가 가능한 것이 아니며 상행위를 위한 거래, 농·수·축산물 등 제조업에 의하여 생산되지 아니한 물건(애완견 등) 및 의약품·보험·부동산 등의 거래는 철회·항변권 대상에서 제외됩니다.

② 또한, 소비자에게 책임있는 사유로 제품이 훼손된 경우, 사용에 따른 가치가 현저히 감소될 우려가 있는 경우(자동차 등), 전문인력 및 부속자재 등이 요구되는 설치의 경우(보일러, 전기냉방기 등) 등은 할부계약 철회도 불가능합니다.

[참고]

할부거래에 관한 법률

제3조(적용제외)이 법은 다음 각호의 거래에는 적용하지 아니한다.

1. 사업자가 상행위(商行爲)를 위하여 재화등의 공급을 받는 거래. 다만, 사업자가 사실상 소비자와 같은 지위에서 다른 소비자와 같은 거래조건으로 거래하는 경우는 적용한다.

2. 성질상 이 법을 적용하는 것이 적합하지 아니한 것으로서 대통령령으로 정하는 재화등의 거래

> **동법 시행령 제4조**(법 적용에서 제외되는 거래) 법 제3조제2호에서 "대통령령으로 정하는 재화등의 거래"란 다음 각 호의 어느 하나에 해당하는 재화등의 거래를 말한다.
> 1. 농산물·수산물·축산물·임산물·광산물로서 「통계법」 제22조에 따라 작성한 한국표준산업분류표상의 제조업에 의하여 생산되지 아니한 것
> 2. 「약사법」 제2조제4호에 따른 의약품
> 3. 「보험업법」에 따른 보험
> 4. 「자본시장과 금융투자업에 관한 법률」 제4조에 따른 증권 및 같은 법 제336조제1항제1호에 따른 어음
> 5. 부동산

제8조(청약의 철회) ① 소비자는 다음 각 호의 기간(거래당사자가 그 보다 긴 기간을 약정한 경우에는 그 기간을 말한다) 이내에 할부계약에 관한 청약을 철회할 수 있다.

1. 제6조제1항에 따른 계약서를 받은 날부터 7일. 다만, 그 계약서를 받은 날보다 재화등의 공급이 늦게 이루어진 경우에는 재화등을 공급받은 날부터 7일

2. 다음 각 목의 어느 하나에 해당하는 경우에는 그 주소를 안 날 또는 알 수 있었던 날 등 청약을 철회할 수 있는 날부터 7일

   가. 제6조제1항에 따른 계약서를 받지 아니한 경우

   나. 할부거래업자의 주소 등이 적혀 있지 아니한 계약서를 받은경우

   다. 할부거래업자의 주소 변경 등의 사유로 제1호의 기간 이내에 청

약을 철회할 수 없는 경우

3. 제6조제1항에 따른 계약서에 청약의 철회에 관한 사항이 적혀있지 아니한 경우에는 청약을 철회할 수 있음을 안 날 또는 알 수 있었던 날부터 7일

4. 할부거래업자가 청약의 철회를 방해한 경우에는 그 방해 행위가 종료한 날부터 7일

② 소비자는 다음 각 호의 어느 하나에 해당하는 경우에는 제1항에 따른 청약의 철회를 할 수 없다. 다만, 할부거래업자가 청약의 철회를 승낙하거나 제6항에 따른 조치를 하지 아니한 경우에는 제2호부터 제4호까지에 해당하는 경우에도 청약을 철회할 수 있다.

1. 소비자에게 책임있는 사유로 재화등이 멸실되거나 훼손된 경우. 다만, 재화등의 내용을 확인하기 위하여 포장 등을 훼손한 경우는 제외한다.

2. 사용 또는 소비에 의하여 그 가치가 현저히 낮아질 우려가 있는 것으로서 대통령령으로 정하는 재화등을 사용 또는 소비한 경우

동법 시행령 제6조(소비자가 청약의 철회를 할 수 없는 경우) ① 법 제8조제2항제2호에서 "대통령령으로 정하는 재화등"이란 다음 각 호의 어느 하나에 해당하는 재화등을 말한다.

1. 「선박법」에 따른 선박
2. 「항공법」에 따른 항공기
3. 「철도사업법」 및 「도시철도법」에 따른 궤도를 운행하는 차량
4. 「건설기계관리법」에 따른 건설기계
5. 「자동차관리법」에 따른 자동차
6. 설치에 전문인력 및 부속자재 등이 요구되는 것으로서 다음 각 목에 해당하는 재화를 설치한 경우
   가. 「고압가스 안전관리법」 제3조제4호에 따른 냉동기
   나. 전기 냉방기(난방 겸용인 것을 포함한다)
   다. 보일러

---

3. 시간이 지남으로써 다시 판매하기 어려울 정도로 재화등의 가치가 현저히 낮아진 경우

4. 복제할 수 있는 재화등의 포장을 훼손한 경우

5. 그 밖에 거래의 안전을 위하여 대통령령으로 정하는 경우

> **동법 시행령 제6조(소비자가 청약의 철회를 할 수 없는 경우)** ② 법 제8
> 조제2항제5호에서 "대통령령으로 정하는 경우"란 다음 각 호의 어느
> 하나에 해당하는 경우를 말한다.
> 1. 할부가격이 10만원 미만인 할부계약. 다만, 「여신전문금융업　법」
> 에 따른 신용카드를 사용하여 할부거래를 하는 경우에는 할　부가격
> 이 20만원 미만인 할부계약을 말한다.
> 2. 소비자의 주문에 따라 개별적으로 제조되는 재화등의 공급을 목　적
> 으로 하는 할부계약

③ 소비자가 제1항에 따라 청약을 철회할 경우 제1항에 따른 기간 이내
에 할부거래업자에게 청약을 철회하는 의사표시가 적힌 서면을 발송하여
야 한다.

④ 제1항에 따른 청약의 철회는 제3항에 따라 서면을 발송한 날에 그 효
력이 발생한다.

⑤ 제1항 또는 제2항을 적용함에 있어서 계약서의 발급사실과 그 시기,
재화등의 공급 사실과 그 시기 및 제2항 각 호 중 어느 하나에 해당하는
지 여부에 관하여 다툼이 있는 경우에는 할부거래업자가 이를 입증하여야
한다.

⑥ 할부거래업자는 제2항제2호부터 제4호까지의 규정에 따라 청약을 철
회할 수 없는 재화등에 대하여는 그 사실을 재화등의 포장이나 그 밖에
소비자가 쉽게 알 수 있는 곳에 분명하게 표시하거나 시용(試用) 상품을
제공하는 등의 방법으로 소비자가 청약을 철회하는 것이 방해받지 아니하
도록 조치하여야 한다.

제16조(소비자의 항변권) ① 소비자는 다음 각 호의 어느 하나에 해당하
는 사유가 있는 경우에는 할부거래업자에게 그 할부금의 지급을 거절할
수 있다.

1. 할부계약이 불성립·무효인 경우

2. 할부계약이 취소·해제 또는 해지된 경우

3. 재화등의 전부 또는 일부가 제6조제1항제2호에 따른 재화등의 공급

시기까지 소비자에게 공급되지 아니한 경우

4. 할부거래업자가 하자담보책임을 이행하지 아니한 경우

5. 그 밖에 할부거래업자의 채무불이행으로 인하여 할부계약의 목적을 달성할 수 없는 경우

6. 다른 법률에 따라 정당하게 청약을 철회한 경우

② 소비자는 간접할부계약인 경우 제1항 각 호의 어느 하나에 해당하는 사유가 있으면 할부가격이 대통령령으로 정한 금액 이상인 경우에만 신용제공자에게 할부금의 지급을 거절하는 의사를 통지한 후 할부금의 지급을 거절할 수 있다.

> **동법 시행령 제11조(소비자의 항변권 제한)** 법 제16조제2항에서 "대통령령으로 정한 금액"이란 10만원을 말한다. 다만, 「여신전문금융업법」에 따른 신용카드를 사용하여 할부거래를 하는 경우에는 20만원을 말한다.

③ 소비자가 제2항에 따라 신용제공자에게 지급을 거절할 수 있는 금액은 할부금의 지급을 거절한 당시에 소비자가 신용제공자에게 지급하지 아니한 나머지 할부금으로 한다.

④ 소비자가 제1항에 따른 항변권의 행사를 서면으로 하는 경우 그 효력은 서면을 발송한 날에 발생한다.

⑤ 할부거래업자 또는 신용제공자는 소비자의 항변을 서면으로 수령한 경우 지체 없이 그 항변권의 행사가 제1항에 해당하는지를 확인하여야 한다. 제1항에 해당하지 아니하는 경우 소비자의 항변을 수령한 날부터 다음 각 호의 어느 하나에 해당하는 영업일 이내에 서면으로 소비자의 항변을 수용할 수 없다는 의사(意思)와 항변권의 행사가 제1항 각 호의 어느 하나에 해당하지 아니한다는 사실을 소비자에게 서면으로 통지하여야 한다.

1. 할부거래업자는 5영업일

2. 신용제공자는 7영업일

⑥ 할부거래업자 또는 신용제공자가 제5항에 따른 통지를 하지 아니한 경우에는 소비자의 할부금 지급 거절의사를 수용한 것으로 본다.

⑦ 할부거래업자 또는 신용제공자는 제1항부터 제6항까지의 규정에 따라

소비자가 할부금의 지급을 거절한 경우 소비자와 분쟁이 발생하면 분쟁이 해결될 때까지 할부금 지급 거절을 이유로 해당 소비자를 약정한 기일 이내에 채무를 변제하지 아니한 자로 처리하는 등 소비자에게 불이익을 주는 행위를 하여서는 아니 된다.

■ 각종 내용증명 작성사례

① 미성년자 할부구입 책 계약취소 통고서

내 용 증 명

수 신 인 ○ ○ ○
   주 소 ○○시 ○○구 ○○동 ○○번지
발 신 인 ○ ○ ○
   주 소 ○○시 ○○구 ○○동 ○○번지

계약해지 통고

1. 귀하의 무궁한 발전을 기원합니다.

2. 다름이 아니오라 본인의 자 ○○○(만○○세)가 20××년 00월 00일 학교 앞에서 문화서적시리즈 1세트를 월15,000원씩 20개 월간 납입하기로 하고 귀하에게 구입하였습니다.

3. 그러나 본인의 자 ○○○는 미성년자로서, 민법상 행위무능력자가 책을 구입하는 법률행위를 할 경우에는 반드시 법정대리인인 부모의 동의를 얻어야 하는데, 위 경우 법정대리인의 동의 없이 물품을 구입하였으니 이를 취소합니다.

4. 또한,「방문판매 등에 관한 법률」의 규정에 따라 본인은 계약서를 교부받은 날로부터 14일 이내에 계약을 철회하며, 인도받은 서적을 반환하오니 양지하시기 바랍니다.

       20○○. ○. ○.
       위 발신인 ○ ○ ○ (서명)

(해설)

1. 내용증명

① 내용증명은 우편법 시행규칙 제25조 ①항 4호 가목에 따라 등기취급을 전제로 우체국창구 또는 정보통신망을 통하여 발송인이 수취인에게 어떤 내용의 문서를 언제 발송하였다는 사실을 우체국이 증명하는 특수취급 제도입니다.

예컨대 채무이행의 기한이 없는 경우 채무자는 이행의 청구를 받은 때로부터 지체책임을 지게 되며 이 경우 이행의 청구를 하였음을 증명하는 문서로 활용할 수 있습니다.

2. 내용증명의 활용

① 민법은 시효중단의 한 형태로 「최고」를 규정하고 있으며 「최고」 후 6월 내에 재판상의 청구, 파산절차참가, 화해를 위한 소환, 임의출석, 압류 또는 가압류, 가처분을 하지 않는 경우 시효중단의 효력이 없는 것으로 규정하고 있습니다.

따라서 소멸시효가 임박한 경우 「최고서」를 작성하여 내용증명우편으로 송부하고 소송 시 「최고」를 하였음을 입증하는 자료로 사용할 수 있습니다.

② 계약의 해제(해지), 착오 등을 이유로 취소하는 경우 내용증명을 통하여 의사표시를 하는 것이 후일 분쟁을 미리 예방 할 수 있는 방법이 될 수 있습니다.

③ 민법 제450조는 지명채권의 양도는 양도인이 채무자에게 통지하거나 채무자의 승낙을 요하며, 통지나 승낙은 확정일자 있는 증서에 의하지 않으면 채무자 이외의 제3자에게 대항할 수 없도록 규정하고 있습니다.

따라서 채권의 양도통지를 할 경우 내용증명에 의하여 통지하면 제3자에게도 대항할 수 있게 됩니다.

(※ 배달증명은 확정일자 있는 증서로 보지 않음 대법원 2001다80815)

② **주택임대차 계약해지(임대료 연체) 통고서**

내 용 증 명

수 신 인   ○ ○ ○
　　　　　주 소   ○○시 ○○구 ○○동 ○○번지
발 신 인   ○ ○ ○
　　　　　주 소   ○○시 ○○구 ○○동 ○○번지

임대차계약 해지 통고

1. 본인은 귀하와 0000년 00월 00일 본인 소유의 주택에 대하여 다음과 같이 임대차계약을 체결한 바 있습니다.
　목적물 : 00시 00로 00번길 00 00길 000호 아파트 000㎡
　임차보증금 : 금 00,000,000원
　월 임대료 : 금 000,000원
　임대차기간 : 0000년 00월 00일부터 0000년 00월 00일까지

2. 귀하는 위 계약에 따라 본인에게 계약금 금0,000,000원을 계약당일 지급하고, 나머지 금00,000,000원은 같은 해 00월 00일 지급하여 잔금지급일부터 입주해 오고 있습니다.

3. 그런데, 귀하는 0000년 00월부터 아무런 사유 없이 월임대료를 지급하지 아니하여 본인은 0000년 00월 00일자 등 수 차례 귀하에게 체납 임대료 지급을 최고하였습니다.

4. 그럼에도 불구하고 귀하는 체납 임대료를 지급하지 않고 있어 본인은 귀하에게 서면으로 임대차계약 해지를 통지하오니 본 서면을 받는 즉시 위 건물을 명도해주시고 밀린 임대료를 지급하여 주시기 바랍니다. 만일, 위 기한내 건물명도 및 체납 임대료를 변제하시지 않으면 본인은 부득이 법적 조치를 하겠으니 양지하시기 바랍니다.

　　　　　　　　　　　20○○. ○. ○.
　　　　　　　　　　　위 발신인   ○○○ (서명)

(해설) 임대차계약의 중도 해지의 사유

임대차 기간의 약정이 있더라도 다음과 같은 사유가 있는 경우에는 임대차계약을 중도에 해지할 수 있습니다. 이 경우에는 해지의 의사표시가 상대방에게 도달한 때 임대차는 종료됩니다.

① 임차인이 임대차계약을 해지할 수 있는 경우

1. 임대인이 임차인의 의사에 반하여 보존행위를 하는 경우 임차인이 이로 인해 임대차의 목적을 달성할 수 없는 때(「민법」 제625조)

2. 상가건물의 일부가 임차인의 과실 없이 멸실 그 밖의 사유로 사용·수익할 수 없는 경우 그 잔존부분으로 임차의 목적을 달성할 수 없는 때(「민법」 제627조)

② 임대인이 해지할 수 있는 경우

1. 임차인이 임대인의 동의 없이 임차권을 양도하거나 임차상가건물을 전대한 경우(「민법」 제629조제2항).

2. 임차인의 차임연체액이 3기의 차임액에 달하는 경우(「상가건물 임대차보호법」 제10조의8)

3. 임차인이 상가건물을 계약 또는 그 상가건물의 성질에 따라 정하여진 용법으로 이를 사용·수익하지 않은 경우(「민법」 제654조에 따른 제610조 제1항의 준용)

③ 차임연체 및 해지(「상가건물 임대차보호법」 제10조의8)의 규정은 「상가건물 임대차보호법」 제2조제1항 단서에 따라 지역별로 정해진 보증금의 일정 기준금액을 초과하는 임대차에 대해서도 적용합니다(「상가건물 임대차보호법」 제2조제3항).

③ 잔금최고 및 이행지체로 인한 계약해제 통지서

통　지　서

받는 사람　성　명 :
　　　　　　주　소 :
보내는 사람　성　명 :
　　　　　　주　소 :
　　　　　　연락처 :

잔금최고 및 이행지체로 인한 계약해제

<부동산의 표시>
　<매매금액>　금　　　　　원(₩　　　　　　　　)
　계약금 : 0000원은　20△△년 △월 △일(계약일)에 지불한다.
　중도금 : 0000원은　20▲▲년 ▲월 ▲일 지급키로 한다.
　잔　금 : 0000원은　20●●년 ●월 ●일 지급키로 한다.

1. 위와 같이 甲과 乙은 20○○. ○. ○. □□부동산에서 매매계약을 체결하고 계약금은 20△△.△.△.에, 중도금은 20▲▲.▲.▲.에 지급이 이루어졌습니다.

2. 본인이 잔금지급기일에 □□부동산 중개사무실에서 소유권이전에 필요한 서류를 모두 준비하여 잔금을 지급할 것을 최고하였으나 이행하지 않았고, 이후에도 수차 본인이 소유권이전에 필요한 서류를 준비한 채 잔금을 지급할 것을 통보하였으나 계속해서 잔금지급을 이행하지 않았습니다. 이러한 사실은 □□부동산의 공인중개사 ◇◇◇도 확인하였습니다. 이에 본인은 부득이 내용증명을 발송하며 20○○. ○. ○.까지 잔금을 지급하지 않으면 20◆◆. ◆. ◆.자로 별도의 서신통보 없이

계약이 해제됨을 통지합니다.

3. 계약이 해제되면 계약금은 매도인의 소유가 되고 중도금 일부금 ○
○○원(₩   )은 이로 인한 손해액을 감액하고 남는 금액에
대해서는 반환 또는 공탁할 것임을 통보합니다.

20　년　월　일

위 발신인 :　　　　　　　(서명)

(해설)

① 내용증명의 필요성

1. 매도인이 소유권이전등기에 필요한 서류를 갖추고 잔대금 지급과 동
   시에 이전등기 및 인도를 하려고 하였으나 매수인이 잔대금을 지급기
   일에 지급하지 않아 이행지체에 빠진 상태라면 매도인은 상당한 기
   간을 정하여 그 이행을 최고한 후, 상당한 기간이 도과하면 매매잔
   대금 미지급을 이유로 매매계약을 해제할 수 있습니다(민법 544조).

2. 이 경우 매도인이 매매계약을 해제하지 아니하고 방치한다면 매매계
   약이 그대로 존속된 상태이기 때문에 매수인이 잔대금 지급을 하면
   서 소유권이전등기를 요구할 경우 매도인은 소유권이전등기절차에
   응하여야 하는 경우가 발생할 수 있습니다. 따라서 매도인이 매매
   계약으로부터 이탈하여 평온하게 소유자로서의 권리를 행사하기 위
   해서는 내용증명 등으로 매매계약의 해제를 통보하여 위와 같은 사
   례가 발생하는 것을 방지할 필요가 있습니다.

3. 위와 같이 매매계약을 해제할 때 매매계약으로 인해 발생한 손해가
   있다면 매도인은 매매계약 해제로 인한 손해에 대한 손해배상청구
   도 가능합니다(민법 551조). 본 서식에서는 매매계약 해제로 인한
   손해액을 반환하여야 할 중도금에서 공제하는 형식을 취하고 있습
   니다.

② 주의할 점

1. 대법원 판례는 쌍무계약의 당사자 일방이 먼저 한번 현실의 제공을 하고 상대방을 수령지체에 빠지게 하였다 하더라도 그 이행의 제공이 계속되지 않는 경우는 과거에 이행의 제공이 있었다는 사실만으로 상대방이 가지는 동시이행의 항변권이 소멸하는 것은 아니므로, 일시적으로 당사자 일방의 의무의 이행제공이 있었으나 곧 그 이행의 제공이 중지되어 더 이상 그 제공이 계속되지 아니 하는 기간 동안에는 상대방의 의무가 이행지체 상태에 빠졌다고 할 수는 없다고 할 것이고, 따라서 그 이행의 제공이 중지된 이후에 상대방의 의무가 이행지체 되었음을 전제로 하는 손해배상청구도 할 수 없다(대법원 1999. 7. 9. 선고 98다13754판결)라고 판시하고 있습니다.

2. 위 판례를 토대로 볼 때, 매수인을 이행지체 상태에 빠지게 하여 매매계약을 적법하게 해제하기 위해서는 매도인이 소유권이전등기의무를 이행하기 위한 준비 상태를 유지하고 있었다는 점을 내용증명에서 명시하는 것이 필요합니다(본 서식에서는 이러한 사실을 명시하면서 그 사실을 □□부동산의 공인중개사 ◇◇◇이 확인하였다는 것도 추가적으로 명시하고 있습니다). 그렇지 않을 경우 매수인측에서 동시이행항변권을 주장하여 이행지체로 인한 손해배상청구는 물론 계약 해제도 불가능할 수 있습니다.

③ 작성요령

매매당사자의 인적사항 및 매매대상인 부동산과 계약금·중도금·잔금 등 매매금액, 잔대금 미지급으로 인해 매수인이 이행지체에 빠지게 된 사정(잔금지급을 수차에 걸쳐서 독촉한 사정)을 기재한 후 매수인이 매매계약 불이행으로 매매계약을 해제한다는 사실을 기재하여 기명날인하면 됩니다.

④ 공사계약 해제 및 손해배상 청구서

내 용 증 명

발 신 인 ○ ○ ○

　　　　　주 소 ○○시 ○○구 ○○동 ○○길 ○○

수 신 인 ○ ○ ○

　　　　　주 소 ○○시 ○○구 ○○동 ○○길 ○○

계약해제 및 손해배상 청구

1. 본인은 20○○. ○. ○○. 본인 소유의 ○○시 ○○구 ○○길 ○○
   소재 ○○고시원 신축공사에 대하여 귀하와 아래와 같은 도급계약을
   체결하였습니다.
   (1) 공 사 기 간 : 20○○. ○. ○○. 착공
   (2) 총　　대　금 : 금 300,000,000원
   (3) 완　　공　일 : 20○○. ○. ○○
   (4) 대금지급방법 : 공사착수시에 선급금으로 금1억원을 지급하고,
   　　나머지는 공사가 끝나는 즉시 전액 지급하기로 함.

2. 본인은 위 계약에 따라 20○○. ○. ○○ 선급금으로 금 100,000,000
   원을 지급하였고, 귀하는 20○○. ○. ○○. 공사에 착수하였으나 같은
   해 ○○. ○. 공사비가 없어 공사를 하지 못하니 나머지 공사대금을
   달라고 사정하여 할 수 없이 본인은 귀하를 신뢰하고 나머지 공사대
   금 전액 200,000,000원 지급한 바 있습니다.

3. 그런데 귀하는 공사대금을 지급받은 후 며칠 동안은 공사를 착실히

하더니 이후 다른 곳의 일이 바쁘다며 공사를 미루기 시작하여 벌써 완공일로부터 6개월이나 지났고, 현재 공정율은 약 70%정도밖에 되지 않고 있습니다.

4. 귀하도 주지하듯이 본인은 그간 수차에 걸쳐 계속 공사이행을 촉구하였으나 귀하는 매번 이런저런 핑계를 대며 조금만 기다려주면 바로 진행을 하겠다는 말만 되풀이 해 왔으나, 본인도 더 이상은 귀하를 신뢰할 수 없고 공사 지연으로 인한 피해를 마냥 방치할 수 없는 입장이기에 본 통지서로 귀하와의 공사도급계약을 해제합니다.

5. 아울러 본 계약 고시원건물을 신축하여 임대할 목적이었음은 귀하도 잘 알고 있듯이 귀하의 계약불이행에 따른 공사대금 반환뿐만 아니라 공사 지연으로 인한 임료 상당의 손해배상 등 본인이 입은 모든 피해에 대하여 추가로 청구할 것임을 분명히 밝혀 둡니다.

20○○.   ○.   ○.

위 발신인   ○ ○ ○ (서명)

⑤ **토지 매매계약 해제 및 계약금 등 반환청구서**

토지 매매계약 해제 및 계약금 등 반환청구

수신인 : ○○○(계약서상 ○○공영개발의 대표)

　　　　서울 ○○구 ○○동 ○○길 ○○

발신인 : ○○○(주민등록번호)

　　　　서울 ○○구 ○○동 ○○길 ○○

1. 매매계약 내용

> 매매 목적 부동산 : ○○도 ○○시 ○○동 ○○번지
>
> 계약일자 : 20○○. ○○. ○○.
>
> 매매대금 : 일금　　　　　원
>
> 　　　　(단, 계약금 600만원은 계약 당시 지급, 잔금　　　원은
>
> 　　　　　　　20○○. ○○. ○○. 지급하기로 약정)

2. 최고인은 귀하와 위와 같은 내용의 매매계약을 체결하였으나 위 매매 목적 부동산은 해당 지번에 대하여 부동산이 존재하지 않으므로 민법 546조에서 정하는 이행불능인 계약으로서 최고인은 계약을 해제할 수 있다 할 것이고, 최고인은 이 건 최고로서 위 매매계약을 해제하는 바이며, 귀하는 같은 법 제546조에 의거 받은 계약금을 반환할 의무가 있다 할 것입니다.

3. 이에 최고인은 귀하가 2013. 4. 19.까지 위 계약금 600만원을 발신인의 계좌(우리은행 : ○○○-○○○○○○-○○-○○○ 예금주 : ○○○)로 반환하여 주실 것을 본 내용증명으로 정중히 요구합니다.

4. 만약 위 기일까지 반환되지 않는다면 최고인은 어쩔 수 없이 법원에 소액심판을 청구할 수밖에 없으며, 소 제기의 경우는 귀하(및 주식회사 ○○공영개발)가 계약금을 수령한 날의 다음날부터 민법 소정의 연 5%의, 소장 부본 송달 다음날부터 다 갚는 날까지 소촉법 소정의 연 20%의 각 비율에 의한 지연손해금과 소송비용, 소장 대서비용 및 강제집행비용 등 제반 비용을 부담해야 할 것인바, 귀하가 반환할 금액도 많이 늘어나게 될 것임을 최고하니 위 기일까지 반드시 지급하여 주시기 바랍니다.

5. 또한 귀하는 계약일 다음날을 잔금 지급일로 정한 점, 귀하는 주식회사 ○○공영개발의 대표이사도 아님에도 ○○공영개발 명의의 계약을 체결하면서 귀하를 대표로 기재한 점, 존재하지도 않은 부동산에 대한 매매계약을 체결한 점 등에 비추어 귀하는 최고인을 기망하여 착오에 빠지게 하고 그 처분행위로 재산적 이득을 얻은 사기죄에 해당한다고 할 것이므로 위 3항의 요구사항이 지켜지지 않을 경우는 사기 혐의로도 고소할 것이라는 점도 염두에 두시기 바랍니다.

20○○.   ○.   ○.

위 최고인   ○○○ (서명)

(관련판례)

매도인이 위약시에는 계약금의 배액을 배상하고 매수인이 위약시에는 지급한 계약금을 매도인이 취득하고 계약은 자동적으로 해제된다는 조항은 위약 당사자가 상대방에 대하여 계약금을 포기하거나 그 배액을 배상하여 계약을 해제할 수 있다는 해제권 유보조항이라 할 것이고 최고나 통지없이 해제할 수 있다는 특약이라고 볼 수 없다(대법원 1982.04.27. 선고 80다851 판결).

⑥ **누수로 인한 임대차계약 해지 통지 및 보증금 반환청구서**

내용증명

수신인 : ○ ○ ○ (주민등록번호)
　　　　　인천 ○○구 ○○동 ○○길 ○○
발신인 : ○ ○ ○ (주민등록번호)
　　　　　서울 ○○구 ○○동 ○○길 ○○

누수로 인한 임대차계약 해지 통지 및 보증금 반환청구

1. 발신인은 귀사 소유인 서울 ○○구 ○○동 ○○길, 지층 안쪽 방 2칸에 대하여 계약기간을 2012. 4. 15.부터 2014. 4. 15.까지 24개월로, 임대차보증금을 35,000,000원으로 정하고 거주하고 있는 임차인입니다.

2. 상기 물건지에 대해서 올해 7월부터 큰방 쪽의 심한 누수와 큰방과 작은방, 주방 벽면의 심한 곰팡이로 인하여 도저히 사람이 살 수 없는 상황이고, 발신인이 귀하에게 얘기하니 귀하는 수리해 준다고 했다가 보증금을 반환해 준다고 했다가 지키지도 않는 약속들을 반복하거나 사는 데 지장이 없다는 등 발신인의 요구사항을 전혀 받아들이지 않고 있습니다.

3. 이에 발신인은 계약기간 내이지만 위와 같은 사유로 계약 종료를

요구하며, 새로운 입주자가 결정되지 않더라도 이 내용증명을 송달받은 날로부터 7일 이내에 임대차 보증금 및 이사비용 원(단 이사 올 당시 기준임, 이하 같음), 부동산동개수수료 원 반환하여 주실 것을 본 내용증명으로 요구합니다.

4. 위와 같은 발신인의 요구사항에 불응할 경우, 발신인은 임차보증금 반환 등 청구의 본안소송과 임차권등기신청사건의 각 소송비용, 판결 이후의 강제집헹에 따른 집행비용 등을 귀하가 부담해야 한다는 사실을 미리 고지하니, 부디 빠른 시일 내에 보증금을 반환하여 상호간에 불미스런 일이 발생치 않도록 해 주시기 바랍니다.

20○○. ○. ○.

발신인 ○○○ (서명)

⑦ **자동차소유권이전등록절차 이행청구서(매매)**

내 용 증 명

수 신 인 ○ ○ ○
        주 소 ○○시 ○○구 ○○동 ○○번지
발 신 인 ○ ○ ○
        주 소 ○○시 ○○구 ○○동 ○○번지

자동차소유권이전등록절차 이행청구

1. 귀하의 무궁한 발전을 기원합니다.

2. 본인은 20○○. ○. ○. 귀하에게 본인 소유차량(서울○○다○○○○호, 승용차)을 대금 금○○○원에 매도하고 당일 자동차 인도와 함께 자동차이전등록에 필요한 서류일체를 교부한 바 있습니다.

3. 그러나 귀하는 본인 명의로 되어 있는 자동차소유자등록명의를 지금까지 이전해가지 않아 자동차등록세가 본인에게 청구될 뿐만 아니라, 귀하가 위 자동차를 운행하다가 교통사고를 발생시키는 경우 본인이 등록명의자로서 손해배상을 청구 당할 것이 예상되는 등의 여러 가지 피해가 예견되고 있습니다.

4. 이에 본인은 귀하에게 20○○. ○. ○.까지 자동차소유자등록 명의를 이전하여 갈 것을 최고하며, 만약 귀하께서 이행치 아니할시 부득이 명의이전 지연으로 인한 손해에 대한 배상청구와 함께 자동차소유자등록명의 이전을 위한 법적인 절차를 취할 수밖에 없음을 통지하니 양지하시기 바랍니다.

20○○.   ○.   ○.
위 발신인   ○ ○ ○ (서명)

⑧ 자동차 매매계약 해약통고서

해약통고서

수 신 인　○　○　○
　　　　　주 소　○○시 ○○구 ○○동 ○○번지
발 신 인　○　○　○
　　　　　주 소　○○시 ○○구 ○○동 ○○번지

1. 본인은 수신인 ○○○와 20××. 7.15. 스타렉스자동차(72서 6540)에 대하여 현찰 1천만 원과 할부금 220만원을 10개월간 매월 분납하던 것을 넘겨받아 대납하는 조건으로 총 1,220만원에 매매계약을 체결하여 자동차를 넘겨받았습니다.

2. 본인이 매매계약 체결 후 현대캐피탈에 확인한 결과 할부원금 1,100만원 중 잔금이 9,743,667원이라고 나타났으며, 매도인인 수신인 ○○○가 할부금액을 속이고 계약한 사기에 의한 매매계약으로 원인 무효이므로 자동차매매계약 취소를 통고하였습니다.

3. 20××. 7. 26.까지 10,639,000원(원금 1천만 원, 등기비용 외 639,00원)을 조속히 반환하여 주시고 만일 이를 어길시 법적조치를 강구할 예정임을 알려드립니다.

첨부 : 매매계약서 사본 1부.

20××년 0월 00일
발신인 : ○　○　○(서명)

⑨ 교재 반품 요청서

교재 반품 요청서

수 신 인   ○ ○ ○
　　　　　주 소　○○시 ○○구 ○○동 ○○번지
발 신 인   ○ ○ ○
　　　　　주 소　○○시 ○○구 ○○동 ○○번지

1. 본인은 20××. 7. 12. ooo 대학교 자연과학 캠퍼스 공대 앞에서 귀사의 영업사원이 대학생을 대상으로 한 설문에 응하였습니다.

2. 귀사 영업사원(박○○)의 설명은 모니터 요원이 되면 인터넷강의와 교재 복사, 책자제공 등 다양한 혜택을 받을 수 있으며 토익영어 교재인 000을 구입하는 것이 아닌 교재평가를 위하여 형식상으로 계약을 맺는 것이고 모니터 기간인 4년 중 본인이 원하는 때에 10회로 분납하여 납입하면 된다고 하여 모니터요원이 되어 교재를 받았습니다.

3. 그러나 영업사원의 말과 다르게 교재대금을 매달 입금하라는 독촉전화와 연체경고장까지 오고 있고 당초 설명한 가입조건과 상이하고 교재내용 또한 부실하기에 000 교재를 반품처리해 줄 것을 요청합니다.

　　　　　　　　　　　　　　　　　20××. 12. 14
　　　　　　　　　　　　　　　　　발신인 : ○ ○ ○(서명)

내 용 증 명

수 신 인 ○ ○ ○
          주 소 ○○시 ○○구 ○○동 ○○번지
발 신 인 ○ ○ ○
          주 소 ○○시 ○○구 ○○동 ○○번지

대여금 변제 최고

1. 귀하의 무궁한 발전을 기원합니다.

2. 귀하는 20○○. ○. ○. ○○:○○경 본인을 방문하여 "신용카드대금이 연체되어 신용카드회사에서 사기로 고소한다고 하니 금 ○○○원을 대여해주면, 이자는 연 18%로 20○○. ○. ○.까지는 틀림없이 변제해준다"고 하여 당일 본인은 귀하에게 위 금원을 대여해 준 적이 있습니다.

3. 본인은 변제기한인 20○○. ○. ○. 도과 후 귀하에게 수차에 걸쳐 대여금의 반환을 요구하였으나 귀하는 현재까지 이런저런 이유로 대여금의 반환을 미루고 있습니다.

4. 이에 귀하에게 대여 원리금 금 ○○○원을 20○○. ○. ○.까지 반환하여 줄 것을 최고하며, 만약 귀하께서 이행치 아니할시 부득이 법적인 조치를 취할 수밖에 없음을 통지하니 양지하시기 바랍니다.

                  20○○. ○. ○.
                  위 발신인 ○ ○ ○ (서명)

⑪ 상가임대차계약 갱신권 요구 주장 최고서

최 고 서

수 신 인 ○ ○ ○ 님
　　　　○ ○ 도　○ ○ 시　○ ○ ○　○ ○ 하이츠　○ ○ ○ - ○ ○ ○

1. 최고인은 귀하로부터 2010. 9. 8.자 우체국 소인이 찍힌 내용증명에서 점포의 인도를 요구받았는바, 귀하의 주장사항에 대하여는 아래 2항에서와 같이 답변하고, 아울러 귀하의 인도요구에 대한 최고인의 입장을 아래 3항에 적은 바와 같이 답변하는 바입니다.

2. 가. 최고인인 귀하의 요구에 따라 기존 100만원이던 월세를 2008. 10. 20.부터 월 110만원을 지급하여 인상해드린 바 있습니다.

　　나. 화장실 시설의 개선은 법률적으로나 상도의적으로나 임대인인 귀하가 해야 할 사항이라 할 것입니다.

　　다. 현재 돌출간판은 2개이며 최고인이 더 설치한 것이 없습니다. 또한 귀하가 2008년경 건물을 보수하면서 기존 간판을 버려, 최고인의 비용으로 50만원을 들여 재설치한 바 있습니다.

　　라. 요금 경쟁 등은 자본주의의 기본이라 할 것임에도 이를 임대인인 귀하가 문제 삼는 건 참으로 이해할 수 없는 부분입니다.

3. 최고인은 2006. 11. 7. 귀하 소유인 ○○시 ○○동 171-17 소재 3층 건물 중 3층 전부에 대하여 계약기간을 2007. 11. 7.까지로 약정하고 당구장으로 임차하여 현재까지 묵시적으로 갱신된 계약에 의해 영업 중이며, 4년이 되는 시점은 올해 11. 7.경이라 할 것입니다. 귀하의 요구에 대하여 최고인은 상가건물임대차보호법 제

10조의 규정에 따라 계약의 갱신을 요구하니 널리 이해해 주시기 바랍니다. 참고로 위 법에 따른 갱신요구권에 따라 최고인은 5년간은 영업을 계속할 수 있고, 갱신되는 임대차는 전 임대차와 동일한 조건으로 다시 계약된 것으로 보게 되어 있으므로 참고하시기 바랍니다.

20 .   .   .

최고인   김 ○ ○ (서명)

○○시 ○○동 ○○○-○○

⑫ 주택 월세계약서 정당성 입증요청서

내 용 증 명

수 신 인 ○ ○ ○
            주 소   ○○시 ○○구 ○○동 ○○번지
발 신 인 ○ ○ ○
            주 소   ○○시 ○○구 ○○동 ○○번지

주택 월세계약서 정당성 입증요청

1. 본인은 20○○. ○. ○. ○○공인중개사(○○동 ○○-○○ 소재) 송○○을 통하여 월세계약을 체결하고 위 본인의 주소로 20○○. ○. ○. 이사하면서 월세 보증금 300만원을 지불하고 20○○. ○. ○. 위 박○○씨에게 1개월분의 월세 22만원(국민은행 ○○○-○○○-○○○○)을 송금하였습니다.

2. 그런데 20○○. ○. ○.경 김○○이란 사람이 건물등기부등본을 소지하고 위 본인이 거주하고 있는 곳으로 찾아와 "자신이 주인인데 누구와 계약하고 입주하였느냐 당장 조치하고 나가달라"고 하여 박○○씨에게 연락하여 원만한 조치가 이루어지길 요청하였습니다.

3. 그러나 20○○. ○. ○. 현재까지 아무런 통보가 없어 당분간 월세 송금을 유보하겠으며 박○○은 계약의 정당성을 입증하지 못하면 원인무효 계약으로 월세보증금 반환청구는 물론 이사비용 지불, 정신적 피해 등의 손해배상을 청구코자 하니 이점 양지하여 주시기 바랍니다.

첨부 : 주택 월세계약서 사본 1부.

20○○. ○. ○.
발신인 : ○ ○ ○(서명)

내 용 증 명

수 신 인　(주)OOOO
　　　　　　　　대표이사　O　O　O
　　　　　　주 소　OO시 OO구 OO동 OO번지
발 신 인　OO금융주식회사
　　　　　　　　대표이사　O　O　O
　　　　　　주 소　OO시 OO구 OO동 OO번지

가압류 해지통보

1. 귀사가 20××. 3. 2. 대위변제한 당사에 대한 (주)OOOO의 채무와 관련하여 당사가 20××. 3. 23.자로 발송한 "(주)OOOO 채무 대위변제에 따른 가압류 해지 협의" 제목의 공문(문서번호 : OO(주) 제20××-102호)과 관련된 사항입니다.

2. 귀사의 20××. 3. 2.자 대위변제로 법적근거를 상실한 당사의 OOO 소유 귀사 발행주식에 대한 가압류(주식회사 OO의 당사에 대한 채무와 관련하여 당사가 20××. 10. 15. 설정)와 관련하여 현재 채권자인 귀사에 가압류 해지와 관련된 의견을 요청하였으나 아무런 회신이 없어 당사로서는 부득이 20××. 10. 16. 자로 가압류 해지를 신청할 것을 통보 드립니다.

　　　　　　　　　　　　　20OO. O. O.
　　　　　　　　　　　　발신인 : O　O　O(서명)

⑭ 법적절차 착수통지서

내 용 증 명

수 신 인   ○ ○ ○
　　　　 주 소　 ○○시 ○○구 ○○동 ○○번지
발 신 인   ○○은행 ○○지점
　　　　　 지점장　 ○ ○ ○
　　　　 주 소　 ○○시 ○○구 ○○동 ○○번지

법적절차 착수통지서

1. 당 행은 계속적인 연체 독촉 안내에도 불구하고 아직까지 연체를 정리하시지 않아 고객님의 동산과 부동산에 대한 법적조치가 곧 실행될 것을 안내해 드림을 유감스럽게 생각합니다.

2. 법적조치가 착수된 이후에 고객님께서 연체를 정리하시기를 원할 경우 고객님께서 연체금 이외에도 추가적으로 발생된 법적 비용을 납부하셔야 함을 알려 드립니다.

3. 따라서 연체금을 납부하실 경우 반드시 당 행에 연락을 하신 후 송금하시기 바랍니다.

문의처 :개인금융부 채권관리팀

　　　　　　　　　 200○. ○. ○.
　　　　　　　　　 발신인 : ○ ○ ○(서명)

내 용 증 명

수 신 인   ○ ○ ○
　　　　　주 소   ○○시 ○○구 ○○동 ○○번지
발 신 인   ○○은행 ○○지점
　　　　　　지점장   ○ ○ ○
　　　　　주 소   ○○시 ○○구 ○○동 ○○번지

경매실행 착수통지서

평소 저희 신용보증기금을 아껴주신 후의에 감사드립니다.
귀하와 관련된 다음의 채무에 대하여 그간 수차에 걸쳐 상환을 촉구
하였으나 현재까지 상환되지 아니하여 부득이 경매를 착수하게 되었음
을 통지하오니 양지하시기 바랍니다.

아　래

1. 경매착수 물건
 - 소재지 : 충남 홍성군 장곡면 죽전리 46외
 - 소유자 : 장○○
 - 주 채무자 : (주)○○여행
2. 채무현황(20○○. 7. 15. 현재)

대위변제일	구상권 총액	비고
20○○. 10. 29.	150,577,870	(주)○○여행

20○○. 12. 14.
발신인 : ○ ○ ○(서명)

내 용 증 명

수 신 인   ○○병원 병원장 ○ ○ ○
　　　　　　주 소   ○○시 ○○구 ○○동 ○○번지
발 신 인   ○○손해보험주식회사
　　　　　　　　대표이사 ○ ○ ○
　　　　　　주 소   ○○시 ○○구 ○○동 ○○번지

입원에 관한 소견의뢰서

1. 귀 의료기관의 성의 있는 진료와 노력에 감사드립니다.

2. 자동차손해배상법 제11조제1항의 규정에 의하여 우리 회사에서 귀 의료기관에 자동차보험 진료수가로 지급 보증한 입원환자의 향우 입/퇴원 여부에 대하여 질의하오니 "치료소견서(붙임서식)"를 작성하여 이 공문을 수령하신 날로부터 7일 이내(토요일 및 공휴일 제외)에 우리 회사에 제출될 수 있도록 협조하여 주시기 바랍니다.

3. 회신기간이 지나도록 답변을 지연하는 경우에는 자동차보험 진료수가 분쟁심의회의 심사지침에 의거 지연기간에 대한 입원료 및 식대는 귀 의료기관의 부담이 됨을 알려 드립니다.

별첨 : 치료소견서(의료법 시행규칙 제12조에 의거함) 2부
　　　　대물 파손사진 2부.

20○○. 12. 14.
발신인 : ○ ○ ○(서명)

⑰ 피해발생에 따른 손해배상 청구통보서

내 용 증 명

수 신 인 　○ ○ ○
　　　　　주 소　ОО시 ОО구 ОО동 ОО번지
발 신 인 　○ ○ ○
　　　　　주 소　ОО시 ОО구 ОО동 ОО번지

1. 당 학원에 고용된 박○○ 강사는 입사 시 성실히 근무 할 것을 약속하고 입사하였으나 갑작스런 무단결근과 연락두절로 인하여 환불 및 재등록 포기 등 학원에 금전적 피해와 이미지 추락 등 커다란 피해를 줌은 물론 향후 후임자가 채용되기까지 3주 이상의 시간이 소요되고 이후 학원이 정상화되기까지 피해가 클 것으로 판단되어 그 피해사실을 다음과 같이 통보합니다.

- 다 음 -

　o 환불건수 6건(추후 정확한 금액 산정 첨부예정)
　o 박○○강사로 인한 재등록 포기건 6건(1,800,000원)
　o 무단결근에 따른 보상일수 600,000원
　o 기타 박○○으로 인해 입은 무형의 피해(학원 이미지 추락, 정신적인 피해), 법적소송비용 등을 손해배상 청구할 예정임

2. 위와 같이 귀하의 무책임한 행동으로 인한 피해에 대한 당사자인 박○○의 사과와 후임자와의 인수인계 등성의 있는 행동이 없을 경우 즉시 법적조치를 취할 것임을 분명히 밝히며 법적조치를 위한 전 단계로 구체적인 피해사실을 내용증명으로 통보합니다.

20××년 0월 00일
발신인 : ○ ○ ○(서명)

⑱ 연체 금액 최고장

내 용 증 명

수 신 인   (주)ㅇ ㅇ ㅇ
　　　　　　주 소   ㅇㅇ시 ㅇㅇ구 ㅇㅇ동 ㅇㅇ번지
발 신 인   ㅇ ㅇ ㅇ
　　　　　　주 소   ㅇㅇ시 ㅇㅇ구 ㅇㅇ동 ㅇㅇ번지

저희 경비시스템을 이용하고 계신 고객님께 진심으로 감사드립니다.

고객님께서 매월 납부하시는 경비서비스 이용료가 현재 아래와 같이
연체되어 있어 당사로서는 부득이 시스템경비 이용계약(공정거래위원회
인증 표준약관) 규정에 따라 경비서비스를 중지할 수밖에 없음을 양지
하시고 아래 기한까지 연체금액을 완납하여 주시기 바랍니다.

 1. 납입기간 : 20××. 8. 15.(우체국 010025-02-009526 (주)ㅇ ㅇ ㅇ)
 2. 중지일자 : 연체금액 미납 시 20××. 8. 16.부터 서비스 중지
 3. 연체금액 : <u>202,000원</u>(20××. 6, 7월분 잔액)

※ 연체금액은 20××. 7. 31자를 기준으로 작성하였으며 이후 입금
　내역은 반영되어 있지 않습니다.
※ 궁금한 사항은 0000- 0000로 문의바랍니다.

20××. 12. 14.
빌신인 : ㅇ ㅇ ㅇ(서명)

⑲ 채무 부존재로 인한 대금 청구 취소 통지서

대금 청구 취소 통지서

▶ 수 신 인
○ 업체명 : ○○신용정보(주)(전화번호 00-000-0000)
○ 주   소 : ○○시 ○○구 ○○동 ○○번지
▶ 발 신 인
○ 계약자 : 홍길동(전화번호 010-0000-0000)
○ 주   소 : ○○시 ○○구 ○○동 ○○번지
▶ 사 유

본인은 고등학교 3학년으로 미성년자였던 20××년경 ○○시 ○○구 ○○동에 실습을 갔다가 판매업자로부터 각종 질환에 효과가 있다는 설명을 듣고 스쿠알렌을 구입하였습니다.

이건 건강보조식품을 복용하여 보니 두드러기가 발생되는 등 부작용이 있어 반품을 요구하니 판매업자는 이미 복용하였다고 하며 이를 거부하여 동 식품을 집에 보관해 놓았습니다.

이후 판매업자로부터 연락이 없었으나 최근 귀사에서 전화를 해 와 이건 건강보조식품 대금과 연체금으로 120만원을 납부하라고 하는 바 본인은 동 식품의 부작용으로 복용을 중단하고 구입 취소 의사를 하였으므로 14년이나 경과된 상태에서 귀사에서 대금을 청구하는 것은 부당하다고 판단됩니다.

따라서 본인은 귀사에 지급할 채무가 없음을 통보하오니 차후 대금 독촉을 중단하여 줄 것을 요구합니다.

20××년 0월 00일
발신인 : 홍길동(서명)

⑳ 부도난 학원 수강료 신용카드 할부금 청구 취소 통지서

잔여 학원 수강료 반환 요구건

▶ 수 신 인
○ 업체명 : ○○학원(전화번호 000-000-0000)
○ 주 소 : ○○시 ○○구 ○○동 ○○번지
▶ 발 신 인
○ 계약자 : 홍길동(전화번호 011-000-****)
○ 주 소 : ○○시 ○○구 ○○동 ○○번지
▶ 계약 내역
○ 계약일자 : 20××. 0. 0.
○ 계약내용 : 중국어 3개월 강좌
○ 계약금액 및 결제방법 : 250,000원(○○카드 3개월 분납)
▶ 사 유
1. '××.0.0. 귀사를 방문, 중국어 강좌를 3개월간 수강하기로 계약
   하고 대금 25만원을 ○○카드사로부터 발급받은 신용카드를 사
   용, 3개월 할부로 결제하였습니다.
2. '××.0월 1개월간 정상적으로 이건 중국어 강좌를 수강하였으나
   동년 0.0.당분간 휴강한다고 하였으나 최근 대표자가 부도로 행
   방불명되어 동 학원의 운영이 불가능한 점을 알게 되었습니다.
3. 본인은 3개월간 중국어 강좌를 수강하기로 계약하였으나 1개월밖
   에 수강하지 못하였으므로 귀사에서는 잔여 수강료를 즉각 환급
   하여 줄 것을 요구합니다.

20××. 0. 00.
발신인 : 홍길동(서명)

학원수강료 신용카드 할부금 취소 통보

▶ 수 신 인

○ 업체명 : ○○카드 항변권 담당자(전화번호 02-000-0000)

○ 주   소 : ○○시 ○○구 ○○동 ○○번지

▶ 발 신 인

○ 계약자 : 홍길동(전화번호 010-000-0000)

○ 주   소 : ○○시 ○○구 ○○동 ○○번지

▶ 계약 내역

○ 계약일자 : 20××. 0. 0.

○ 계약내용 : 중국어 3개월 강좌

○ 계약금액 및 결제방법 : 250,000원(○○카드 3개월 분납))

○ 가맹점 : ○○학원(○○시 ○○구 ○○동 ○○번지)

○ 신용카드번호 : 0000-0000-0000-0000

▶ 사 유

1. 본인은 '20××.0.0. 귀사의 가맹점인 ○○학원과 중국어 강좌를 3개월간 수강하기로 계약하고 대금 25만원을 귀사로부터 발급받은 신용카드를 사용, 3개월 할부로 결제하였습니다. 당분간 휴강한다고 하여 기다렸으나 위 가맹점 대표가 부도를 내고 잠적한 것을 알게 되었습니다.

2. 가맹점의 부도로 이건 중국어 강좌를 수강할 수 없으므로, 할부거래에 관한 법률 제12조의 규정에 의거, 귀사에서는 동 강좌 수강료와 관련된 신용카드 할부금 청구를 취소하여 줄 것을 요구합니다.

첨부 : 가맹점에 발송한 잔여수강료 반환 통지서 사본 1부. 끝.

20××. 0. 00.

발신인 : 홍길동(서명)

㉑ 부작용 발생된 화장품 반품 통지서

화장품 반품 통지서

▶ 수 신 인
  ○ 업체명 : ○○화장품(전화번호 000-000-0000)
  ○ 주　소 : ○○시 ○○구 ○○동 ○○번지
▶ 발 신 인
  ○ 계약자 : 홍길동(전화번호 000-000-0000)
  ○ 주　소 : ○○시 ○○구 ○○동 ○○번지
▶ 물품 구입 내역
  ○ 계약일자 : 20××. 0월말
  ○ 구입물품 : 기초 화장품 세트
  ○ 구입금액 : 410,000원(10개월 할부, 계약금 1만원 지급)
▶ 사유

20××.0월 중순 귀사의 영업사원이 방문, 화장품 세트 구입을 권유하며 트러블 발생될 경우 언제라도 반품 처리된다는 설명을 하여 본인은 위와 같은 조건으로 화장품을 구입하였으나, 이 화장품을 사용한 직후 트러블이 발생되어 사용을 중단하고 위 영업사원에게 이를 통보하였으나 별다른 조치를 취해 주지 않고 있던 중 0.00경 대금을 납부하라는 지로용지를 받습니다.

귀사의 연락처를 알게 되어 본인은 이건 화장품 사용후 부작용이 발생된 점을 설명하고 반품의사를 통보하였으나 반품기한(구입후 14일)이 경과되었고 부작용 발생 사실을 입증할 수 없으므로 반품 처리가 불가하다는 답변을 들었습니다.

본인은 이건 화장품을 사용한 직후 부작용이 발생되어 영업사원에게 연락하였으나 어떠한 조치를 하라는 통보를 받은 적이 없고, 동 화장품 구입당시 계약서를 받지 못하여 사업자의 연락처를 알 수 없어 반품 요구가 지연된 것이므로 귀사에서는 동 화장품을 조속히 회수해 갈 것을 요구합니다.

20××년 0월 00일

발신인 : 홍길동(서명)

가스레인지 반품 통지서

▶ 수 신 인
 ○ 업체명 : ○○상사 (전화번호 02-000-0000)
 ○ 주   소 : ○○시 ○○구 ○○동 ○○번지
▶ 발 신
 ○ 계약자 : 홍길동 (전화번호 000-000-0000)
 ○ 주 소 : ○○시 ○○구 ○○동 ○○번지
▶ 물품 구입 내역
 ○ 계약일자 : 20××. 0. 0.
 ○ 구입물품 : 가스레인지
 ○ 계 약 액 : 159,000원(4회 분납)
▶ 사유

20××.6.4. 귀사 영업사원 .안철.이 방문, 시청에서 가스 점검차 나왔다고 하며 기존에 사용하던 가스레인지에서 가스가 샌다고 하며 다른 가스레인지로 교환하라고 권유하여 위와 같은 조건으로 구입하였습니다.
그후 알아보니 귀사의 직원은 시청과는 무관하고 가스를 점검할 자격이 없을 뿐 아니라 기존 사용해 오던 가스레인지는 전혀 문제가 없으며 귀사에서 공급한 가스레인지는 2구 제품으로 시중가와 비교하여 볼 때 상당히 고가인 것을 알게 되었습니다.
본인은 허위설명으로 이건 가스레인지를 구입하였으므로 귀사에서는 조속히 동 제품을 회수해 가고 당초 설치되었던 가스레인지를 재설치하여줄 것을 요구합니다.

20××년 0월 00일
발신인 : 홍 길 동(서명)

㉓ 효능없는 연료절감기 반품 통지서

효능없는 연료절감기 반품 통지

▶ 수 신 인
ㅇ 업체명 : OO상사 (전화번호 000-000-0000)
ㅇ 주 소 : OO시 OO구 OO동 OO번지

▶발 신 인
ㅇ 계약자 : 홍길동(전화번호 010-0000-****)
ㅇ 주 소 : OO시 OO구 OO동 OO번지

▶ 물품 구입 내역
ㅇ 계약일자 : 20××. 0. 00.
ㅇ 구입물품 : 연료절감기
ㅇ 물품가액 : 598,000원(OO카드 12개월 할부 결제)

▶ 사 유
20××.0.00. OO군 OO면 OO농협 앞에서 귀사의 직원이 차량을 점검해 준다고 하여 본 네트를 열어 준 바 무료라고 하며 1개월 사용해 본 후 주변에 홍보만 해달라고 하며 엔진오일 코팅제를 넣었고 잠시 후 다른 직원이 와서 연료를 30%정도 절감해 준다고 하며 일방적으로 연료절감기를 장착하였습니다.

그후 귀사의 담당 부장이라는 자가 와서 계약서를 작성하며 12만원 상당의 엔진오일코팅제는 무료로 제공하는 대신 연료절감기 대금이 598,000원이라고 하며, 추후 10년간 종합보험료의 10%를 지원해 주므로 실제 경제적인 부담이 없다고 하며 위 대금을 결제해 줄 것을 요청하였고 이에 본인은 당초 무료라는 설명과 차이가 있음을 설명하고 이를 거부하였습니다.

그러자 위 영업사원들이 본인의 집까지 와서 대금 납부를 강요하며 본인은 불가피하게 누나 홍길순의 신용카드 번호를 알려 주게 되었습니다.

본인은 귀사의 직원들이 일방적으로 이건 물품을 장착한 후 대금 결제를 강요하여 불가피하게 누나의 신용카드 번호를 알려 주게 되었고 이건 연료절감기에 대한 효능도 신뢰할 수 없으므로 귀사에서는 동 제품을 회수해 갈 것을 요구합니다.

20××년 0월 00일

발신인 : 홍길동(서명)

연료절감기 신용카드 대금 청구 취소

▶ 수 신 인
  ○ 업체명 : OO카드 항변권 담당자(전화번호 02-0000-0000)
  ○ 주 소 : OO시 OO구 OO동 OO번지

▶발 신 인
  ○ 계약자 : 홍길동 (전화번호 010-0000-****)
  ○ 주 소 : OO시 OO구 OO동 OO번지
  ○ 카드소유자 : 홍길순(카드번호 0000-0000-****-****)

▶ 물품 구입 내역
  ○ 계약일자 : 20××. 6. 15.
  ○ 구입물품 : 연료절감기
  ○ 물품가액 : 598,000원(OO카드 12개월 할부 결제)

○ 가맹점 : OO상사(OO시 OO구 OO동 OO번지)

▶ 사 유

20××.0.0. OO군 OO면 OO농협농협 앞에서 귀사의 가맹점 OO상사 직원이 본인의 동생 '홍길동'에게 무료로 차량을 점검해 준다고 하며 일방적으로 엔진오일 코팅제를 넣었고 다른 직원이 연료를 30%정도 절감해 준다고 하며 연료절감기를 장착시켰습니다.

그후 위 가맹점의 다른 직원이 계약서를 작성하며 12만원 상당의 엔진오일코팅제는 무료로 제공하는 대신 연료절감기 대금 598,000원을 납부하라고 강요하였고 이에 본인의 동생은 당초 무료라는 설명과 차이가 있음을 설명하고 이를 거부하였습니다.

위 가맹점 직원들이 본인의 집까지 와서 대금 납부를 강요하며 본인은 불가피하게 귀사로부터 발급받은 신용카드 번호를 알려 주게 되었습니다.

본인의 동생은 위 가맹점 직원으로부터 이건 연료절감기를 장착한 후 대금 결제를 강요당하여 불가피하게 본인의 신용카드 번호를 알려 주게 되었고 또한, 동 연료절감기에 대한 효능을 신뢰할 수 없어 별첨과 같이 반품 의사를 통지하였던 바 o귀사에서는 할부거래에 관한 법률 제12조의 규정에 의거, 동 제품 관련 신용카드 대금 청구를 취소하여 줄 것을 요구합니다.

첨부 : 가맹점에 통지한 연료절감기 반품 요청서 사본 1부 .끝.

20××년 0월 00일

발신인 : 홍길순(서명)

㉔ **허위 설명으로 구입한 내비게이션 반품 통지서**

내비게이션 반품 통지서

▶ 수 신 인
  ○ 업체명 : OO정보(전화번호 02-000-0000)
  ○ 주 소 : OO시 OO구 OO동 OO번지
▶ 발 신 인
  ○ 계약자 : 홍길동(전화번호 010-0000-0000)
  ○ 주 소 : OO시 OO구 OO동 OO번지
▶ 물품 구입 내역
  ○ 계약일자 : 20××. 7. 24
  ○ 구입물품 : 내비게이션
  ○ 결제금액 : 1,118,800원(OO카드 일시불 결제)
▶ 사유
20××.7.24. OO농협 OO리 분소 인근에서 귀사의 영업사원 .박동진.이 내비게이션을 무료로 장착해 주는 대신 월간 통신료로 33,300원씩 3년 간 납부하면 보험사와 협의, 5년간 종합보험료 납입금액의 20%를 환급 해 주어 구입자에게는 실질적인 경제적 부담이 전혀 없도록 해 주겠다 고 하며 차 3대까지 이와 같은 동일한 조건으로 해 주겠다고 하여 소 비자는 아버지(임춘식)와 함께 내비게이션을 구입하게 되었습니다.
위 영업사원이 이건 내비게이션을 본인의 차량(옵티마)에 장착한 후 계약서를 작성하며 일단 3년간 통신료를 결제하여 줄 것을 요청하여 LG신용카드로 결제하였습니다(본인과 상의없이 일시불로 결제함).
추후 귀사에 이건 내비게이션 계약 내용을 문의하여 본 바 본인이 결 제한 대금은 동 물품 대금이라고 하며 또한, 종합보험료 납부액중 20%가 환급되지 않는다는 등 위 영업사원의 설명이 사실이 아닌 것을 알게 되었습니다.
본인은 귀사 영업사원의 허위 선전으로 이건 내비게이션을 구입하게 되었 으므로 귀사에서는 조속히 동 제품을 회수해 갈 것을 요구합니다.

20××년 0월 00일
발신인 : 홍길동(서명)

신용카드 매출 취소 요청서

▶ 수 신 인

  ○ 업체명 : OO카드 항변권 담당자(전화번호 02-0000-0000)

  ○ 주   소 : OO시 OO구 OO동 OO번지

▶ 발 신 인

  ○ 계약자 : 홍길동(전화번호 010-0000-0000)

  ○ 주 소 : OO시 OO구 OO동 OO번지

▶ 물품 구입 내역

  ○ 계약일자 : 20××. 0. 00.

  ○ 구입물품 : 내비게이션

  ○ 결제금액 : 1,118,800원(OO카드 일시불 결제)

  ○ 가 맹 점 : OO정보(OO시 OO구 OO동 OO번지)

  ○ 신용카드번호 : 0000-0000-0000-000

▶ 사유

본인은.20××.0.00. 귀사 가맹점 OO정보 영업사원으로부터 종합보험료의 20%를 환급해 주어 경제적 부담이 전혀 없도록 조치해 준다는 설명을 듣고 내비게이션을 구입하며 3년간 통신료 1,1118,800원을 귀사의 신용카드 로 결제하였습니다.

추후 확인하여 보니 위 가맹점의 설명이 허위인 것을 알게 되어 별첨과 같이 이건 내비게이션 구입 계약 취소 의사를 통보하였던 바 귀사에서는 동 물품 관련 신용카드 대금 청구를 취소하여 줄 것을 요구합니다.

첨부 : 가맹점에 통보한 내비게이션 반품 통지서 사본 1부. 끝.

20××년 0월 00일

발신인 : 홍길동(서명)

㉕ 블랙박스 A/S 약정 불이행으로 해지 통지서

약정 해지 통지

수신인 : OO서비스(사업자등록번호:000-00-00000) 대표 OOO
　　　주 소 : OO시 OO구 OO동 OO번지
발신인 : OOO(전화번호 010-0000-0000)
　　　주 소 : OO시 OO구 OO동 OO번지

1. 발신인은 수신인과 20××년 6월 14일 수신인 사업장에서 블랙박스
   (OOOO) A/S를 받으면서 총금액 삼십구만이천사백원(₩392,400)
   을 12개월(OO카드) 분할하는 조건으로 다음과 같은 약정을 체결
   하였습니다.
   가) SD카드 3년 6회 무료교환(6개월 단위로 교체)
   나) 리듐 배터리 RTC 배터리 3년 6회 무료교환
   다) 유상수리비 3년 지원(부품교체시 원가만 고객부담)
   라) 이전장착 1회 무상지원
   마) 지도 업그레이드 평생무료
   바) 내비게이션 & 블랙박스 약정 구입시 무상 수리기간 3년 연장
   아) 약정 3년차 보상가로 신제품 교환(약정구입시 최대 30% 보상)
2. 그 후 20××년 9월 초순경 블랙박스 화면이 이상하여 수신인 영업
   장에 가서 A/S를 받았습니다. 그런데 최근에 다시 화면에 이상이
   생겨 발신인이 집에서 확인해 보니 그동안 전혀 녹화가 되어 있지
   않았습니다. 그 원인은 수신인이 A/S를 제대로 해주지 않았기 때
   문입니다. 운행 중 사고가 없어서 다행이었지 만약 사고가 났으면
   큰 손해를 볼 뻔했습니다.
3. 그래서 20××년 11월 29일 다시 수신인 영업장에 갔더니 수신인
   은 없고 제3자(OOO)가 3일전에 인수하였다고 하면서, OOOO 제
   품은 본사가 부도나서 더 이상 A/S를 할 수 없으니 타사 신제품
   의 구입을 권유하였으나 이를 거절하였습니다. 그런데 알아보니
   OOOO 본사는 부도가 나지도 않았으며, 제품도 시중에서 판매되

고 있습니다. 또 수신인 영업장은 ㅇㅇㅇㅇ본사의 서비스센터도 아
닌 데도 A/S간판을 달고 영업하고 있는 것으로 확인되었습니다.
4. 이와 같은 사유로 발신인은 수신인을 신뢰할 수 없으며, 또 앞으로
위 3년 동안의 약정을 이행치 못할 것이 자명하므로 할부거래에관
한법률 제16조제1항제5호에 의거 이후 할부금의 지급을 거절하고
자 이 내용증명을 보냅니다.

20××. 12. 6.

발신인 ㅇㅇㅇ (서명)

신용카드 할부계약 철회 · 항변요청서

수신인 : ㅇㅇ카드 항변권 담당자(전화번호 02-0000-0000)
　　　　주　소 : ㅇㅇ시 ㅇㅇ구 ㅇㅇ동 ㅇㅇ번지
발신인 : ㅇㅇㅇ(전화번호 010-0000-0000)
　　　　주　소 : ㅇㅇ시 ㅇㅇ구 ㅇㅇ동 ㅇㅇ번지

상품구매일	구매장소	구매품목	금　액
20××.6. 14.	ㅇㅇ시 ㅇㅇ구 ㅇㅇ동 ㅇㅇ번지 ㅇㅇ서비스	ㅇㅇ블랙박스 서비스회원약정	삼십구만이천사백원 (₩392,400) 12개월 할부
철회·항변요청 사유 (구체적으로 기재)	1. 요청인은 20××년 6월 14일 위 ㅇㅇ서비스 영업장에서 블랙박스 A/S를 받으면서 총금액 삼십구만이천사백원 (₩392,400)을 12개월(ㅇㅇ카드) 분할하는 조건으로 다음 과 같은 약정을 체결하였습니다. 가) SD카드 3년 6회 무료교환(6개월 단위로 교체) 나) 리듐 배터리 RTC 배터리 3년 6회 무료교환 다) 유상수리비 3년 지원(부품교체시 원가만 고객부담) 라) 이전장착 1회 무상지원 마) 지도 업그레이드 평생무료 바) 내비게이션 & 블랙박스 약정 구입시 무상 수리기간 3년 연장		

아) 약정 3년차 보상가로 신제품 교환(약정구입시 최대 30% 보상)

2. 그 후 20××년 9월 초순경 블랙박스 화면이 이상하여 위 영업장에 가서 A/S를 받았습니다. 그런데 최근에 다시 화면에 이상이 생겨 요청인이 집에서 확인해 보니 그 동안 전혀 녹화가 되어 있지 않았습니다. 그 원인은 A/S를 제대로 해주지 않았기 때문입니다. 운행 중 사고가 없어서 다행이었지 만약 사고가 났으면 큰 손해를 볼 뻔 했습니다.

3. 그래서 20××년 11월 29일 다시 위 영업장에 갔더니 제3자(OOO)가 3일전에 인수하였다고 하면서, OOO 제품은 본사가 부도나서 더 이상 A/S를 할 수 없으니 타사 신제품의 구입을 권유하여 이를 거절하였습니다. 그런데 알아보니 OOO본사는 부도가 나지도 않았으며, 제품도 시중에서 판매되고 있습니다. 또 위 영업장은 OOO본사에 확인해 본 결과 OOO서비스센터도 아닌 데도 불법으로 A/S간판을 달고 영업하고 있는 것으로 확인되었습니다.

4. 이와 같은 사유로 위 영업장을 신뢰할 수 없으며, 또 앞으로 위 3년 동안의 약정을 이행치 못할 것이 자명하므로 할부거래에관한법률 제16조제1항제5호 및 할부거래계약서 제4조에 의거 이후 할부금의 지급을 거절하고자 이 항변요청서를 보냅니다.

회원번호	회원성명	전화번호	철회 항변 요청일
0000-0000	OOO(인)	010-0000-0000	20××.12.9.

*철회·항변요청시에는 상기 사항을 빠짐없이 기재하시여 해당 카드사에 제출하여 주십시오.

㉖ **할부로 구입한 의류 반품 통지서**

의류 반품 요청서

▶ 수 신 인
  ○ 업체명 : ○○상사(전화번호 000-000-0000)
  ○ 주 소 : ○○시 ○○구 ○○동 ○○번지
▶발 신 인
  ○ 계약자 : 홍길동(전화번호 010-0000-0000)
  ○ 주 소 : ○○시 ○○구 ○○동 ○○번지
▶ 물품 구입 내역
  ○ 계약일자 : 20××. 0. 00.
  ○ 구입물품 : 쟈켓
  ○ 계약금액 : 210,000원(○○카드 3개월 할부)

▶ 사유
본인은 20××.0.00. 귀사 매장에서 쟈켓을 21만원에 구입하며 대금은
○○카드를 사용, 3개월 할부로 결제하였습니다.

본인은 집에 돌아와 이건 의류를 다시 살펴보니 마음에 들지 않아 동
년 0.00. 귀사를 방문, 반품을 요청하였으나 거부하고 있습니다.

본인은 할부거래에 관한 법률 제5조의 규정에 의거, 이건 의류를 구입
할 의사가 없음을 통보하오니 귀사에서는 동 의류를 반품 처리하여
줄 것을 요구합니다.

20××년 0월 00일

발신인 : 홍 길 동 (서명)

의류 신용카드 대금 청구 취소 통지서

▶ 수 신 인

　○ 업체명 : OO카드사(전화번호 00-0000-0000)

　○ 주　소 : OO시 OO구 OO동 OO번지

▶발 신 인

　○ 계약자 : 홍길동(전화번호 010-0000-0000)

　○ 주 소 : OO시 OO구 OO동 OO번지

▶ 물품 구입 내역

　○ 계약일자 : 20××. 0. 00.

　○ 구입물품 : 쟈켓

　○ 계약금액 : 210,000(OO카드 3개월 할부)

　○ 가맹점 : OOO(00-000-0000 OO시 OO구 OO동 OO번지)

　○ 신용카드번호 : 0000-0000-0000-0000

▶ 사유

본인은 20××.0.00. 귀사 가맹점인 "OO상사"에서 쟈켓을 21만원에 구입하며 대금은 귀사로부터 발급받은 신용카드를 사용, 3개월 할부로 결제하였습니다.

본인은 이건 의류가 마음에 들지 않아 동년 2.21. 위 가맹점을 방문, 반품을 요청하였으나 거부하여 별첨과 같이 할부거래에 관한 법률 제5조의 규정에 의거, 서면으로 청약철회 의사를 통보하였습니다.

본인은 할부거래에 관한법류에 의거한 청약철회 절차를 밟았으므로 귀사에서는 이건 의류와 관련된 신용카드 매출을 취소하여 줄 것을 요구합니다.

첨부 : 가맹점에 통보한 의류 반품 통지서 사본 1부. 끝.

20××년 0월 00일

발신인 : 홍길동(서명)

㉗ 약속과 달리 대출을 이행치 않는 회원권 취소 통지서

할인 회원권 취소 통지

▶ 수 신 인
　○ 업체명 : OO클럽 (전화번호 000-000-0000)
　○ 주　소 : OO시 OO구 OO동 OO번지
▶ 발 신 인
　○ 계약자 : 홍길동(전화번호 010-0000-0000)
　○ 주 소 : OO시 OO구 OO동 OO번지
▶ 물품 구입 내역
　○ 계약일자 : 20××. 0. 00.
　○ 구입물품 : 할인회원권
　○ 계약금액 : 598,000원(OO카드 10개월 할부)

▶ 사유
20××.1.월초 귀사의 직원이 전화를 해 와 멤버쉽 회원에 가입하면 레져 시설 등을 이용시 할인하여 주고 특히, 대출을 알선해 주며 대출이 되지 않을 경우 가입비를 전액 환급해 준다는 설명을 듣고 멤버쉽 회원에 가입하며 대금 598,000원은 OO신용카드를 사용, 10개월 할부로 결제하였습니다.

본인은 동년 1월 귀사에 대출 신청을 하고 관련 서류를 수차례 송부하였으나 대출이 이루어지지 않아 할인회원권 계약을 취소하기로 하였으나 현재까지 처리되지 않고 있는 바 조속히 이를 이행하여 줄 것을 요구합니다.

20××년 0월 00일

발신인 : 홍길동(서명)

신용카드 대금 청구 취소 요청서

▶ 수 신 인
 ○ 업체명 : ○○카드 (전화번호 02-0000-0000)
 ○ 주 소 : ○○시 ○○구 ○○동 ○○번지
▶발 신 인
 ○ 계약자 : 홍길동(전화번호 010-0000-0000)
 ○ 주 소 : ○○시 ○○구 ○○동 ○○번지
▶ 물품 구입 내역
 ○ 계약일자 : 20××. 0. 00.
 ○ 구입물품 : 할인회원권
 ○ 계약금액 : 598,000원(○○카드 10개월 할부)
 ○ 결제업체 : PG 쇼핑몰(○○시 ○○구 ○○동 ○○번지)
            드림피그(가맹점명)
 ○ 카드번호 : 0000-0000-0000-0000

▶ 사유
본인은 20××.0.00. 귀사의 가맹점 ○○클럽 직원이 대출을 알선해 준
다는 설명을 하여 할인회원권에 가입하며 대금 598,000원은 귀사의
신용카드를 사용, 10개월 할부로 결제하였습니다.
○○클럽에서 약속한 대출이 이행되지 않아 본인은 동 할인회원권 계
약을 취소하기로 하고 별첨과 같이 서면으로 통지하였습니다.
이건 할인회원권 계약이 취소되었으므로 할부거래에 관한 법률 제12조
의 규정에 의거, 귀사에서 동 회원권 관련 신용카드 대금 청구를 취소
하여 줄것을 요구합니다.

첨부 : 가맹점에 통보한 할인회원권 계약 취소 통지서 사본 1부. 끝.

20××년 0월 00일
발신인 : 홍 길 동(서명)

㉘ 충동 구매한 할인회원권 취소 통지서

할인회원권 계약 취소 통지

▶ 수 신 인
ㅇ업체명 ： (주)OO(전화번호 00-0000-0000)
ㅇ주　소 ： OO시 OO구 OO동 OO번지
▶ 발 신 인
ㅇ 계약자 ： 홍길동(전화번호 043-000-0000)
ㅇ 주 소 ： OO시 OO구 OO동 OO번지
▶ 계약 내역
ㅇ 계약일자 ： 20××. 0. 00.
ㅇ 계약금액(결제방법) : 596,000원(OO카드 6개월 할부 결제)
ㅇ 계약물품 ： 할인회원권

▶ 사 유
- 20××.3월 귀사의 직원이 전화를 해 와 전화요금 등을 할인해 준다는 등의 설명을 하며 가입을 권유하여 본인은 집 주소와 신용카드번호를 알려 주었습니다.

- 며칠후 귀사에서 책자를 보내 와 살펴보니 마음에 들지 않아 즉각 이를 반송하였고(현대택배) 이후 귀사 직원으로부터 취소해 주겠으니 전화 사용료 3만원을 납부하라는 답변을 들어 해당 금액을 송금하였으나 현재까지 처리되지 않아 신용카드 할부금이 계속 청구되고 있습니다.

- 본인은 이건 할인회원권 가입 후 즉각 사은품을 반납하고 취소 의사를 통보하며 전화 사용료 3만원까지 납부하였으므로 귀사에서 동 회원권 계약을 조속히 취소 처리하여 줄 것을 요청합니다.

20××년 0월 00일
발신인 ： 홍 길 동(서명)

할인회원권 관련 신용카드 매출 취소 통보

▶ 수 신 인
  ○ 업체명 : OO카드 항변권 담당자(전화번호 00-000-0000)
  ○ 주 소 : OO시 OO구 OO동 OO번지
▶ 발 신 인
  ○ 계약자 : 홍길동(전화번호 000-0000-0000)
  ○ 주 소 : OO시 OO구 OO동 OO번지
▶ 계약 내역
  ○ 계약일자 : 20××. 0. 00.
  ○ 계약금액(결제방법) : 596,000원(OO카드 6개월 할부 결제)
  ○ 계약물품 : 할인회원권
  ○ 가맹점 : (주)OO(OO시 OO구 OO동 OO번지)
▶ 사 유
- 20××.0월 귀사 가맹점 (주)OO 직원이 전화를 해 와 전화요금 등을 할인해 준다는 등의 설명을 하며 가입을 권유하여 본인은 집 주소와 귀사로부터 발급받은 신용카드번호를 알려 주었습니다.
- 며칠후 책자가 배송되어 살펴보니 마음에 들지 않아 즉각 이를 반송하며(현대택배) 이후 위 가맹점 직원으로부터 전화 사용료 3만원을 지급하고 취소 처리한다는 답변을 들은 적이 있으나 신용카드 할부금이 계속청구되고 있어 별첨과 같이 서면으로 취소 의사를 재차 통보하였습니다.
- 이건 할인회원권 계약이 취소되었던 바 할부거래에 관한 법률에 의거, 귀사에서는 이건 할일회원권과 관련된 신용카드 대금 청구를 취소하여 줄 것을 요구합니다.

첨부 : 가맹점에 통보한 할인회원권 계약 취소 통지서 사본 1부. 끝.

20××년 0월 00일
발신인 : 홍길동(서명)

㉙ 일방적으로 연장 계약을 한 정기 간행물 취소 통지서

정기간행물 구독 취소 통지서

▶ 수 신 인
 ○ 업체명 : OO교육연구소(전화번호 00-0000-0000)
 ○ 주 소 : OO시 OO구 OO동 OO번지
▶ 발 신 인
 ○ 계약자 : 홍길동(전화번호 010-0000-0000)
 ○ 주 소 : OO시 OO구 OO동 OO번지
▶ 물품 구입 내역
 ○ 계약일자 : 20××. 00.00.
 ○ 계약금액 : 496,000원(OO카드 12개월 분납)
 ○ 계약물품 : 정기간행물
▶ 사유
20××.00.00. 귀사의 영업사원이 본인에게 전화를 해 와 무료로 MP3
를 보내준다고 하여 단지 이를 수락하였으나 얼마후 신용카드사로부
터 496,000원이 결제되었다는 문자통보를 받게 되었습니다.

귀사에 전화로 문의하니 2년전부터 구독해 오던 정기간행물(영어잡지)
에 대한 연장 계약에 따른 대금이라는 답변을 듣게 되어 본인은 동
간행물을 추가 구독 의사가 없음을 통보하였으나 처리해 주지 않고
있습니다.

본인은 이건 정기간행물을 추가로 구독할 의사가 없으며 더구나 이와
관련된 대금 결제를 승낙한 사실이 없으므로 조속히 이를 취소하여
줄 것을 요구합니다.

20××년 00월 00일
발신인 : 홍 길 동(서명)

신용카드 대금 청구 취소 통지서

▶ 수 신 인
 ○ 업체명 : OO카드 고객상담팀(전화번호 00-0000-0000)
 ○ 주 소 : OO시 OO구 OO동 OO번지
▶발 신 인
 ○ 계약자 : 홍 길 동(전화번호 010-0000-0000)
 ○ 주 소 : OO시 OO구 OO동 OO번지
▶ 물품 구입 내역
 ○ 계약일자 : 20××. 00. 00.
 ○ 계약금액 : 496,000원(신용카드 12개월 분납)
 ○ 신용카드번호 : 0000-0000-0000-0000
 ○ 가맹점 : OO교육연구소(OO시 OO구 OO동 OO번지)
▶ 사유
20××.00.00. OOO교육연구소 직원이 전화를 해 와 무료로 MP3를 보내 준다고 하여 수락하였으나 전화를 끊고 나니 귀사로부터 본인의 신용카드로 496,000원이 12개월 할부로 결제되었다는 통보를 받게 되었습니다.

본인은 위 가맹점에 전화로 문의하니 정기간행물 연장 계약이라는 답변을 듣게 되어 동 간행물을 추가 구독 의사가 없음을 별첨과 같이 통보하였던 바 귀사에서는 할부거래에 관한 법률 제12조의 규정에 의거, 동 간행물 관련 신용카드 대금 청구를 취소하여 줄 것을 요구합니다.

첨부 : 가맹점에 통보한 정기간행물 계약 취소 통지서 사본 1부. 끝.

20××년 00월 00일
발신인 : 홍 길 동(서명)

㉚ 허위 설명으로 구입한 영어잡지 구독 취소 통지서

영어 잡지 구독 계약 취소 통지

▶ 수 신 인
○ 업체명 : ABC사 (전화번호 00-000-0000)
○ 주 소 : ○○시 ○○구 ○○동 ○○번지
▶ 발 신 인
○ 계약자 : 홍길동 (전화번호 010-0000-0000)
○ 주 소 : ○○시 ○○구 ○○동 ○○번지
▶ 물품 구입 내역
○ 결제일(금액) : 20××.0.0.(573,200원 12개월 할부)
○ 카드 번호 : 0000-0000-0000-0000
○ 계약물품 : 영어잡지(뉴스위크)
▶ 사 유
- 20××.6.2. 귀사 직원.정현경.이 전화를 해 본인의 후배라고 하며 영어잡지구독을 권유하여 160회분을 구독하기로 하고 신용카드번호와 유효기간을 알려 주었습니다.

- 본인은 추후 알아보니 위 영업사원이 본인의 후배가 아니고 이건 영어잡지가 본인이 학습하기에는 적절하지 않은 것으로 판단되며 또한, 신용카드대금 청구서를 받아 보니 동 교재 대금이 57만원으로 결제되어 있는 바 경제적으로 이를 부담하기 곤란하여 구독 취소 의사를 통보하였으나 처리해주지 않고 있습니다.

- 본인은 방문판매등에관한 법률에 의거, 이건 영어잡지 구독 의사가 없음을 통보하오니 귀사에서는 동 교재 구입 계약을 취소하여 줄 것을 요구합니다.

20××년 0월 00일
발신인 : 홍 길 동(서명)

영어잡지 관련 신용카드 청구 취소 통지

▶ 수 신 인
 ㅇ 업체명 : ㅇㅇ카드 항변권 담당자(전화번호 00-000-0000)
 ㅇ 주 소 : ㅇㅇ시 ㅇㅇ구 ㅇㅇ동 ㅇㅇ번지
▶ 발 신 인
 ㅇ 계약자 : 홍길동 (전화번호 010-0000-0000)
 ㅇ 주 소 : ㅇㅇ시 ㅇㅇ구 ㅇㅇ동 ㅇㅇ번지
▶ 물품 구입 내역
 ㅇ 구입업체 : ABC사(ㅇㅇ시 ㅇㅇ구 ㅇㅇ동 ㅇㅇ번지)
 ㅇ 결제액 : 573,200원 (6.2. 12개월 할부)
 ㅇ 신용카드번호 : 0000-0000-0000-0000

▶ 사유
- 본인은 20××.0.0. 귀사의 가맹점인 ABC사의 직원으로부터 전화를 받아 영어잡지 구독 계약을 체결하고 대금은 귀사의 신용카드를 사용, 위와 같이 결제하였습니다.

- 본인은 위 직원의 설명이 당초 설명과 차이가 있고 구입 대금이 과도하여 가맹점에 구두 및 서면으로 별첨과 같이 청약철회 의사를 통보하였던 바 귀사에서는 할부거래에 관한 법률 제12조의 규정에 의거, 동 잡지관련 신용카드 대금 청구를 취소하여 줄 것을 요구합니다.

첨부 : 가맹점에 통보한 영어잡지 계약 취소 통지서 사본 1부. 끝.

20××년 0월 00일
발신인 : 홍 길 동(서명)

㉛ **미성년자가 노상에서 구입한 물품 반품통지서**

건강보조식품 반품 요청서

▶ 수 신 인
○ 업체명 : ○○유통(주) (전화번호 00-000-0000)
○ 주 소 : ○○시 ○○구 ○○동 ○○번지
▶발 신 인
○ 계약자 : 홍길동(전화번호 010-0000-0000)
○ 주 소 : ○○시 ○○구 ○○동 ○○번지
▶ 물품 구입 내역
○ 계약일자 : 20××. 00. 00.
○ 구입물품 : 스쿠알렌 아이민 바이오
○ 계약금액 : 500,000원(자사할부 12개월)
▶ 사유
20××.11.27. 청주 쥬네쓰 앞 사거리를 지나던 중 귀사의 영업사원이
설문에 응해 주면 화장품 샘플을 준다고 권유하여 본인은 이에 응하
였습니다.
설문을 마친 후 위 영업사원이 스쿠알렌이 다이어트와 미용에 효과가
있다고 하며 복용하여 효과가 없을 경우 100% 환급 처리해 준다는
영업사원의 설명을 듣고 위와 같은 조건으로 구입하였습니다.
미성년자인 본인은 이건 건강보조식품 구입 사실을 이야기하지 않고
지내 왔으나 동년 12월말 귀사로부터 지로용지가 배달되어 부모님이
동 식품 구입 사실을 알게 되었습니다.
본인의 부모님은 이건 건강보조식품이 본인에게 필요하지 않고 너무
고가이므로 구입에 동의할 수 없다고 하는 바 귀사에서는 동 식품을
반품처리해 줄 것을 요구합니다.

20××년 00월 00일
발신인 : 홍 길 동(서명)

㉜ 화장품 반품 요청서

화장품 반품 요청서

▶ 수 신 인
  ○ 업체명 : OO 상사 (전화번호 02-000-0000)
  ○ 주 소 : OO시 OO구 OO동 OO번지
▶ 발 신 인
  ○ 계약자 : 홍길동 (전화번호 010-0000-0000)
  ○ 주 소 : OO시 OO구 OO동 OO번지
  ○ 계약자의 모 : 김OO
▶ 물 품 구 입 내역
  ○ 계약일자 : 20××년 2월초
  ○ 구입물품 : 화장품(스크램블)
  ○ 계약금액 : 160,000 원
▶ 사유
미성년자로 고등학교 3학년인 본인의 딸 홍길순(1988년생)은 ××.2 월 청주시 성안길에서 귀사의 영업사원으로부터 화장품 세트를 무료로 주며 추후 월 4,000원을 납부하면 화장품 샘플을 보내 준다는 설명을 듣고 동 화장품 세트를 인수해 왔으나 본인이나 가족에게는 이를 알리지 않고 지내왔습니다

당초 설명과 달리 귀사에서는 이건 화장품 대금이 16만원이라고 납부하라고 하였고 이와 같은 독촉 과정중 최근 본인과 가족들이 화장품 구입사실을 알게 되었습니다

본인은 본인의 이건 화장품 구입 당시 이를 동의하지 않았고 또한, 동 화장품이 본인의 딸에게 적합하지 않은 것으로 판단되어 반품하고자 하는바 귀사에서는 동 제품을 조속히 회수해 갈 것을 요구합니다

20xx년 00월 00일
발신인 : 김OO (서명)

제2장
고소(告訴)

제2장 고소(告訴)

1. 고소

① 「고소」란 범죄의 피해자 또는 그와 일정한 관계에 있는 고소권자가 수사기관에 대하여 범죄사실을 특정하여 신고하고, 범인의 처벌을 구하는 의사표시입니다. 수사기관에 대하여 하는 것이므로 법원에 대하여 진정서를 제출하는 것은 고소가 아닙니다. 고소는 그 주체가 피해자 등 고소권자에 한한다는 점에서 고발과 구별됩니다. 고소는 친고죄가 아닌 일반범죄에서는 단순히 수사의 단서가 됨에 불과하지만 친고죄에서는 소송조건이 됩니다.

② 인터넷 명예훼손의 피해자나 일정한 관계에 있는 고소권자는 서면이나 구술로써 검사 또는 사법경찰관에게 고소할 수 있습니다.

③ 고소는 제1심 판결선고전까지 취소할 수 있는데, 고소를 취소한 자는 다시 고소하지 못합니다.

2. 고소권자

① 범죄로 인한 피해자는 고소할 수 있습니다(형사소송법 제223조).

② 비피해자인 고소권자

1. 피해자의 법정대리인은 독립하여 고소할 수 있습니다(형사소송법 제225조제1항).

2. 피해자가 사망한 때에는 그 배우자, 직계친족 또는 형제자매는 고소할 수 있습니다. 단, 피해자의 명시한 의사에 반하지 못합니다(형사소송법 제225조제2항).

3. 피해자의 법정대리인이 피의자이거나 법정대리인의 친족이 피의자인 때에는 피해자의 친족은 독립하여 고소할 수 있습니다(형사소송법 제

226조).

     * 「피의자」란 어느 형사사건에 관하여 형사책임을 져야 할 사람이라는 혐의를 받고 수사기관의 수사의 대상으로 되어 있는 사람으로서 공소가 제기되지 아니한 사람을 말합니다. 이러한 피의자와 구별하여야 할 것으로 피고인이 있는데 피고인은 검사에 의하여 형사책임을 져야 할 사람으로서 공소가 제기된 사람을 말합니다.

   4. 고소는 대리인으로 하여금 하게 할 수 있습니다(형사소송법 제236조).

③ 수인(數人)의 고소권자

고소할 수 있는 자가 수인인 경우에는 1인의 기간의 해태(懈怠)는 타인의 고소에 영향이 없습니다(형사소송법 제231조).

3. 고소의 제한

자기 또는 배우자의 직계존속은 고소하지 못합니다(형사소송법 제224조).

4. 고소의 방식

① 고소는 서면 또는 구술로써 검사 또는 사법경찰관에게 하여야 합니다(형사소송법 제237조제1항).
② 검사 또는 사법경찰관이 구술에 의한 고소를 받은 때에는 조서를 작성하여야 합니다(형사소송법 제237조제2항).

5. 고소와 사법경찰관의 조치

사법경찰관이 고소를 받은 때에는 신속히 조사하여 관계서류와 증거물을 검사에게 송부하여야 합니다(형사소송법 238조).

6. 고소의 취소

① 「고소의 취소」란 고소인이 고소의 효력을 소멸시키는 의사표시를 말합니다.
② 고소는 제1심 판결선고전까지 취소할 수 있습니다(형사소송법 제232조 제1항).
③ 고소를 취소한 자는 다시 고소하지 못합니다(형사소송법 제232조제2항).
④ 피해자의 명시한 의사에 반하여 죄를 논할 수 없는 사건에 있어서 처벌을 희망하는 의사표시의 철회에 관하여도 「형사소송법」 제232조제1항과 제2항의 규정을 준용합니다(형사소송법 제232조제3항).
  * 「반의사불벌죄」란 피해자가 그 처벌을 희망하지 않는다면 처벌을 할 수 없는 죄를 말합니다. 이는 피해자의 고소가 없이도 처벌할 수 있으나 피해자가 적극적으로 처벌하지 않기를 희망하는 의사를 표시한 때에는 형벌권이 소멸하기 때문에 해제조건부 범죄라고도 합니다. 국가형벌권의 작용을 피해자의 의사에 매이게 하는 점에서 친고죄와 같으나 고소가 없어도 공소를 제기할 수 있는 점에서 친고죄와 다릅니다.

7. 대리인의 고소 취소

고소의 취소는 대리인으로 하여금 하게 할 수 있습니다(형사소송법 제236조).

8. 고소 취소의 방식

① 고소 취소는 서면 또는 구술로써 검사 또는 사법경찰관에게 하여야 합니다(형사소송법 제239조 및 제237조제1항).
② 검사 또는 사법경찰관이 구술에 의한 고소 취소를 받은 때에는 조서를 작성하여야 합니다(형사소송법 제239조 및 제237조제2항).

9. 고소 취소와 사법경찰관의 조치

사법경찰관이 고소 취소를 받은 때에는 신속히 조사하여 관계서류와 증거물을 검사에게 송부하여야 합니다(형사소송법 제239조 및 제238조).

10. 허위로 고소하는 경우의 처벌

① 만약 타인으로 하여금 형사처벌 받게 할 목적으로 허위로 고소한 것이 밝혀지면 「형법」상 무고죄가 성립할 수 있습니다(형법 제156조).
② 무고죄가 성립하게 되면 10년 이하의 징역, 1천 5백만원 이하의 벌금에 처하게 되고 실무상으로도 매우 엄하게 처벌되고 있습니다. 따라서 무고죄 성립 여부를 고려해서 신중하게 판단해야 하겠습니다.

■ 고소장 작성 사례

[서식 예] 고소장 표준서식

<h2 style="text-align:center">고　소　장</h2>

(고소장 기재사항 중 * 표시된 항목은 반드시 기재하여야 합니다.)

1. 고소인*

성　명 (상호·대표자)		주민등록번호 (법인등록번호)		－
주　소 (주사무소 소재지)		(현 거주지)		
직　업		사무실 주소		
전　화	(휴대폰) (사무실)		(자택)	
이메일				
대리인에 의한 고소	☐ 법정대리인 (성명 :　　　, 연락처　　　　) ☐ 고소대리인 (성명 : 변호사　　,연락처　　)			

※ 고소인이 법인 또는 단체인 경우에는 상호 또는 단체명, 대표자, 법인등록번호(또는 사업자등록번호), 주된 사무소의 소재지, 전화 등 연락처를 기재해야 하며, 법인의 경우에는 법인등기부 등본이 첨부되어야 합니다.

※ 미성년자의 친권자 등 법정대리인이 고소하는 경우 및 변호사에 의한 고소대리의 경우 법정대리인 관계, 변호사 선임을 증명할 수 있는 서류를 첨부하시기 바랍니다.

2. 피고소인*

성 명		주민등록번호		-
주 소		(현 거주지)		
직 업		사무실 주소		
전 화	(휴대폰)		(자택)	
	(사무실)			
이메일				
기타사항				

※ 기타사항에는 고소인과의 관계 및 피고소인의 인적사항과 연락처
를 정확히 알 수 없을 경우 피고소인의 성별, 특징적 외모, 인상
착의 등을 구체적으로 기재하시기 바랍니다.

3. 고소취지*

(죄명 및 피고소인에 대한 처벌의사 기재)
   고소인은 피고소인을 ○○죄로 고소하오니 처벌하여 주시기 바랍니다.*

4. 범죄사실*

※ 범죄사실은 형법 등 처벌법규에 해당하는 사실에 대하여 일시, 장
소, 범행방법, 결과 등을 구체적으로 특정하여 기재해야 하며, 고소인
이 알고 있는 지식과 경험, 증거에 의해 사실로 인정되는 내용을 기재
하여야 합니다.

5. 고소이유

※ 고소이유에는 피고소인의 범행 경위 및 정황, 고소를 하게 된 동기
와 사유 등 범죄사실을 뒷받침하는 내용을 간략, 명료하게 기재해야
합니다.

6. 증거자료

(■ 해당란에 체크하여 주시기 바랍니다)

□ 고소인은 고소인의 진술 외에 제출할 증거가 없습니다.

□ 고소인은 고소인의 진술 외에 제출할 증거가 있습니다.

☞ 제출할 증거의 세부내역은 별지를 작성하여 첨부합니다.

7. 관련사건의 수사 및 재판 여부*

(■ 해당란에 체크하여 주시기 바랍니다)

①중복고소여부	□ 본 고소장과 같은 내용의 고소장을 다른 검찰청 또는 경찰서에 제출하거나 제출하였던 사실이 있습니다
	□ 없습니다
② 관련 형사사건 수사 유무	□ 본 고소장에 기재된 범죄사실과 관련된 사건 또는 공범에 대하여 검찰청이나 경찰서에서 수사 중에 있습니다
	□ 수사 중에 있지 않습니다
③ 관련 민사소송 유무	□ 본 고소장에 기재된 범죄사실과 관련된 사건에 대하여 법원에서 민사소송 중에 있습니다
	□ 민사소송 중에 있지 않습니다

기타사항

※ ①, ②항은 반드시 표시하여야 하며, 만일 본 고소내용과 동일한 사건 또는 관련 형사사건이 수사재판 중이라면 어느 검찰청, 경찰서에서 수사 중인지, 어느 법원에서 재판 중인지 아는 범위에서 기타 사항 난에 기재하여야 합니다.

8. 기타

(고소내용에 대한 진실확약)

본 고소장에 기재한 내용은 고소인이 알고 있는 지식과 경험을 바탕으로 모두 사실대로 작성하였으며, 만일 허위사실을 고소하였을 때에는 형법 제156조 무고죄로 처벌받을 것임을 서약합니다.

2013년   월   일*

고소인 _____ (인)*

제출인 _____ (인)

※ 고소장 제출일을 기재하여야 하며, 고소인 난에는 고소인이 직접 자필로 서명 날(무)인 해야 합니다. 또한 법정대리인이나 변호사에 의한 고소 대리의 경우에는 제출인을 기재하여야 합니다.

○○지방검찰청 귀중

※ 고소장은 가까운 경찰서에 제출하셔도 되며, 경찰서 제출시에는 '○○경찰서 귀중'으로 작성하시기 바랍니다.

별지 : 증거자료 세부 목록

(범죄사실 입증을 위해 제출하려는 증거에 대하여 아래 각 증거별로 해당 난을 구체적으로 작성해 주시기 바랍니다)

1. 인적증거 (목격자, 기타 참고인 등)

성 명		주민등록번호	-	
주 소	자택 : 직장 :		직업	
전 화	(휴대폰) (사무실)	(자택)		
입증하려는 내용				

※ 참고인의 인적사항과 연락처를 정확히 알 수 없으면 참고인을 특
정할 수 있도록 성별, 외모 등을 '입증하려는 내용'란에 아는 대
로 기재하시기 바랍니다.

2. 증거서류 (진술서, 차용증, 각서, 금융거래내역서, 진단서 등)

순번	증거	작성자	제출 유무
1			□ 접수시 제출 □ 수사 중 제출
2			□ 접수시 제출 □ 수사 중 제출
3			□ 접수시 제출 □ 수사 중 제출
4			□ 접수시 제출 □ 수사 중 제출
5			□ 접수시 제출 □ 수사 중 제출

※ 증거란에 각 증거서류를 개별적으로 기재하고, 제출 유무란에는
고소장 접수시 제출하는지 또는 수사 중 제출할 예정인지 표시
하시기 바랍니다.

3. 증거물

순번	증거	소유자	제출 유무
1			☐ 접수시 제출 ☐ 수사 중 제출
2			☐ 접수시 제출 ☐ 수사 중 제출
3			☐ 접수시 제출 ☐ 수사 중 제출
4			☐ 접수시 제출 ☐ 수사 중 제출
5			☐ 접수시 제출 ☐ 수사 중 제출

※ 증거란에 각 증거물을 개별적으로 기재하고, 소유자란에는 고소장
제출시 누가 소유하고 있는지, 제출 유무란에는 고소장 접수시 제
출하는지 또는 수사 중 제출할 예정인지 표시하시기 바랍니다.

4. 기타 증거

제출기관	범죄지, 피고인의 주소, 거소 또는 현재지의 경찰서, 검찰청	공소시효	○년(☞공소시효일람표)
고소권자	피해자(형사소송법 223조) (※ 아래(1)참조)	소추요건	
제출부수	고소장 1부	관련법규	검찰 권장 표준 서식 (2006.5. 15.)
불기소처분 등에 대한 불복절차 및 기간	**(항고 및 재항고)** · 근거 : 검찰청법 10조 · 기간 : 처분결과의 통지를 받은 날부터 30일(검찰청법 10조4항) **(헌법소원)** · 근거 : 헌법재판소법 68조 · 기간 : 그 사유가 있음을 안 날로부터 90일 이내에, 그 사유가 있은 날로부터 1년 이내에 청구하여야 한다. 다만, 다른 법률에 의한 구제절차를 거친 헌법소원의 심판은 그 최종결정을 통지받은 날로부터 30일 이내에 청구(헌법재판소법 69조)		

※ (1) 고소권자

(형사소송법 225조)

　1. 피해자가 제한능력자인 경우의 법정대리인

　2. 피해자가 사망한 경우의 배우자, 직계친족, 형제, 자매. 단, 피해
　　자의 명시한 의사에 반하여 고소할 수 없음

(형사소송법 224조)

　자기 또는 배우자의 직계존속은 고소할 수 없음(단, 성폭력범죄의처
　벌및피해자보호등에관한법률 제7조에서는 "친족관계에 의한 강간
　등은 친고죄에 해당되지 아니할 뿐만 아니라 직계존속에 대하여 고
　소할 수 있다."고 규정함)

[서식 예] 고소장 표준서식 작성례(배임)

고 소 장(예시 / 배임죄)

1.고소인

성 명	김 갑 동	주민등록번호	5△△△△△ - ××××××××
주 소	서울 00구 00길 00		
직 업	회사원 / 사무실 주소	서울 00구 00길 00빌딩 000호	
전 화	(휴대폰) 010-100-0000 (자택) 02-100-0000 (사무실) 02-200-0000		
이메일	kimgd@◇◇.co.kr		
고소대리인	변호사 김○○, 연락처 02-100-0000, 010-000-0000		

2.피고소인

성 명	이 배 임	주민등록번호	4△△△△△ - ××××××××
주 소	서울 00구 00길 00		
직 업	상업 / 사무실 주소	서울 00구 00길 00빌딩 00호 00리테일	
전 화	(휴대폰) 010-100-0000, (사무실) 02-200-0000		
이메일	leeby@◇◇.com		
기타사항	피고소인은 고소인의 부동산 거래상대방으로서 친·인척 관계는 없음		

3. 고소취지

고소인은 피고소인을 배임죄로 고소하오니 처벌하여 주시기 바랍니다.

4. 범죄사실

○ 피고소인은 2013. 2. 10. 10:00경 서울 00구 00길 0번지에 있는 00부동산 사무실에서, 피고소인 소유의 서울 00구 00길 00빌딩 00호를 매매대금 3억원에 매도하기로 고소인과 계약을 체결하고 그 자리에서 계약금으로 금 1억원을, 2013. 2. 25. 잔금으로 2억원을 고소인으로부터 받았습니다.

○ 피고소인은 이와 같이 00빌딩 00호에 대한 매매대금 전액을 받았으면 고소인에게 위 부동산에 대한 소유권이전등기를 해 주어야 할 임무가 있음에도 불구하고,

2013. 3. 5.경 위 부동산을 최00에게 금 5억원에 매도한 후 2013. 3. 10.경 최00으로부터 5억원을 받음과 동시에 소유권이전등기를 경료해 주어 금 5억원 상당의 재산상 이익을 취득하고 고소인에게 동액 상당의 재산상 손해를 가하였습니다.

5. 고소이유

○ 고소인은 00회사 이사로 근무 중이며 퇴직을 앞두고 있어 개인사업을 해 볼 생각으로 사무실을 구하고 있었습니다.

○ 그러던 중, 00부동산을 통해 00빌딩 00호 소유자인 피고소인을 소개받아 알게 되었습니다.

○ 마침 피고소인은 대출금 상환을 위해 00빌딩 00호를 매도하려고 하고 있어 고소인과 피고소인은 2013. 2. 10. 10:00경 범죄사실 기재 부동산 사무실에서 부동산 대표 박00이 입회한 가운데 금 3억원에 부동산매매계약을 체결하였습니다.

○ 그리고 범죄사실에 기재한 바와 같이 매매대금 3억원을 2013. 2. 25.까지 모두 지급하였는데 피고소인은 갑자기 고소인과의 연락을 피하여 고소인은 소유권이전등기를 위한 서류를 받을 수가 없었습니다.

○ 그런데 부동산중개업소 대표로부터 제가 산 부동산을 피고소인이 다른 사람에게 다시 팔아버린 것 같다는 말을 듣고 2013. 3. 20.경 등기부를 확인해 보니 피고소인이 제가 샀던 00빌딩 00호를 금 5억원에 최00에게 팔았다는 것을 알게 되었습니다.

○ 이에 고소인은 피고소인에게 찾아가 그 경위를 묻자 대출금 상환 독촉 때문에 어쩔 수 없이 매매대금을 더 받을 수 있는 최00에게 팔아버렸다고 하기에 본 고소에 이르렀습니다.

6. 증거자료

□ 고소인은 고소인의 진술 외에 제출할 증거가 없습니다.

■ 고소인은 고소인의 진술 외에 제출할 증거가 있습니다.

☞ **증거자료의 세부내역은 별지를 작성하여 첨부합니다.**

7. 관련사건의 수사 및 재판 여부

①중복고소여부	□ 본 고소장과 같은 내용의 고소장을 다른 검찰청 또는 경찰서에 제출하거나 제출하였던 사실이 있습니다
	□ 없습니다
② 관련 형사사건 수사 유무	□ 본 고소장에 기재된 범죄사실과 관련된 사건 또는 공범에 대하여 검찰청이나 경찰서에서 수사 중에 있습니다
	□ 수사 중에 있지 않습니다
③ 관련 민사소송 유무	□ 본 고소장에 기재된 범죄사실과 관련된 사건에 대하여 법원에서 민사소송 중에 있습니다
	□ 민사소송 중에 있지 않습니다

※ 고소인이 피고소인에 대하여 2006. 4. 20. ○○법원에 2006가합 ○○○호로 매매대금 반환청구소송을 제기하였으며, 위 소송은 변호사 김○○을 선임하여 소송중에 있음

본 고소장에 기재한 내용은 고소인이 알고 있는 지식과 경험을 바탕으로 모두 사실대로 작성하였으며, 만일 허위사실을 고소하였을 때에는 형법 제156조 무고죄로 처벌받을 것임을 서약합니다.

20xx년 0월 00일

고소인 <u>김 갑 동</u> (인)

제출인 <u>변호사 김○○</u> (인)

○○경찰서 귀중

별지 : 증거자료 세부 목록

1.인적증거

성 명	박00	주민등록번호	6△△△△△ - ××××××		
주 소	직장 : 서울 00구 00길 00빌딩 00호			직업	00부동산 대표
전 화	(휴대폰) 010-100-0000 (사무실) 02-200-0000				
입증하려는 내용	피고소인이 금 3억원에 00빌딩 00호를 고소인에게 매도한 사실 및 매매대금 전액을 받은 사실, 피고소인이 위 부동산을 최00에게 이중으로 매도한 사실				

성 명	최00	주민등록번호	5△△△△△ - ××××××		
주 소	자택 : 서울 00구 00길 00			직업	모름
전 화	(휴대폰) 010-200-0000				
입증하려는 내용	피고소인으로부터 00빌딩 00호를 금 5억원에 매수한 사실				

2. 증거서류

순번	증거	작성자	제출 유무
1	부동산매매계약서(사본)	피고소인	■ 접수시 제출 □ 수사 중 제출
2	부동산등기부등본	00등기소	■ 접수시 제출 □ 수사 중 제출
3	매매대금 영수증(사본)	피고소인	■ 접수시 제출 □ 수사 중 제출

3. 증거물 및 기타 증거

○ 없음

제출기관	범죄지, 피고인의 주소, 거소 또는 현재지의 경찰서, 검찰청	공 소 시 효	○년(☞공소시효일람표)
고소권자	피해자(형사소송법 223조) (※ 아래(1)참조)	소추요건	※ 아래(2) 참조 (형법361조,328조)
제출부수	고소장 1부	관 련 법 규	형법 355조2항/ 검찰권장 표준 서식
범죄성립 요건	타인의 사무를 처리하는 자가 그 임무에 위배하는 행위로써 재산상의 이익을 취득하거나 제3자로 하여금 이를 취득하게 하여 본인에게 손해를 가한 때		
형 량	· 5년 이하의 징역 · 1,500만원 이하의 벌금 (10년 이하의 자격정지를 병과할 수 있음 : 형법 358조)		
불기소처분 등에 대한 불복절차 및 기간	(항고 및 재항고) · 근거 : 검찰청법 10조 · 기간 : 처분결과의 통지를 받은 날부터 30일(검찰청법 10조4항) (헌법소원) · 근거 : 헌법재판소법 68조 · 기간 : 그 사유가 있음을 안 날로부터 90일 이내에, 그 사유가 있은 날로부터 1년 이내에 청구하여야 한다. 다만, 다른 법률에 의한 구제절차를 거친 헌법소원의 심판은 그 최종결정을 통지받은 날로부터 30일 이내에 청구(헌법재판소법 69조)		

※ (1) 고소권자
(형사소송법 225조)
  1. 피해자가 제한능력자인 경우의 법정대리인
  2. 피해자가 사망한 경우의 배우자, 직계친족, 형제, 자매. 단, 피해자의 명시한 의사에 반하여 고소할 수 없음
(형사소송법 224조)

자기 또는 배우자의 직계존속은 고소할 수 없음(단, 성폭력범죄의 처벌 등
에 관한 특례법 제18조에서는 "성폭력범죄에 대하여는 「형사소송법」 제
224조(고소의 제한) 및 「군사법원법」 제266조에도 불구하고 자기 또는
배우자의 직계존속을 고소할 수 있다."고 규정함)

※ (2) 친족간의 범행과 고소
  1. 직계혈족 ,배우자, 동거친족, 호주, 가족 또는 그 배우자간의 제323조
     의 죄는 형을 면제
  2. 제1항 이외의 친족간에 제323조의 죄를 범한 때에는 고소가 있어야
     공소를 제기할 수 있음
  3. 전2항의 신분관계가 없는 공범에 대하여는 전2항을 적용하지 아니함

[서식 예] 고소장 표준서식 작성례(사기)

고 소 장(예시 / 사기죄)

1. 고소인

성 명	최 O O	주민등록번호	4△△△△△ - ×××××××
주 소	서울 00구 00길 00		
직 업	상업	사무실 주소	서울 00구 00길 00빌딩 00호 00리테일
전 화	(휴대폰) 010-100-0000, (사무실) 02-200-0000		
이메일	leeby@◇◇.com		
기타사항	피고소인은 고소인의 부동산 거래상대방으로서 친·인척 관계는 없음		

2. 피고소인

성 명	이 사 기	주민등록번호	5△△△△△ - ×××××××
주 소	서울 00구 00길 00		
직 업		사무실 주소	
전 화	(휴대폰) 010-900-0000		
이메일	leesagi@◇◇.com		
기타사항	고소인과의 관계 : 거래상대방으로서 친·인척 관계는 없음		

3. 고소취지

고소인은 피고소인을 사기죄로 고소하오니 처벌하여 주시기 바랍니다.

4. 범죄사실

○ 피고소인은 분양대행사인 (주)00부동산컨설팅 분양팀장으로 행세하는 자입니다.

○ 2013. 3. 2. 16:00경 서울 강남구 00길 00번지에 있는 00커피숍에서, 피고소인은 서울 00구 00길 00상가를 고소인에게 분양받도록 해 줄 의사나 능력이 없음에도 고소인에게 "00상가를 급하게 팔려는 사람이 있으니 컨설팅비 1,000만원을 주면 시세보다 20%정도 싼 가격에 상가를 분양받도록 해 주겠다"고 거짓말하여 이에 속은 고소인으로부터 2013. 3. 10.경 컨설팅비로 금 1,000만원을 받아 편취하였습니다.

5. 고소이유

○ 고소인은 00주식회사 00부에서 근무 중이며, 피고소인은 고소인의 친구 강00으로부터 2013. 2.초에 소개받아 알게 되었습니다.

○ 피고소인은 자신이 (주)00부동산컨설팅 분양팀장으로 근무한다고 하면서 투자를 할 만한 좋은 부동산이 있으면 소개해 주겠다고 한 후 2013. 2.말경 고소인의 직장으로 전화를 걸어 방금 나온 좋은 매물이라면서 00상가를 추천하였습니다.

○ 이에 고소인은 2013. 3. 2. 16:00경 서울 강남구 00길 00번지에 있는 00커피숍에서 피고소인을 만났는데 그 자리에서 피고소인은 "00상가의 주인이 다른 사업자금 조달을 위해 상가 101호를 급히 매물로 내 놓았다. 컨설팅비 1,000만원을 주면 00상가를 시세보다 20%정도 싼 가격에 상가를 분양받도록 해 주고 피고소인이 근무하는 회사에서 금융기관 대출도 알선해 주겠다"고 하기에 이를 믿고 피고소인과 컨설팅계약서를 작성하였습니다.

○ 고소인은 2013. 3. 10.경 00은행에 있던 고소인의 예금 중 1,000만원을 100만원권 수표로 인출하여 그 날 14:00경 위 00커피숍에서 피고소인에게 컨설팅비조로 주었습니다.

○ 그런데 그로부터 한 달이 지나도록 연락이 없어 (주)00부동산컨설

팅으로 피고소인을 찾아갔더니 그 회사에서는 피고소인이 분양팀 장으로 근무한 바도 없고 전혀 모르는 사람이라고 하면서 이전에 도 유사한 일로 문의전화가 여러 통 왔다고 하였습니다.

O 이에 고소인은 00상가 관리사무소에 들러 확인해 보니 101호는 상가 주인이 팔려고 한 사실도 없음을 확인하였고 피고소인은 그 후 연락도 되지 않고 있어 이건 고소에 이르게 되었습니다.

6. 증거자료

☐ 고소인은 고소인의 진술 외에 제출할 증거가 없습니다.

■ 고소인은 고소인의 진술 외에 제출할 증거가 있습니다.

☞ 증거자료의 세부내역은 별지를 작성하여 첨부합니다.

7. 관련사건의 수사 및 재판 여부

①중복고소여부	☐ 본 고소장과 같은 내용의 고소장을 다른 검찰청 또는 경찰서에 제출하거나 제출하였던 사실이 있습니다
	☐ 없습니다
② 관련 형사사건 수사 유무	☐ 본 고소장에 기재된 범죄사실과 관련된 사건 또는 공범에 대하여 검찰청이나 경찰서에서 수사 중에 있습니다
	☐ 수사 중에 있지 않습니다
③ 관련 민사소송 유무	☐ 본 고소장에 기재된 범죄사실과 관련된 사건에 대하여 법원에서 민사소송 중에 있습니다
	☐ 민사소송 중에 있지 않습니다

본 고소장에 기재한 내용은 고소인이 알고 있는 지식과 경험을 바탕으로 모두 사실대로 작성하였으며, 만일 허위사실을 고소하였을 때에는 형법 제156조 무고죄로 처벌받을 것임을 서약합니다.

2013년   9월   5일
고소인   김 갑 동 (인).

○○지방검찰청 귀중

별지 : 증거자료 세부 목록

1. 인적증거

성 명	강OO	주민등록번호	6△△△△△ - ××××××××	
주 소	자택 : 서울 00구 00길 00 직장 : 서울 00구 00길 00	직업	회사원	
전 화	(휴대폰) 010-100-0000 (자택) 02-200-0000 사무실) 02-100-0000			
입증하려는 내용	강OO은 고소인의 친구이며, 피고소인이 고소인에게 컨설팅 비를 요구하면서 00상가를 싸게 분양받도록 해 주겠다는 말을 2006.3.2. 고소인과 같이 들었음			

성 명	이OO	주민등록번호	5△△△△△ - ××××××××	
주 소	자택 : 서울 00구 00길 00 직장 : 서울 00구 00길 00 주)00부동산컨설팅	직업	(주)00부동산컨설팅 총무과장	
전 화	(휴대폰) 010-200-0000 (사무실) 02-600-0000			
입증하려는 내용	피고소인이 (주)00부동산컨설팅 직원도 아니면서 마치 위 회사 분양팀장으로 근무한 것처럼 거짓말한 사실			

성 명	박00	주민등록번호	6△△△△△ - ×××××××	
주 소	직장 : 서울 00구 00길 00상가 관리사무소		직업	00상가 관리사무소장
전 화	(휴대폰) 010-300-0000 (사무실) 02-200-0000			
입증하려는 내용	00상가 101호는 상가 소유자가 팔려고 한 적도 없다는 사실			

2. 증거서류

순번	증거	작성자	제출 유무
1	컨설팅 계약서(사본)	피고소인	■ 접수시 제출 ☐ 수사 중 제출
2	예금통장(사본)	고 소 인	■ 접수시 제출 ☐ 수사 중 제출
3	영수증(사본)	피고소인	■ 접수시 제출 ☐ 수사 중 제출

※ 예금통장 사본은 고소인이 피고소인의 컨설팅비 1,000만원을 2006. 3. 10. 수표로 인출한 사실을 입증하고자 하는 것이며 증거서류 원본은 고소인이 소지하고 있음

3. 증거물

순번	증거	소유자	제출 유무
1	피고소인의 명함(사본)	고소인	■ 접수시 제출 ☐ 수사 중 제출
2			☐ 접수시 제출 ☐ 수사 중 제출
3			☐ 접수시 제출 ☐ 수사 중 제출

4. 기타 증거

○ 없음

제 출 기 관	범죄지, 피의자의 주소, 거소 또는 현재지의 경찰서, 검찰청	공 소 시 효	10년(☞공소시효일람표)
고 소 권 자	피해자(형사소송법 223조) (※ 아래(1)참조)	소 추 요 건	※ 아래(2) 참조 (형법 354조, 328조)
제 출 부 수	고소장 1부	관 련 법 규	형법 347조/ 검찰 권장 고소장 표준 서식 (2006. 5. 15.)
범죄성립 요 건	· 사람을 기망하여 재물의 교부를 받거나 재산상의 이익을 취득한 때 · 사람을 기망하여 제3자로 하여금 재물의 교부를 받거나 재산상의 이익을 취득하게 한 때		
형 량	· 10년 이하의 징역 · 2,000만원 이하의 벌금 (10년 이하의 자격정지를 병과할 수 있음 : 형법 353조)		
불기소처분 등에대한 불복절차 및 기간	(항고) · 근거 : 검찰청법 10조 · 기간 : 처분결과의 통지를 받은 날부터 30일(검찰청법 10조4항) (재정신청) · 근거 : 형사소송법 제260조 · 기간 : 항고기각 결정을 통지받은 날 또는 동법 제260조 제2항 각 호의 사유가 발생한 날부터 10일(형사소송법 제260조 제3항) (헌법소원) · 근거 : 헌법재판소법 68조 · 기간 : 그 사유가 있음을 안 날로부터 90일 이내에, 그 사유가 있은 날로부터 1년 이내에 청구하여야 한다. 다만, 다른 법률에 의한 구제절차를 거친 헌법소원의 심판은 그 최종결정을 통지받은 날로부터 30일 이내에 청구(헌법재판소법 69조)		

※ (1) 고소권자

(형사소송법 225조)

1. 피해자가 제한능력자인 경우의 법정대리인
2. 피해자가 사망한 경우의 배우자, 직계친족, 형제, 자매. 단, 피해자의 명시한 의사에 반하여 고소할 수 없음

(형사소송법 224조)

자기 또는 배우자의 직계존속은 고소할 수 없음(단, 성폭력범죄의처벌및피해자보호등에관한법률 제7조에서는 "친족관계에 의한 강간 등은 친고죄에 해당되지 아니할 뿐만 아니라 직계존속에 대하여 고소할 수 있다."고 규정함)

※ (2) 친족간의 범행과 고소

1. 직계혈족 ,배우자, 동거친족, 동거가족 또는 그 배우자간의 제323조의 죄는 형을 면제
2. 제1항 이외의 친족간에 제323조의 죄를 범한 때에는 고소가 있어야 공소를 제기할 수 있음
3. 전2항의 신분관계가 없는 공범에 대하여는 전2항을 적용하지 아니함

[서식 예] 고소장 표준서식 작성례(횡령)

고 소 장(예시 / 횡령죄)

1. 고소인

성 명	김 갑 동	주민등록번호	4△△△△△ - ×××××××
주 소	서울 00구 00길 00		
직 업	상업	사무실 주소	서울 00구 00길 00빌딩 00호 00리테일
전 화	(휴대폰) 010-100-0000, (사무실) 02-200-0000		
이메일	leeby@◇◇.com		

2. 피고소인

성 명	이 횡 령	주민등 록번호	5△△△△△ - ×××××××
주 소	서울 00구 00길 00		
직 업	부동산중개업 소 직원	사무실 주소	
전 화	(휴대폰) 010-900-0000		
이메일	leesagi@◇◇.com		
기타사항	피고소인은 고소인이 아파트 매입시 알게 된 부동산중개업소 직원임		

3. 고소취지

고소인은 피고소인을 횡령죄로 고소하오니 처벌하여 주시기 바랍니다.

4. 범죄사실

o 피고소인은 '00부동산' 직원으로 근무하던 자입니다.

o 피고소인은 2013. 3. 2.경 자신이 근무하는 서울 00구 00길 00빌
딩 00호에 있는 00부동산 사무실에서, 고소인이 피고소인의 소개
로 매입한 00아파트 00호 계약금 1,000만원을 고소인으로부터 건
네받아 보관하던 중 다음 날 피고소인의 신용카드 대금을 갚는데
전액 사용하여 횡령하였습니다.

5. 고소이유

o 고소인은 00회사에서 과장으로 근무 중이며, 피고소인은 서울 00구
00길 00빌딩 00호에 있는 00부동산 직원으로서, 고소인이 00아파
트 00호를 위 00부동산을 통하여 매입하면서 알게 되었습니다.

o 고소인은 2013. 2. 초순경 00부동산에 아파트 구입 문의를 하였
으며, 2013. 2. 25.경 00부동산 직원이던 피고소인을 통하여 00아
파트 00호를 금 0억원에 구입하는 매매계약을 아파트 소유자
000과 체결하였습니다.

o 계약 당시 계약금을 2013. 3. 2. 00부동산에서 소유자에게 직접
주기로 하였는데 마침 그 날 소유자의 개인 사정으로 소유자가
나오지 못하게 되어 피고소인에게 소유자에게 전해달라며 계약금
1,000만원을 맡기게 되었습니다.

o 그런데 피고소인은 고소인으로부터 받은 계약금을 아파트 소유자
에게 전달하지 아니하였고, 고소인은 수일 후 아파트 소유자와
함께 피고소인을 만나 추궁하니 계약금을 받은 다음 날 피고소인
의 00카드 연체대금을 갚는데 전액 사용하였다고 횡령사실을 시
인하였습니다.

o 이에 고소인은 피고소인에게 계약금 상당을 다시 돌려줄 것을 요
구하였으나 자신은 현재 돈이 없다면서 고소인에게 돈을 반환할
수 없다고 하기에 고소에 이르렀습니다.

6. 증거자료

☐ 고소인은 고소인의 진술 외에 제출할 증거가 없습니다.

■ 고소인은 고소인의 진술 외에 제출할 증거가 있습니다.

   ☞ **증거자료의 세부내역은 별지를 작성하여 첨부합니다.**

7. 관련사건의 수사 및 재판 여부

①중복고소여부	☐ 본 고소장과 같은 내용의 고소장을 다른 검찰청 또는 경찰서에 제출하거나 제출하였던 사실이 있습니다
	☐ 없습니다
② 관련 형사사건 수사 유무	☐ 본 고소장에 기재된 범죄사실과 관련된 사건 또는 공범에 대하여 검찰청이나 경찰서에서 수사 중에 있습니다
	☐ 수사 중에 있지 않습니다
③ 관련 민사소송 유무	☐ 본 고소장에 기재된 범죄사실과 관련된 사건에 대하여 법원에서 민사소송 중에 있습니다
	☐ 민사소송 중에 있지 않습니다

※ 고소인이 피고소인에 대하여 2006. 3. 15. 00법원에 2006가단000호로 00청구소송을 제기하여 현재 소송 중에 있음

본 고소장에 기재한 내용은 고소인이 알고 있는 지식과 경험을 바탕으로 모두 사실대로 작성하였으며, 만일 허위사실을 고소하였을 때에는 형법 제156조 무고죄로 처벌받을 것임을 서약합니다.

2013년　　9월　　5일

고소인　<u>김　갑　동</u>　(인)

○○경찰서 귀중

별지 : 증거자료 세부 목록

1. 인적증거

성 명	강00	주민등록번호	6△△△△△ - ××××××
주 소	직장 : 서울 00구 00길 00	직업	00부동산중개사무소 대표
전 화	(휴대폰) 010-100-0000 (자택) 02-200-0000 (사무실) 02-100-0000		
입증하려는 내용	피고소인이 고소인에게 00아파트를 중개하고, 2006. 3. 2. 계약금 000만원을 고소인으로부터 받은 사실		

성 명	이00	주민등록번호	5△△△△△ - ××××××
주 소	자택 : 서울 00구 00길 00 직장 : 서울 00구 00길 00(주)00부동산컨설팅	직업	00상사 이사
전 화	(휴대폰) 010-200-0000 (사무실) 02-600-0000		
입증하려는 내용	00아파트 00호 소유자이며, 계약금을 피고소인이 신용카드 대금채무에 사용하였다는 것을 고소인과 같이 들어 알고 있음		

2. 증거서류

순번	증거	작성자	제출 유무
1	부동산매매계약서 (사본)	피고소인	■ 접수시 제출 □ 수사 중 제출
2	예금통장(사본)	고 소 인	■ 접수시 제출 □ 수사 중 제출
3	보관증(사본)	피고소인	■ 접수시 제출 □ 수사 중 제출

※ 예금통장 사본은 고소인이 계약금 1,000만원을 인출한 것을 입증
  하고자 하는 것이며 보관증 사본은 피고소인이 계약금을 고소인
  으로부터 받은 후 그 증거로 고소인에게 작성해 준 것임(증거서
  류 원본은 고소인이 가지고 있음)

3. 증거물

순번	증거	소유자	제출 유무
1	피고소인의 명함(사본)	고소인	■ 접수시 제출 □ 수사 중 제출
2			□ 접수시 제출 □ 수사 중 제출
3			□ 접수시 제출 □ 수사 중 제출

4. 기타 증거

○ 없음

제출기관	범죄지, 피의자의 주소, 거소 또는 현재지의 경찰서, 검찰청	공소시효	7년(☞공소시효일람표)
고소권자	피해자(형사소송법 223조) (※ 아래(1)참조)	소추요건	※ 아래(2) 참조 (형법 361조, 328조)
제출부수	고소장 1부	관련법규	형법 355조1항/검찰 권장 표준 서식
범죄성립요건	타인의 재물을 보관하는 자가 그 재물을 횡령하거나 그 반환을 거부한 때		
형량	· 5년 이하의 징역 · 1,500만원 이하의 벌금 (10년 이하의 자격정지를 병과할 수 있음 : 형법 358조)		
불기소처분등에 대한 불복절차 및 기간	(항고) · 근거 : 검찰청법 10조 · 기간 : 처분결과의 통지를 받은 날부터 30일(검찰청법 10조4항) (재정신청) · 근거 : 형사소송법 제260조 · 기간 : 항고기각 결정을 통지받은 날 또는 동법 제260조 제2항 각 호의 사유가 발생한 날부터 10일(형사소송법 제260조 제3항) (헌법소원) · 근거 : 헌법재판소법 68조 · 기간 : 그 사유가 있음을 안 날로부터 90일 이내에, 그 사유가 있은 날로부터 1년 이내에 청구하여야 한다. 다만, 다른 법률에 의한 구제절차를 거친 헌법소원의 심판은 그 최종결정을 통지받은 날로부터 30일 이내에 청구(헌법재판소법 69조)		

※ (1) 고소권자

(형사소송법 225조)

　1. 피해자가 제한능력자인 경우의 법정대리인

　2. 피해자가 사망한 경우의 배우자, 직계친족, 형제, 자매. 단, 피해자의
　　명시한 의사에 반하여 고소할 수 없음

(형사소송법 224조)

　자기 또는 배우자의 직계존속은 고소할 수 없음(단, 성폭력범죄의처벌및피
　해자보호등에관한법률 제7조에서는 "친족관계에 의한 강간 등은 친고죄
　에 해당되지 아니할 뿐만 아니라 직계존속에 대하여 고소할 수 있다."고
　규정함)

※ (2) 친족간의 범행과 고소

　1. 직계혈족 ,배우자, 동거친족, 동거가족 또는 그 배우자간의 제323조의
　　죄는 형을 면제

　2. 제1항이외의 친족간에 제323조의 죄를 범한 때에는 고소가 있어야 공
　　소를 제기할 수 있음

　3. 전2항의 신분관계가 없는 공범에 대하여는 전2항을 적용하지 아니함

[서식 예] 감금죄

고 소 장

고 소 인 : ○ ○ ○ (주민등록번호 :   -   )
　　　　　주소 : ○○시 ○○구 ○○길 ○○
　　　　　직업 :　　　　사무실 주소 :
　　　　　전화번호 : (휴대폰:) (자택:) (사무실:)
　　　　　이메일 :
피고소인 : △ △ △ (주민등록번호 :   -   )
　　　　　주소 : ○○시 ○○구 ○○길 ○○
　　　　　직업 :　　　　사무실 주소 :
　　　　　전화번호 : (휴대폰:) (자택:) (사무실:)
　　　　　이메일 :

고 소 요 지

피고소인은 고소인을 피고소인 주소지에 소재한 가옥에 20○○. ○. ○. ○○:○○- 20○○. ○. ○. ○○:○○까지 ○시간 ○분 동안 감금한 자이니 법에 의해 엄중히 처벌하여 주시기 바랍니다.

고 소 내 용

1. 고소인과 피고소인과의 관계
　　피고소인은 ○○시 ○○구 ○○길 ○○번지에서 "○○양행"라는 상호로 사채업을 하는 자이며 고소인은 20○○. ○. ○. 피고소인에게서 ○○○원을 월 ○부 이자를 주기로 하고 차용한 사실이 있습니다.

2. 피고소인의 범죄사실

　가. 고소인은 피고소인에게 금년 ○월까지는 이자를 지급하여 왔으나 물품대금으로 받은 어음이 부도처리되는 바람에 금년 ○월 이후부터는 이자를 지급하지 못하고 있었습니다. 그러자 피고소인이 20○○. ○. ○. ○○:○○경 고소인의 집을 찾아와 잠깐 이야기를 하자며 피고소인의 집으로 데려가 원금과 연체이자 합계 ○○○원을 모두 갚으라고 요구하였습니다.

　나. 고소인은 물품대금으로 받은 어음이 부도났기 때문에 빌린 돈을 갚지 못하고 있는 형편을 이야기하며 말미를 줄 것을 사정하였으나 피고소인은 돈을 갚기 전에는 나갈 수 없다며 같은 날 ○○:○○ 고소인을 피고소인의 집 지하실에 감금하였습니다. 그리고 이 지하실은 창문도 없어 밖에서 문을 잠그면 어느 곳으로도 나갈 수 없는 장소였습니다.

　다. 고소인이 피고소인과 같이 나간 후 밤 ○○시가 넘도록 돌아오지 않자 걱정이 된 고소인의 처가 경찰에 신고를 하였으며 결국 다음날인 20○○. ○. ○. ○○:○○경에야 고소인은 출동한 경찰의 도움으로 감금상태에서 풀려날 수 있었습니다.

위와 같은 피고소인의 범죄사실에 대해 고소하오니 법에 의해 엄중 처벌하여 주시기 바랍니다.

20○○년　　○월　　○일

고　소　인　　○○○ (인)

○○경찰서장(또는 ○○지방검찰청 검사장) 귀 중

제출기관	범죄지, 피의자의 주소, 거소 또는 현재지의 경찰서, 검찰청	공소시효	○년(☞공소시효일람표)
고소권자	피해자(형사소송법223조) (※ 아래(1)참조)	소추요건	
제출부수	고소장 1부	관련법규	형법 276조
범죄성립 요 건	사람을 감금한 때		
형 량	· 5년 이하의 징역 · 700만원 이하의 벌금 　(10년이하의 자격정지를 병과할 수 있음:형법 282조)		
불기소처분 등에 대한 불복절차 및 기간	(항고) · 근거 : 검찰청법 10조 · 기간 : 처분결과의 통지를 받은 날부터 30일(검찰청법 10조4항) (재정신청) · 근거 : 형사소송법 제260조 · 기간 : 항고기각 결정을 통지받은 날 또는 동법 제260조 제 　　　　2항 각 호의 사유가 발생한 날부터 10일(형사소송법 　　　　제260조 제3항) (헌법소원) · 근거 : 헌법재판소법 68조 · 기간 : 그 사유가 있음을 안 날로부터 90일 이내에, 그 사 　　　　유가 있은 날로부터 1년 이내에 청구하여야 한다. 　　　　다만, 다른 법률에 의한 구제절차를 거친 헌법소원의 　　　　심판은 그 최종결정을 통지받은 날로부터 30일 이내 　　　　에 청구(헌법재판소법 69조)		

※ (1) 고소권자
(형사소송법 225조)
 1. 피해자가 제한능력자인 경우의 법정대리인
 2. 피해자가 사망한 경우의 배우자, 직계친족, 형제, 자매. 단, 피해자의
　　명시한 의사에 반하여 고소할 수 없음
(형사소송법 224조)
 자기 또는 배우자의 직계존속은 고소할 수 없음[단, 성폭력범죄의 처벌 등
에 관한 특례법 제18조에서는 "성폭력범죄에 대하여는 형사소송법 제224조
(고소의 제한) 및 군사법원법 제266조에 불구하고 자기 또는 배우자의 직계
존속을 고소할 수 있다."고 규정함]

[서식 예] 강간등상해치상죄

고 소 장

고 소 인 : ○ ○ ○ (주민등록번호 :   -   )
　　　　　주소 : ○○시 ○○구 ○○길 ○○
　　　　　직업 :   사무실 주소 :
　　　　　전화번호 : (휴대폰:) (자택:) (사무실:)
　　　　　이메일 :
피고소인 : △ △ △ (주민등록번호 :   -   )
　　　　　주소 : ○○시 ○○구 ○○길 ○○
　　　　　직업 :   사무실 주소 :
　　　　　전화번호 : (휴대폰:) (자택:) (사무실:)
　　　　　이메일 :

고소인은 다음과 같이 피고소인을 고소하오니, 법에 따라 조사하여 처벌하여 주시기 바랍니다.

고 소 사 실

피고소인은 ○○시 ○○구 ○○길 ○○번지에 사는 자인데 20○○. ○. ○. ○○:○○경에 ○○시 ○○구 ○○길 ○○번지 소재 고소인 경영의 술집에서 혼자 영업을 하고 있는 고소인을 손으로 밀쳐 바닥에 눕힌 다음 하의와 속옷을 벗기고 "말을 듣지 않으면 죽여버린다."고 협박하고 이에 반항하는 고소인의 목을 조르고 얼굴을 주먹으로 수회 강타한 후 강제로 자신의 성기를 고소인의 질내에 삽입하여 고소인을 ○회 강간하였습니다. 이로 인하여 피고소인은 고소인으로 하여금 약 ○주간의 치료를 요하는 안면부 타박상 및 외음부 찰과상 등의 상해를 입게 한 사실이 있습니다.
위와 같은 사실을 들어 고소하오니 조사하여 엄벌하여 주시기 바랍니다.

```
┌─────────────────────────────────────────────────────┐
│              첨 부 서 류                              │
│   1. 상해진단서                        1통            │
│                                                       │
│                                                       │
│           20○○년   ○월   ○일                       │
│           위 고소인  ○  ○  ○ (인)                  │
│                                                       │
│                                                       │
│    ○○경찰서장(또는 ○○지방검찰청 검사장) 귀 중     │
└─────────────────────────────────────────────────────┘
```

제출기관	범죄지, 피의자의 주소, 거소 또는 현재지의 경찰서, 검찰청	공 소 시 효	○년(☞공소시효일람표)
고소권자	피해자(형사소송법 223조) (※ 아래(1)참조)	소추요건	
제출부수	고소장 1부	관 련 법 규	형법 301조
범죄성립 요건	강간죄·유사강간죄·강제추행죄·준강간죄·준강제추행죄를 범한 자가 사람을 상해에 이르게 한 때		
형량	· 무기 또는 5년 이상의 징역		
불기소처분 등에 대한 불복절차 및 기간	(항고) · 근거 : 검찰청법 10조 ·기간 : 처분결과의 통지를 받은 날부터 30일(검찰청법 10조 4항) (재정신청) · 근거 : 형사소송법 제260조 · 기간 : 항고기각 결정을 통지받은 날 또는 동법 제260조 제2항 각 호의 사유가 발생한 날부터 10일(형사소송법 제260조 제3항) (헌법소원) · 근거 : 헌법재판소법 68조 · 기간 : 그 사유가 있음을 안 날로부터 90일 이내에, 그 사유가 있은 날로부터 1년 이내에 청구하여야 한다. 다만, 다른 법률에 의한 구제절차를 거친 헌법소원의 심판은 그 최종결정을 통지받은 날로부터 30일 이내에 청구(헌법재판소법 69조)		

※ (1) 고소권자

(형사소송법 225조)
  1. 피해자가 제한능력자인 경우의 법정대리인
  2. 피해자가 사망한 경우의 배우자, 직계친족, 형제, 자매. 단, 피해자의
     명시한 의사에 반하여 고소할 수 없음

(형사소송법 224조)
  자기 또는 배우자의 직계존속은 고소할 수 없음[단, 성폭력범죄의 처벌
  등에 관한 특례법 제18조에서는 "성폭력범죄에 대하여는 형사소송법 제
  224조(고소의 제한) 및 군사법원법 제266조에 불구하고 자기 또는 배우
  자의 직계존속을 고소할 수 있다."고 규정함]

[서식 예] 강간죄

고 소 장

고 소 인 : ○ ○ ○ (주민등록번호 :   -   )
       주소 : ○○시 ○○구 ○○길 ○○
       직업 :   사무실 주소 :
       전화번호 : (휴대폰:) (자택:) (사무실:)
       이메일 :
피고소인 : △ △ △ (주민등록번호 :   -   )
       주소 : ○○시 ○○구 ○○길 ○○
       직업 :   사무실 주소 :
       전화번호 : (휴대폰:) (자택:) (사무실:)
       이메일 :

고 소 취 지

피고소인은 고소인을 강간한 사실이 있습니다.

고 소 사 실

1. 피고소인은 ○○시 ○○구 ○○길 ○○번지에 사는 자인데 20○
○. ○. ○. ○○:○○경에 ○○시 ○○구 ○○길 ○○번지 소재 고
소인의 집에서 잠을 자고 있는 고소인을 폭행, 협박하여 강제로 ○회
성교를 하였습니다.
2. 당시 고소인은 고소인의 방에서 깊은 잠에 빠져 있었는데 고소인의
방의 열린 창문을 통하여 침입한 피고소인이 갑자기 놀라 잠에서 깨
어난 고소인의 입을 손으로 틀어막은 후 가만히 있지 않으면 죽여 버
리겠다고 협박하고 이에 반항하는 고소인의 목을 조르고 얼굴을 주먹
으로 수회 강타한 후 강제로 자신의 성기를 고소인의 질내에 삽입해
고소인을 강간한 것입니다.
3. 위와 같은 사실을 들어 고소하오니 조사하여 엄벌하여 주시기 바
랍니다.

소 명 방 법

    1. 진단서
    2. 세부적인 자료는 추후 제출하겠음.

20○○년   ○월   ○일
위   고 소 인   ○ ○ ○ (인)
○○경찰서장(또는 ○○지방검찰청 검사장) 귀 중

제출기관	범죄지, 피의자의 주소, 거소 또는 현재지의 경찰서, 검찰청	공소시효	○년(☞공소시효일람표)
고소권자	피해자(형사소송법 223조) (※ 아래(1)참조)	소추요건	
제출부수	고소장 1부	관련법규	형법 297조
범죄성립 요 건	폭행 또는 협박으로 사람을 강간한 때		
형 량	· 3년 이상의 유기징역		
불기소처분 등에 대한 불복절차 및 기간	(항고) · 근거 : 검찰청법 10조 · 기간 : 처분결과의 통지를 받은 날부터 30일(검찰청법 10조 4항) (재정신청) · 근거 : 형사소송법 제260조 · 기간 : 항고기각 결정을 통지받은 날 또는 동법 제260조 제2항 각 호의 사유가 발생한 날부터 10일(형사소 송법 제260조 제3항) (헌법소원) · 근거 : 헌법재판소법 68조 · 기간 : 그 사유가 있음을 안 날로부터 90일 이내에, 그 사유 가 있은 날로부터 1년 이내에 청구하여야 한다. 다만, 다른 법률에 의한 구제절차를 거친 헌법소원의 심판은 그 최종결정을 통지받은 날로부터 30일 이내에 청구 (헌법재판소법 69조)		

※ (1) 고소권자
(형사소송법 225조)
 1. 피해자가 제한능력자인 경우의 법정대리인
 2. 피해자가 사망한 경우의 배우자, 직계친족, 형제, 자매. 단, 피해자의 명시한 의사에 반하여 고소할 수 없음
(형사소송법 224조)
 자기 또는 배우자의 직계존속은 고소할 수 없음[단, 성폭력범죄의 처벌 등에 관한 특례법 제18조에서는 "성폭력범죄에 대하여는 형사소송법 제 224조(고소의 제한) 및 군사법원법 제266조에 불구하고 자기 또는 배우 자의 직계존속을 고소할 수 있다."고 규정함]

(관련판례)

갑이 을을 강간 등 혐의로 고소하였으나 검사가 혐의 없음 처분을 하고, 오히려 갑을 무고 및 간통 혐의로 기소하여 제1심에서 유죄판결을 받았다가, 항소심과 상고심에서 무죄판결이 선고되어 확정되었고, 그 후 갑이 을을 상대로 강간 등 불법행위에 따른 손해배상금의 지급을 구하는 지급명령을 신청하였다가 각하되자 그로부터 6개월 내에 손해배상청구의 소를 제기한 사안에서, 갑의 강간 고소 부분에 대하여 간통죄나 무고죄가 유죄로 인정되는 경우에는 갑이 을에 대하여 손해배상청구를 하더라도 손해배상을 받기 어렵고 오히려 을에게 무고로 인하여 손해를 배상해 주어야 할 입장에 놓일 수도 있게 되므로, 이와 같은 상황 아래서 갑이 강간으로 인한 손해배상청구를 한다는 것은 사실상 불가능하다고 보이고, 따라서 갑의 손해배상청구는 간통과 무고죄에 대한 무죄판결이 확정된 때에야 비로소 사실상 가능하게 되었다고 보아야 하며, 그 결과 갑의 손해배상청구권은 무죄판결이 확정된 때로부터 소멸시효가 진행하는데, 갑이 지급명령 신청이 각하된 후 6개월이 지나기 전에 소를 제기하였으므로 민법 제170조 제2항에 의하여 최초로 지급명령을 신청한 날에 시효가 중단되었다고 본 원심판단을 수긍한 사례(대법원 2011. 11. 10. 선고 2011다54686 판결).

[서식 예] 강간치상죄

고 소 장

고 소 인 : ○ ○ ○ (주민등록번호 :   -   )
　　　　　 주소 : ○○시 ○○구 ○○길 ○○
　　　　　 직업 :   사무실 주소 :
　　　　　 전화번호 : (휴대폰:) (자택:) (사무실:)
　　　　　 이메일 :
피고소인 : △ △ △ (주민등록번호 :   -   )
　　　　　 주소 : ○○시 ○○구 ○○길 ○○
　　　　　 직업 :   사무실 주소 :
　　　　　 전화번호 : (휴대폰:) (자택:) (사무실:)
　　　　　 이메일 :

고소인은 다음과 같이 피고소인을 고소하오니, 법에 따라 조사하여 처벌
하여 주시기 바랍니다.

고 소 사 실

피고소인은 20○○. ○. ○. ○○:○○경 ○○시 ○○구 ○○길 ○○
번지 소재 피고소인의 집에서 전화로 고소인 경영의 ○○다방으로 차
주문을 한 후 그 주문을 받고 배달을 나온 고소인을 보고 손으로 고
소인을 밀쳐 그곳 방바닥에 눕힌 다음 하의와 속옷을 벗기고 "말을
듣지 않으면 죽여 버린다"고 말하면서 그 옆에 있는 지팡이로 고소
인의 머리를 때려 고소인의 반항을 억압한 후 강간하려 하였으나 때
마침 고소인을 찾으러 온 위 다방 종업원인 ㅁㅁㅁ에게 발각되어 강
간은 당하지 아니하였으나 이로 인하여 고소인으로 하여금 약 ○주간
의 치료를 요하는 두피 좌상 등의 상해를 입게 한 사실이 있습니다.

첨 부 서 류

　　1. 상해진단서　　　　　　　　　　　　　　1통

　　　　　　20○○년　　○월　　○일
　　　　　　위 고소인　 ○　○　○ (인)
○○경찰서장(또는 ○○지방검찰청 검사장) 귀 중

제출기관	범죄지, 피의자의 주소, 거소 또는 현재지의 경찰서, 검찰청	공소시효	○년(☞공소시효일람표)
고소권자	피해자(형사소송법 223조) (※ 아래(1)참조)	소추요건	
제출부수	고소장 1부	관련법규	형법 301조
범죄성립 요건	강간죄·유사강간죄·강제추행죄·준강간죄·준강제추행죄를 범한 자가 사람을 상해에 이르게 한 때		
형량	· 무기 또는 5년 이상의 징역		
불기소처분 등에 대한 불복절차 및 기간	(항고) · 근거 : 검찰청법 10조 · 기간 : 처분결과의 통지를 받은 날부터 30일(검찰청법 10조 4항) (재정신청) · 근거 : 형사소송법 제260조 · 기간 : 항고기각 결정을 통지받은 날 또는 동법 제260조 제2항 각 호의 사유가 발생한 날부터 10일(형사소송법 제260조 제3항) (헌법소원) · 근거 : 헌법재판소법 68조 · 기간 : 그 사유가 있음을 안 날로부터 90일 이내에, 그 사유가 있은 날로부터 1년 이내에 청구하여야 한다. 다만, 다른 법률에 의한 구제절차를 거친 헌법소원의 심판은 그 최종결정을 통지받은 날로부터 30일 이내에 청구(헌법재판소법 69조)		

※ (1) 고소권자
(형사소송법 225조)
 1. 피해자가 제한능력자인 경우의 법정대리인
 2. 피해자가 사망한 경우의 배우자, 직계친족, 형제, 자매. 단, 피해자의 명시한 의사에 반하여 고소할 수 없음
(형사소송법 224조)
  자기 또는 배우자의 직계존속은 고소할 수 없음[단, 성폭력범죄의 처벌 등에 관한 특례법 제18조에서는 "성폭력범죄에 대하여는 형사소송법 제224조(고소의 제한) 및 군사법원법 제266조에 불구하고 자기 또는 배우자의 직계존속을 고소할 수 있다."고 규정함]

[서식 예] 강도죄

고　소　장

고 소 인 : ○ ○ ○ (주민등록번호 :　　　　-　　　　)
　　　　　주소 :　○○시 ○○구 ○○길 ○○
　　　　　직업 :　　　사무실 주소 :
　　　　　전화번호 :　(휴대폰:　　) (자택:　　) (사무실:　　)
　　　　　이메일 :
피고소인 : △ △ △ (주민등록번호 :　　　　-　　　　)
　　　　　주소 :　○○시 ○○구 ○○길 ○○
　　　　　직업 :　　　사무실 주소 :
　　　　　전화번호 :　(휴대폰:　　) (자택:　　) (사무실:　　)
　　　　　이메일 :

고　소　취　지

피고소인은 아래와 같은 방법으로 강도죄를 저지른 사실이 있습니다.

고　소　사　실

피고소인은 일정한 직업이 없는 자인 바, 20○○. ○. ○. ○○:○○ 경 ○○ ○○시 ○○길 소재 ○○다방을 운영하고 있는 고소인 소유 건물에 침입하여 그 날 따라 몸이 아파 다방 일을 쉬고 방에서 자고 있던 고소인을 깨워 협박하면서 공포심을 갖게 한 후 금전을 내놓으라고 하여 고소인이 가지고 있던 현금이 없다고 하자 고소인을 내실에 가두어 폭행을 가하면서 고소인의 의사 및 반항을 억압하여 반항을 불가능하게 하고 장롱을 뒤져 금반지 3돈 짜리 2개, 시가 40만원 상당의 손목시계 2등 합계 금70만원 상당의 금품을 강취하여 재산상 이득을 취하고 도주하였습니다. 이에 본 고소에 이른 것입니다.

입　증　방　법

추후 조사시에 제출하겠습니다.

20○○.　○.　○.
위 고소인　○　○　○ (인)

○○경찰서장(또는 ○○지방검찰청 검사장) 귀 중

제출기관	범죄지, 피의자의 주소, 거소 또는 현재지의 경찰서, 검찰청	공소시효	○년(☞공소시효일람표)
고소권자	피해자(형사소송법 223조) (※ 아래(1)참조)	소추요건	
제출부수	고소장 1부	관련법규	형법 333조
범죄성립 요건	폭행 또는 협박으로 타인의 재물을 강취하거나 기타 재산상 이익을 취득하거나 제3자로 하여금 이를 취득하게 한 때		
형량	· 3년 이상의 유기징역(유기징역에 처할 경우 10년 이하의 자격정지를 병과할 수 있음 : 형법 345조)		
불기소처분 등에 대한 불복절차 및 기간	(항고) · 근거 : 검찰청법 10조 · 기간 : 처분결과의 통지를 받은 날부터 30일(검찰청법 10조 4항) (재정신청) · 근거 : 형사소송법 제260조 · 기간 : 항고기각 결정을 통지받은 날 또는 동법 제260조 제2항 각 호의 사유가 발생한 날부터 10일(형사소송법 제260조 제3항) (헌법소원) · 근거 : 헌법재판소법 68조 · 기간 : 그 사유가 있음을 안 날로부터 90일 이내에, 그 사유가 있은 날로부터 1년 이내에 청구하여야 한다. 다만, 다른 법률에 의한 구제절차를 거친 헌법소원의 심판은 그 최종결정을 통지받은 날로부터 30일 이내에 청구(헌법재판소법 69조)		

※ (1) 고소권자
(형사소송법 225조)
  1. 피해자가 제한능력자인 경우의 법정대리인
  2. 피해자가 사망한 경우의 배우자, 직계친족, 형제, 자매. 단, 피해자의 명시한 의사에 반하여 고소할 수 없음
(형사소송법 224조)
  자기 또는 배우자의 직계존속은 고소할 수 없음[단, 성폭력범죄의 처벌 등에 관한 특례법 제18조에서는 "성폭력범죄에 대하여는 형사소송법 제224조(고소의 제한) 및 군사법원법 제266조에 불구하고 자기 또는 배우자의 직계존속을 고소할 수 있다."고 규정함]

[서식 예] 강요죄

고　소　장

고 소 인 :　○　○　○　(주민등록번호 :　　　　-　　　　)
　　　　　　주소 :　○○시 ○○구 ○○길 ○○
　　　　　　직업 :　　　　　사무실 주소 :
　　　　　　전화번호 :　(휴대폰:　　) (자택:　　) (사무실:　　)
　　　　　　이메일 :
피고소인 :　△　△　△　(주민등록번호 :　　　　-　　　　)
　　　　　　주소 :　○○시 ○○구 ○○길 ○○
　　　　　　직업 :　　　　　사무실 주소 :
　　　　　　전화번호 :　(휴대폰:　　) (자택:　　) (사무실:　　)
　　　　　　이메일 :

고　소　취　지

고소인은 피고소인을 형법 제324조의 강요죄(협박에 의한 권리행사방해죄)로 형사고소하니 엄히 처벌하여 주시기 바랍니다.

고　소　원　인

고소인은 위 주소지에서 조그마한 중소기업을 경영하다 경제 불황으로 매출 실적이 현격히 떨어져, 은행으로부터 대출 받은 원금에 대한 이자도 변제하지 못하고 있던 중, 회사의 경영상 급전이 필요하여 생활정보지 광고를 보고 사채업을 하는 위 피고소인에게 사채를 얻어 사용하게 되었습니다.

그러나 회사의 사정은 더욱 악화되어 고소인은 업종 변경 등으로 다른 사업을 구상하던 중, 친구의 권유를 받아 해외 사업 시찰의 일환으로 동남아 여행을 목적으로 여권을 발급 받았는데, 위 피고소인인 사채업자가 고소인이 채무변제를 회피할 목적으로 해외도피를 하는 것으로 오인하여 그의 채권 실현을 목적으로 조직원들을 동원, 고소인을 찾아와 폭행 협박하고 고소인이 겁을 먹고 있는 상태를 이용하여 고소인 소유의 여권을 교부케 하여 그 여권을 강제 회수당한 결과, 고소인은 고소인의 중요한 해외 사업 시찰 계획에 차질이 있었을 뿐만 아니라 해외를 여행할 사실상 권리마저 침해당하였던 바, 고소인은 위와 같은 사실을 들어 피고소인을 강요죄(협박에 의한 권리행사방해죄)로 형사고소하니 법률이 허용하는 범위내에서 엄벌해 주시기 바랍니다.

20○○년　○월　○일
위　고 소 인　○　○　○　(인)
○○경찰서장(또는 ○○지방검찰청 검사장) 귀 중

제출기관	범죄지, 피의자의 주소, 거소 또는 현재지의 경찰서, 검찰청	공소시효	○년(☞공소시효일람표)
고소권자	피해자(형사소송법 223조) (※아래(1)참조)	소추요건	
제출부수	고소장 1부	관련법규	형법 324조
범죄성립 요 건	폭행 또는 협박으로 사람의 권리행사를 방해하거나 의무 없는 일을 하게 한 때		
형 량	· 5년 이하의 징역		
불기소처분등에대한 불복절차 및 기간	(항고) · 근거 : 검찰청법 10조 · 기간 : 처분결과의 통지를 받은 날부터 30일(검찰청법 10조4항) (재정신청) · 근거 : 형사소송법 제260조 · 기간 : 항고기각 결정을 통지받은 날 또는 동법 제260조 제2항 각 호의 사유가 발생한 날부터 10일(형사소송법 제260조 제3항) (헌법소원) · 근거 : 헌법재판소법 68조 · 기간 : 그 사유가 있음을 안 날로부터 90일 이내에, 그 사유가 있은 날로부터 1년 이내에 청구하여야 한다. 다만, 다른 법률에 의한 구제절차를 거친 헌법소원의 심판은 그 최종결정을 통지받은 날로부터 30일 이내에 청구(헌법재판소법 69조)		

※ (1) 고소권자

(형사소송법 225조)
1. 피해자가 제한능력자인 경우의 법정대리인
2. 피해자가 사망한 경우의 배우자, 직계친족, 형제, 자매. 단, 피해자의 명시한 의사에 반하여 고소할 수 없음

(형사소송법 224조)
자기 또는 배우자의 직계존속은 고소할 수 없음(단, 성폭력범죄의처벌등에관한특례법 제18조에서는 "성폭력범죄에 대하여는 「형사소송법」 제224조 (고소의 제한) 및 「군사법원법」 제266조에도 불구하고 자기 또는 배우자의 직계존속을 고소할 수 있다."고 규정함)

[서식 예] 강제집행면탈죄

고　소　장

고 소 인 : ○ ○ ○ (주민등록번호 :　　　　　-　　　　　)
　　　　　주소 : ○○시 ○○구 ○○길 ○○
　　　　　직업 :　　　사무실 주소 :
　　　　　전화번호 : (휴대폰:　) (자택:　) (사무실:　)
　　　　　이메일 :
피고소인 : △ △ △ (주민등록번호 :　　　　　-　　　　　)
　　　　　주소 : ○○시 ○○구 ○○길 ○○
　　　　　직업 :　　　사무실 주소 :
　　　　　전화번호 : (휴대폰:　) (자택:　) (사무실:　)
　　　　　이메일 :

고　소　사　실

피고소인 △△△은 20○○년부터 건축업을 목적으로 ○○건설주식회사를 설립하여 이 회사 대표이사로 있는 자로서 지급능력이 없으면서 거액의 어음을 고소인에게 남발하였고,
위 피고소인은 약속어음의 지불기일이 되자 고소인등이 피고소인의 재산에 압류 등 강제처분을 할 것을 우려한 나머지 자기 소유재산인 ○○건설주식회사를 허위로 양도하는 등 고소인의 강제집행을 면할 것을 기도하고 ○○건설주식회사 대표 □□□와 공모하여 20○○년 ○월 ○일경 위 ○○건설주식회사 주식 13,000주를 금 6,000만원으로 평가하여 그 중 7,000주를 대금 3,500만원에 매도하였음에도 불구하고 주식 전체를 위 ○○건설주식회사 대표 □□□에게 매도한 것처럼 서류를 만들고 내용적으로 전 주식의 70%만 피고인에게 양도한다는 비밀합의서를 만든 다음 그 일체에 필요한 서류를 교부하여 주었습니다.
그리고 그 후 20○○년 ○월 ○일 ○○시 ○○길 ○○번지 소재 ○○빌딩 ○호에서 피고소인 △△△은 동 회사주식 13,000주를 □□□에게 양도하는 이사회를 개최 만장일치로 승낙한 것처럼 의사회의록도 만들었고 13,000주를 □□□에게 완전히 배서하여 줌으로써 동 주식 30%해당분 2,500만원 상당을 강제집행 불능케하여 이를 면탈한 것입니다.
이에 고소인은 위와 같은 사실로 피고소인을 고소하오니 철저히 조사하여 법에 의거 엄벌하여 주시기 바랍니다.

20○○.　○.　○.
고 소 인 ○ ○ ○ (인)

○○경찰서장(또는 ○○지방검찰청 검사장) 귀 중

제출기관	범죄지, 피의자의 주소, 거소 또는 현재지의 경찰서, 검찰청	공 소 시 효	○년(☞공소시효일람표)
고소권자	피해자(형사소송법 223조) (※ 아래(1)참조)	소추요건	
제출부수	고소장 1부	관 련 법 규	형법 327조
범죄성립 요 건	강제집행을 면할 목적으로 재산을 은닉, 손괴, 허위양도 또는 허위의 채무를 부담하여 채권자를 해한 때		
형 량	· 3년 이하의 징역 · 1,000만원 이하의 벌금		
불기소처분 등에 대한 불복절차 및 기간	(항고) · 근거 : 검찰청법 10조 · 기간 : 처분결과의 통지를 받은 날부터 30일(검찰청법 10조4항) (재정신청) · 근거 : 형사소송법 제260조 · 기간 : 항고기각 결정을 통지받은 날 또는 동법 제260조 제2항 각 호의 사유가 발생한 날부터 10일(형사소송법 제260조 제3항) (헌법소원) · 근거 : 헌법재판소법 68조 · 기간 : 그 사유가 있음을 안 날로부터 90일 이내에, 그 사유가 있은 날로부터 1년 이내에 청구하여야 한다. 다만, 다른 법률에 의한 구제절차를 거친 헌법소원의 심판은 그 최종결정을 통지받은 날로부터 30일 이내에 청구(헌법재판소법 69조)		

※ (1) 고소권자
(형사소송법 225조)
 1. 피해자가 제한능력자인 경우의 법정대리인
 2. 피해자가 사망한 경우의 배우자, 직계친족, 형제, 자매. 단, 피해자의 명시한 의사에 반하여 고소할 수 없음
(형사소송법 224조)
 자기 또는 배우자의 직계존속은 고소할 수 없음(단, 성폭력범죄의처벌등에 관한특례법 제18조에서는 "성폭력범죄에 대하여는 「형사소송법」 제224조 (고소의 제한) 및 「군사법원법」 제266조에도 불구하고 자기 또는 배우자의 직계존속을 고소할 수 있다."고 규정함)

[서식예]강제추행죄

고 소 장

고 소 인 : ○ ○ ○ (주민등록번호 :   -   )
　　　　　주소 : ○○시 ○○구 ○○길 ○○
　　　　　직업 :　　　사무실 주소 :
　　　　　전화번호 : (휴대폰:　) (자택:　) (사무실:　)
　　　　　이메일 :
피고소인 : △ △ △ (주민등록번호 :   -   )
　　　　　주소 : ○○시 ○○구 ○○길 ○○
　　　　　직업 :　　　사무실 주소 :
　　　　　전화번호 : (휴대폰:　) (자택:　) (사무실:　)
　　　　　이메일 :

고 소 취 지

고소인은 피고소인을 강제추행혐의로 고소하오니 철저히 조사하여 엄벌하여 주시기를 바랍니다.

고 소 사 실

고소인은 20○○. ○. ○. ○○:○○경 ○○도 ○○군 ○○면 ○○ 길 ○○ 소재 피고소인 경영의 '○○당구장'에서 피고소인 및 고소외 □□□과 같이 술을 마시던 중 고소인이 그 곳 당구장내에 있는 화장실에 갔다가 나오자 피고소인이 갑자기 위 당구장의 전등을 소등하고 고소인에게 다가와 손으로 고소인의 가슴부위를 만지고 이에 놀라 뒤따라오던 고소외 □□□에게 안기자 재차 양손으로 고소인의 가슴을 만진 후 고소인을 밀어 당구대위로 넘어뜨리고 가슴 및 음부를 수회 만져고소인은 이를 뿌리치고 나가려고 하자 피고소인은 앞을 가로막고 나가지 못하게 하였으나 고소인이 구토증세를 보이자 어쩔 수 없이 비켜주어 위 당구장을 나오게 되었는 바 위 사고로 고소인은 인간적으로 심한 수치심과 모멸감을 느꼈고 피고소인의 이러한 행위를 법에 따라 엄벌하고자 이건 고소에 이른 것입니다.

소 명 방 법

　　1. 진단서　　　　　　　　　　　　　1 통
　　1. 목격자진술서　　　　　　　　　　1 통
　　　　　　　20○○년　○월　○일
　　　　　　　위 고소인　○　○　○ (인)

　　○○경찰서장(또는 ○○지방검찰청 검사장) 귀 중

제출기관	범죄지, 피의자의 주소, 거소 또는 현재지의 경찰서, 검찰청	공 소 시 효	〇년(☞공소시효일람표)
고소권자	피해자(형사소송법 223조) (※ 아래(1)참조)	소 추 요 건	
제출부수	고소장 1부	관 련 법 규	형법 298조
범죄성립 요 건	폭행 또는 협박으로 사람에 대하여 추행을 한 때		
형 량	· 10년 이하의 징역 · 1,500만원 이하의 벌금		
불기소처분 등에 대한 불복절차 및 기간	(항고) · 근거 : 검찰청법 10조 · 기간 : 처분결과의 통지를 받은 날부터 30일(검찰청법 10조4항) (재정신청) · 근거 : 형사소송법 제260조 · 기간 : 항고기각 결정을 통지받은 날 또는 동법 제260조 제2항 각 호의 사유가 발생한 날부터 10일(형사소송법 제260조 제3항) (헌법소원) · 근거 : 헌법재판소법 68조 · 기간 : 그 사유가 있음을 안 날로부터 90일 이내에, 그 사유가 있은 날로부터 1년 이내에 청구하여야 한다. 다만, 다른 법률에 의한 구제절차를 거친 헌법소원의 심판은 그 최종결정을 통지받은 날로부터 30일 이내에 청구(헌법재판소법 69조)		

※ (1) 고소권자
(형사소송법 225조)
 1. 피해자가 제한능력자인 경우의 법정대리인
 2. 피해자가 사망한 경우의 배우자, 직계친족, 형제, 자매. 단, 피해자의 명시한 의사에 반하여 고소할 수 없음
(형사소송법 224조)
 자기 또는 배우자의 직계존속은 고소할 수 없음[단, 성폭력범죄의 처벌 등에 관한 특례법 제18조에서는 "성폭력범죄에 대하여는 형사소송법 제224조(고소의 제한) 및 군사법원법 제266조에 불구하고 자기 또는 배우자의 직계존속을 고소할 수 있다."고 규정함]

[서식 예] 경계침범죄

고 소 장

고 소 인 : ○ ○ ○ (주민등록번호 :   -   )
　　　　　주소 : ○○시 ○○구 ○○길 ○○
　　　　　직업 :　　　사무실 주소 :
　　　　　전화번호 : (휴대폰:　　) (자택:　　) (사무실:　　)
　　　　　이메일 :
피고소인 : △ △ △ (주민등록번호 :   -   )
　　　　　주소 : ○○시 ○○구 ○○길 ○○
　　　　　직업 :　　　사무실 주소 :
　　　　　전화번호 : (휴대폰:　　) (자택:　　) (사무실:　　)
　　　　　이메일 :

고 소 취 지

고소인은 피고소인을 상대로 아래와 같이 경계침범죄로 고소를 제기하오니 철저히 조사하시어 엄벌하여 주시기 바랍니다.

청 구 원 인

1. 고소인은 ○○시 ○○구 ○○길 ○○의 소유자로서 위 주택에 거주하고 있는 자이며, 피고소인은 위 같은 길 ○○의 소유자로서 위 고소인 주택과 경계를 접하며 거주하고 자입니다.
2. 그런데 고소인과 피고소인의 소유 주택사이에 놓여있는 경계의 일부분이 공터로 되어 있으면서 상호간에 오래 전에 심어져있는 수목을 경계로 설정하기로 하고 수년동안 평온하게 거주하여 왔으나, 피고소인은 그 소유 주택을 신축하여 오던 중 20○○년 ○월 ○일에 이르러 피고소인의 통행에 편의를 위하여 고소인의 아무런 동의도 없이 양 토지상에 경계의 표시로 식재된 수목 5그루를 임의로 제거하여 그 인식을 불능케 하고, 고소인 소유 토지 일부분을 침범하여 무단으로 벽돌 담장을 설치한 적이 있습니다.
3. 이상과 같이 피고소인은 고소인의 일부토지에 설치된 경계를 임의로 제거하고 토지를 침범하는 행위를 하였기에 본 고소에 이른 것입니다.

입 증 방 법

　　1. 부동산등기사항전부증명서　　　　　1통
　　1. 지적도　　　　　　　　　　　　　　1통

20○○년　○월　○일
고 소 인　○ ○ ○ (인)
○○경찰서장(또는 ○○지방검찰청 검사장) 귀 중

제출기관	범죄지, 피의자의 주소, 거소 또는 현재지의 경찰서, 검찰청	공소시효	5년(☞공소시효일람표)
고소권자	피해자(형사소송법 223조) (※ 아래(1)참조)	소추요건	
제출부수	고소장 1부	관련법규	형법 370조
범죄성립 요건	경계표를 손괴, 이동 또는 제거하거나 기타 방법으로 토지의 경계를 인식불능하게 한 때		
형 량	· 3년 이하의 징역 · 500만원 이하의 벌금		
불기소처분 등에 대한 불복절차 및 기간	(항고) · 근거 : 검찰청법 10조 · 기간 : 처분결과의 통지를 받은 날부터 30일(검찰청법 10조4항) (재정신청) · 근거 : 형사소송법 제260조 · 기간 : 항고기각 결정을 통지받은 날 또는 동법 제260조 　　　　제2항 각 호의 사유가 발생한 날부터 10일(형사 　　　　소송법 제260조 제3항) (헌법소원) · 근거 : 헌법재판소법 68조 · 기간 : 그 사유가 있음을 안 날로부터 90일 이내에, 그 사 　　　　유가 있은 날로부터 1년 이내에 청구하여야 한다. 　　　　다만, 다른 법률에 의한 구제절차를 거친 헌법소원의 　　　　심판은 그 최종결정을 통지받은 날로부터 30일 이내 　　　　에 청구(헌법재판소법 69조)		

※ (1) 고소권자
(형사소송법 225조)
　1. 피해자가 제한능력자인 경우의 법정대리인
　2. 피해자가 사망한 경우의 배우자, 직계친족, 형제, 자매. 단, 피해자의
　　　명시한 의사에 반하여 고소할 수 없음
(형사소송법 224조)
　자기 또는 배우자의 직계존속은 고소할 수 없음[단, 성폭력범죄의 처벌
등에 관한 특례법 제18조에서는 "성폭력범죄에 대하여는 형사소송법 제
224조(고소의 제한) 및 군사법원법 제266조에 불구하고 자기 또는 배우
자의 직계존속을 고소할 수 있다."고 규정함]

[서식 예] 공갈죄

고 소 장

고 소 인 : ○ ○ ○ (주민등록번호 :   -   )
　　　　　주소 : ○○시 ○○구 ○○길 ○○
　　　　　직업 :　　　사무실 주소 :
　　　　　전화번호 : (휴대폰:) (자택:) (사무실:)
　　　　　이메일 :
피고소인 : △ △ △ (주민등록번호 :   -   )
　　　　　주소 : ○○시 ○○구 ○○길 ○○
　　　　　직업 :　　　사무실 주소 :
　　　　　전화번호 : (휴대폰:) (자택:) (사무실:)
　　　　　이메일 :

고 소 취 지

피고소인은 아래와 같은 방법으로 고소인으로부터 금 200만원을 갈취한 사실이 있습니다.

고 소 사 실

1. 피고소인은 일정한 직업이 없는 자이고 고소인은 가정주부인바, 피고소인과 고소인은 20○○. ○.경 강남의 한 캬바레에서 우연히 알게 되어 정교관계를 맺은 사실이 있었습니다.
2. 그런데 피고소인은 20○○. ○. ○. ○○:○○경 ○○시 ○○구 ○○길에 있는 ○○○호텔 커피숍으로 나오라고 하고는 피고소인에게 "돈 200만원만 빌려 달라"고 하면서 "만일 빌려주지 않으면 정교사실을 남편에게 알려버리겠다"는 등의 말로 협박을 하였습니다.
3. 이에 고소인은 겁을 먹고 어쩔 수 없이 그 다음날 ○○:○○경 위 커피숍에서 피고소인을 다시 만나 금 200만원을 교부한 사실이 있기에 본 고소에 이른 것입니다.

입 증 방 법

추후 조사시에 제출하겠습니다.

20○○년 　○월 　○일
위 고소인 　○ 　○ 　○ (인)
○○경찰서장(또는 ○○지방검찰청 검사장) 귀 중

제출기관	범죄지, 피의자의 주소, 거소 또는 현재지의 경찰서, 검찰청	공소시효	○년(☞공소시효일람표)
고소권자	피해자(형사소송법 223조) (※ 아래(1)참조)	소추요건	※ 아래(2) 참조 (형법 354조, 328조)
제출부수	고소장 1부	관련법규	형법 350조
범죄성립요건	· 사람을 공갈하여 재물의 교부를 받거나 재산상의 이익을 취득한 때 · 사람을 공갈하여 제3자로 하여금 재물의 교부를 받게 하거나 재산상의 이익을 취득하게 한 때		
형량	· 10년 이하의 징역 · 2,000만원 이하의 벌금 　(10년 이하의 자격정지를 병과할 수 있음 : 형법 353조)		
불기소처분 등에 대한 불복절차 및 기간	(항고) · 근거 : 검찰청법 10조 · 기간 : 처분결과의 통지를 받은 날부터 30일(검찰청법 10조4항) (재정신청) · 근거 : 형사소송법 제260조 · 기간 : 항고기각 결정을 통지받은 날 또는 동법 제260조 제2항 각 호의 사유가 발생한 날부터 10일(형사소송법 제260조 제3항) (헌법소원) · 근거 : 헌법재판소법 68조 · 기간 : 그 사유가 있음을 안 날로부터 90일 이내에, 그 사유가 있은 날로부터 1년 이내에 청구하여야 한다. 다만, 다른 법률에 의한 구제절차를 거친 헌법소원의 심판은 그 최종결정을 통지받은 날로부터 30일 이내에 청구(헌법재판소법 69조)		

※ (1) 고소권자

(형사소송법 225조)

　1. 피해자가 제한능력자인 경우의 법정대리인

　2. 피해자가 사망한 경우의 배우자, 직계친족, 형제, 자매. 단, 피해자의 명시한 의사에 반하여 고소할 수 없음

(형사소송법 224조)

　자기 또는 배우자의 직계존속은 고소할 수 없음[단, 성폭력범죄의 처벌 등에 관한 특례법 제18조에서는 "성폭력범죄에 대하여는 형사소송법 제224조(고소의 제한) 및 군사법원법 제266조에 불구하고 자기 또는 배우

자의 직계존속을 고소할 수 있다."고 규정함]

※ (2) 친족간의 범행과 고소
  1. 직계혈족 ,배우자, 동거친족, 동거가족 또는 그 배우자간의 제323조의
     죄는 형을 면제
  2. 제1항이외의 친족간에 제323조의 죄를 범한 때에는 고소가 있어야 공
     소를 제기할 수 있음
  3. 전2항의 신분관계가 없는 공범에 대하여는 전2항을 적용하지 아니함

고   소   장

고 소 인 : ○ ○ ○ (주민등록번호 :   -   )

　　　　주소 : ○○시 ○○구 ○○길 ○○

　　　　직업 :　　　사무실 주소 :

　　　　전화번호 : (휴대폰:) (자택:) (사무실:)

　　　　이메일 :

피고소인 : △ △ △ (주민등록번호 :   -   )

　　　　주소 : ○○시 ○○구 ○○길 ○○

　　　　직업 :　　　사무실 주소 :

　　　　전화번호 : (휴대폰:) (자택:) (사무실:)

　　　　이메일 :

고   소   취   지

고소인은 피고소인을 공무상비밀표시무효의 혐의로 고소하오니 철저히 조사하여 엄중히 처벌하여 주시기 바랍니다.

고   소   사   실

1. 고소인은 피고소인에게 금 ○○○만원을 대여하였으나, 피고소인이 변제기가 지나도 이를 변제하지 않아, 피고소인을 상대로 ○○지방법원에서 위 대여금의 지급을 구하는 청구소송을 제기하여 확정판결을 받은 바 있습니다.

2. 고소인은 확정판결을 받은 후에도 피고소인의 임의변제를 기다렸으나, 피고소인이 막무가내로 변제를 거부함에 따라 20○○. ○. ○. ○○:○○부터 같은 날 ○○:○○경까지 사이에 ○○지방법원 소속 집행

관(○○○)에게 집행을 위임하여 ○○시○○구 ○○길 ○○ 소재 피고소인의 유체동산에 대한 압류집행을 실시하였습니다.

3. 이러한 압류집행을 실시한 후에 피고소인이 집행관이나 고소인인 채권자의 동의나 허락을 받음이 없이 집행관과 고소인인 채권자에게 일방적으로 위 압류물의 이전을 통고한 후 ○○지방법원 소속 집행관의 관할구역 밖인 ○○장소로 압류표시 된 물건을 이전함으로써 위 집행관이 실시한 압류표시의 효용을 해하였습니다.

4. 피고소인의 이러한 행위는 형법 제140조(공무상비밀표시무효)제1항 "공무원이 그 직무에 관하여 실시한 봉인 또는 압류 기타 강제처분의 표시를 손상 또는 은닉하거나 기타 방법으로 그 효용을 해한 행위"에 해당한다고 사료됩니다.

5. 따라서 피고소인을 철저히 조사하여 이와 같은 행위가 재발하지 않도록 법에 따라 엄벌하여 주시기 바랍니다.

소 명 방 법

   1. 판결문사본
   1. 기타 조사시 자세히 진술하겠습니다.

20○○년　○월　○일
위 고 소 인　○　○　○ (인)

○○경찰서장(또는 ○○지방검찰청 검사장) 귀 중

제출기관	범죄지, 피의자의 주소, 거소 또는 현재지의 경찰서, 검찰청	공소시효	○년(☞공소시효일람표)
고소권자	피해자(형사소송법 223조) (※ 아래(1)참조)	소추요건	
제출부수	고소장 1부	관련법규	형법 140조
범죄성립 요 건	공무원이 그 직무에 관하여 실시한 봉인 또는 압류 기타 강제처분의 표시를 손상 또는 은닉하거나 기타 방법으로 효용을 해한 때		
형 량	· 5년 이하의 징역 · 700만원 이하의 벌금		
불기소처분등 에대한 불복절차 및 기간	(항고) · 근거 : 검찰청법 10조 · 기간 : 처분결과의 통지를 받은 날부터 30일(검찰청법 10조4항) (재정신청) · 근거 : 형사소송법 제260조 · 기간 : 항고기각 결정을 통지받은 날 또는 동법 제260조 제2항 각 호의 사유가 발생한 날부터 10일 (형사소송법 제260조 제3항) (헌법소원) · 근거 : 헌법재판소법 68조 · 기간 : 그 사유가 있음을 안 날로부터 90일 이내에, 그 사유가 있은 날로부터 1년 이내에 청구하여야 한다. 다만, 다른 법률에 의한 구제절차를 거친 헌법소원의 심판은 그 최종결정을 통지받은 날로부터 30일 이내에 청구(헌법재판소법 69조)		

※ (1) 고소권자
(형사소송법 225조)
 1. 피해자가 제한능력자인 경우의 법정대리인
 2. 피해자가 사망한 경우의 배우자, 직계친족, 형제, 자매. 단, 피해자의 명시한 의사에 반하여 고소할 수 없음
(형사소송법 224조)
 자기 또는 배우자의 직계존속은 고소할 수 없음[단, 성폭력범죄의 처벌 등에 관한 특례법 제18조에서는 "성폭력범죄에 대하여는 형사소송법 제224조(고소의 제한) 및 군사법원법 제266조에 불구하고 자기 또는 배우자의 직계존속을 고소할 수 있다."고 규정함]

[서식 예] 교통사고처리특례법위반(중앙선침범)

고 소 장

고 소 인 :　○ ○ ○ (주민등록번호 :　　　　　-　　　　　)
　　　　　주소 :　○○시 ○○구 ○○길 ○○
　　　　　직업 :　　　　사무실 주소 :
　　　　　전화번호 : (휴대폰:　　) (자택:　　) (사무실:　　)
　　　　　이메일 :
피고소인 :　△ △ △ (주민등록번호 :　　　　　-　　　　　)
　　　　　주소 :　○○시 ○○구 ○○길 ○○
　　　　　직업 :　　　　사무실 주소 :
　　　　　전화번호 : (휴대폰:　　) (자택:　　) (사무실:　　)
　　　　　이메일 :

고 소 취 지

피고소인은 고소인을 교통사고로 전치 ○주의 상해를 가한 사실이 있으므로 피고소인을 철저히 수사하여 엄벌에 처해 주시기 바랍니다.

고 소 사 실

피고소인은 20○○. ○. ○. ○○:○○경 피고소인 소유의 경기○○러 ○○○○호 승용차를 운전하고 ○○에서 ○○ 쪽으로 가는 도중 ○○학교 앞 노상에 이르렀을 때 운전자로서 제한속도를 엄수하고 전후좌우를 잘 살피어 불의에 나타나는 장애물을 피할 수 있도록 주의를 다하고 장애물이 있을 때에는 경적을 울리고 일단 이를 피하도록 한 후 운행함으로써 사고를 미연에 방지하여야할 업무상 주의의무가 있음에도 불구하고 이를 태만히 하여 앞차를 추월하려고 차도의 중앙선 부분까지 침범하여 운행하다가 때마침 반대쪽에서 오는 차를 보고 우측으로 피하다가 우측부근에 서있던 고소인을 위 차량 전면으로 들이받아 고소인을 지면에 전도시켜 전치 ○주의 치료를 요하는 두개골골절, 우측경골 및 비골골절 등의 상해를 입힌바, 조사하여 엄히 처벌하여 주시기 바랍니다.

첨 부 서 류

1. 진단서
1. 목격자진술

20○○년　○월　○일
고 소 인 ○ ○ ○ (인)
○○경찰서장(또는 ○○지방검찰청 검사장) 귀 중

제출기관	범죄지, 피의자의 주소, 거소 또는 현재지의 경찰서, 검찰청	공소시효	○년(☞공소시효일람표)
고소권자	피해자(형사소송법 223조) (※ 아래(1)참조)	소추요건	
제출부수	고소장 1부	관련법규	형법 268조, 교통사고처리특례법 3조
범죄성립 요건	차의 운전자가 교통사고로 형법 268조의 죄를 범한 때		
형량	· 5년 이하의 금고 또는 2천만원 이하의 벌금		
불기소처분 등에대한 불복절차 및 기간	(항고) · 근거 : 검찰청법 10조 · 기간 : 처분결과의 통지를 받은 날부터 30일(검찰청법 10조4항) (재정신청) · 근거 : 형사소송법 제260조 · 기간 : 항고기각 결정을 통지받은 날 또는 동법 제260조 제2항 각 호의 사유가 발생한 날부터 10일 (형사소송법 제260조 제3항) (헌법소원) · 근거 : 헌법재판소법 68조 · 기간 : 그 사유가 있음을 안 날로부터 90일 이내에, 그 사유가 있은 날로부터 1년 이내에 청구하여야 한다. 다만, 다른 법률에 의한 구제절차를 거친 헌법소원의 심판은 그 최종결정을 통지받은 날로부터 30일 이내에 청구(헌법재판소법 69조)		

※ (1) 고소권자
(형사소송법 225조)
  1. 피해자가 제한능력자인 경우의 법정대리인
  2. 피해자가 사망한 경우의 배우자, 직계친족, 형제, 자매. 단, 피해자의 명시한 의사에 반하여 고소할 수 없음
(형사소송법 224조)
  자기 또는 배우자의 직계존속은 고소할 수 없음[단, 성폭력범죄의 처벌 등에 관한 특례법 제18조에서는 "성폭력범죄에 대하여는 형사소송법 제224조(고소의 제한) 및 군사법원법 제266조에 불구하고 자기 또는 배우자의 직계존속을 고소할 수 있다."고 규정함]

고　소　장

고 소 인 : ○ ○ ○ (주민등록번호 :　　　　-　　　　)
　　　　　주소 : ○○시 ○○구 ○○길 ○○
　　　　　직업 :　　　사무실 주소 :
　　　　　전화번호 : (휴대폰:　) (자택:　) (사무실:　)
　　　　　이메일 :
피고소인 : △ △ △ (주민등록번호 :　　　　-　　　　)
　　　　　주소 : ○○시 ○○구 ○○길 ○○
　　　　　직업 :　　　사무실 주소 :
　　　　　전화번호 : (휴대폰:　) (자택:　) (사무실:　)
　　　　　이메일 :

고　소　취　지

고소인은 피고소인을 형법 제323조의 권리행사방해죄로 형사 고소하니 엄히 처벌하여 주시기 바랍니다.

고　소　원　인

피고소인은 ○○시 ○구 ○○길 ○○ 소재에서 △△주식회사라는 상호로 쇠공구등 철물 제조업에 종사하면서 20○○. ○. ○. 당 은행을 찾아와 현재 회사의 경영상 자금이 급히 필요하여 대출을 신청한다고 하여 고소인은 피고소인의 자산가치등 담보물을 확인한 결과, 피고소인이 운영하는 공장의 부동산과 그 사업장내의 쇠공구등의 생산에 필요한 피고소인 소유 선반, 밀링등 기계가 있어 고소인은 공장저당법에 의하여 이를 담보로 피고소인에게 대출을 하여 주었던 것입니다.

그 후 피고소인은 대출금 상환기일이 도과하여도 이를 변제하지 아니하므로 고소인은 위 공장저당법에 의한 물건들을 법 절차에 따라 경매하려 현장 확인을 하여 본 결과, 고소인은 담보 대출 당시 공장내에 있는 기계 등의 저당목록에 기재된 물건들이 상당수 없어진 점을 발견하고 고소인은 피고소인 회사 직원에게 이를 추궁한 끝에 위 물건들이 피고소인에 의하여 ○○시 ○구 ○○길 소재 ○○○경영의 공장 현장으로 옮겨 은닉한 사실을 발견하였습니다.

현재 피고소인은 고소인에게 대출금을 한 푼도 상환하지 않고 있을 뿐만 아니라 피고소인은 고소인의 권리로 담보된 물건을 취거 은닉한 부분에 대하여 전혀 범죄의식이 없어 부득이 고소인은 위와 같은 사실을 들어 피고소인을 권리행사방해죄로 형사 고소하니 법률이 허용하는 범위 내에서 엄벌하여 주시기 바랍니다.

범죄사실을 입증하는 서류

1. 등기권리증 사본   1부
1. 법인등기사항전부증명서   2부
1. 현장사진등

20○○년 ○월 ○일

위 고 소 인 주식회사 ○○은행
대표이사 ○ ○ ○ (인)

○○경찰서장(또는 ○○지방검찰청 검사장) 귀 중

제출기관	범죄지, 피의자의 주소, 거소 또는 현재지의 경찰서, 검찰청	공소시효	○년(☞공소시효일람표)
고소권자	피해자(형사소송법 223조) (※ 아래(1)참조)	소추요건	※ 아래(2)참조 (형법 328조)
제출부수	고소장 1부	관련법규	형법 323조
범죄성립 요 건	타인의 점유 또는 권리의 목적이 된 자기의 물건 또는 전자기록등 특수매체기록을 취거, 은닉 또는 손괴하여 타인의 권리행사를 방해한 때		
형 량	· 5년 이하의 징역 또는 700만원 이하의 벌금		
불기소처분 등에 대한 불복절차 및 기간	(항고) · 근거 : 검찰청법 10조 · 기간 : 처분결과의 통지를 받은 날부터 30일(검찰청법 10조4항) (재정신청) · 근거 : 형사소송법 제260조 · 기간 : 항고기각 결정을 통지받은 날 또는 동법 제260조 제2항 각 호의 사유가 발생한 날부터 10일(형사소송법 제260조 제3항) (헌법소원) · 근거 : 헌법재판소법 68조 · 기간 : 그 사유가 있음을 안 날로부터 90일 이내에, 그 사유가 있은 날로부터 1년 이내에 청구하여야 한다. 다만, 다른 법률에 의한 구제절차를 거친 헌법소원의 심판은 그 최종결정을 통지받은 날로부터 30일 이내에 청구(헌법재판소법 69조)		

※ (1) 고소권자
(형사소송법 225조)
1. 피해자가 제한능력자인 경우의 법정대리인
2. 피해자가 사망한 경우의 배우자, 직계친족, 형제, 자매. 단, 피해자의 명시한 의사에 반하여 고소할 수 없음
(형사소송법 224조)
자기 또는 배우자의 직계존속은 고소할 수 없음(단, 성폭력범죄의처벌등에 관한특례법 제18조에서는 "성폭력범죄에 대하여는「형사소송법」제224조 (고소의 제한) 및「군사법원법」제266조에도 불구하고 자기 또는 배우자

의 직계존속을 고소할 수 있다."고 규정함)

※ (2) 친족간의 범행과 고소
1. 직계혈족 ,배우자, 동거친족, 동거가족 또는 그 배우자간의 제323조의 죄는 형을 면제한다.
2. 제1항 이외의 친족간에 제323조의 죄를 범한 때에는 고소가 있어야 공소를 제기할 수 있다.
3. 전2항의 신분관계가 없는 공범에 대하여는 전2항을 적용하지 아니한다.

(관련판례)
친고죄에서 고소는, 고소권 있는 자가 수사기관에 대하여 범죄사실을 신고하고 범인의 처벌을 구하는 의사표시로서 서면뿐만 아니라 구술로도 할 수 있고, 다만 구술에 의한 고소를 받은 검사 또는 사법경찰관은 조서를 작성하여야 하지만 그 조서가 독립된 조서일 필요는 없으며, 수사기관이 고소권자를 증인 또는 피해자로서 신문한 경우에 그 진술에 범인의 처벌을 요구하는 의사표시가 포함되어 있고 그 의사표시가 조서에 기재되면 고소는 적법하다(대법원 2011. 6. 24. 선고 2011도4451 판결).

[서식 예] 명예훼손죄

고　소　장

고 소 인 :　○　○　○ (주민등록번호 :　　　　　　-　　　　　　)
　　　　　　주소 :　　○○시 ○○구 ○○길 ○○
　　　　　　직업 :　　　　　　사무실 주소 :
　　　　　　전화번호 :　(휴대폰:　　)　(자택:　　　)　(사무실:　　)
　　　　　　이메일 :
피고소인 :　△　△　△ (주민등록번호 :　　　　　　-　　　　　　)
　　　　　　주소 :　　○○시 ○○구 ○○길 ○○
　　　　　　직업 :　　　　　　사무실 주소 :
　　　　　　전화번호 :　(휴대폰:　　)　(자택:　　　)　(사무실:　　)
　　　　　　이메일 :

고　소　사　실

1. 피고소인은 ○○주식회사의 주주입니다.
2. 20○○년 ○월 ○일 ○○시 ○○구 ○○길 ○○번지에서 이 회사
   의 주주총회시 동 회사의 대표이사인 고소인이 그 동안의 회사의
   경영사정에 대하여 고소인의 의사를 피력하는 중 피고소인이 고소
   인의 의사를 반박함으로써 언쟁이 있었는데 피고소인이 50여명의
   주주가 모인 이 자리에서 회사의 공금을 횡령한 사기꾼이 무슨 할
   이야기가 많으냐? 근거가 있으니 고소하여 처벌받게 할 것인데 어
   떻게 생각하느냐고 타인들의 동조를 구하는 등 고소인도 전혀 알
   지 못하는 사실무근한 허위사실을 들어가면서 고소인의 명예를 훼
   손한 사실이 있습니다.
3. 위와 같은 사실을 들어 고소하오니 조사하여 엄벌하여 주시기 바랍
   니다.

　　　　　　　　　20○○년　　○월　　○일
　　　　　　　　위　고　소　인　　○　○　○　(인)

　　　　○○경찰서장(또는 ○○지방검찰청 검사장) 귀 중

제출기관	범죄지, 피의자의 주소, 거소 또는 현재지의 경찰서, 검찰청	공소시효	○년(☞공소시효일람표)
고소권자	피해자(형사소송법 223조) (※ 아래(1)참조)	소추요건	반의사불벌죄 (형법 312조2항)
제출부수	고소장 1부	관련법규	형법 307조
범죄성립 요 건	1. 공연히 사실을 적시하여 사람의 명예를 훼손한 때(형법307조1항) 2. 공연히 허위의 사실을 적시하여 사람의 명예를 훼손한 때(형법 307조2항)		
형 량	· 2년 이하의 징역이나 금고 또는 500만원 이하의 벌금(형법307조1항) · 5년 이하의 징역, 10년 이하의 자격정지 또는 1,000만원 이하의 벌금(형법 307조2항)		
불기소처분 등에 대한 불복절차 및 기간	(항고) · 근거 : 검찰청법 10조 · 기간 : 처분결과의 통지를 받은 날부터 30일(검찰청법 10조4항) (재정신청) · 근거 : 형사소송법 제260조 · 기간 : 항고기각 결정을 통지받은 날 또는 동법 제260조 제2항 각 호의 사유가 발생한 날부터 10일(형사소송법 제260조 제3항) (헌법소원) · 근거 : 헌법재판소법 68조 · 기간 : 그 사유가 있음을 안 날로부터 90일 이내에, 그 사유가 있은 날로부터 1년 이내에 청구하여야 한다. 다만, 다른 법률에 의한 구제절차를 거친 헌법소원의 심판은 그 최종결정을 통지받은 날로부터 30일 이내에 청구(헌법재판소법 69조)		

※ (1) 고소권자

(형사소송법 225조)

1. 피해자가 제한능력자인 경우의 법정대리인
2. 피해자가 사망한 경우의 배우자, 직계친족, 형제, 자매. 단, 피해자의 명시한 의사에 반하여 고소할 수 없음

(형사소송법 224조)

자기 또는 배우자의 직계존속은 고소할 수 없음(단, 성폭력범죄의처벌등에 관한특례법 제18조에서는 "성폭력범죄에 대하여는 「형사소송법」 제224조 (고소의 제한) 및 「군사법원법」 제266조에도 불구하고 자기 또는 배우자의 직계존속을 고소할 수 있다."고 규정함)

[서식 예] 모욕죄

고　소　장

고 소 인 : ○ ○ ○ (주민등록번호 :　　　　-　　　　)
　　　　　　주소 :　○○시 ○○구 ○○길 ○○
　　　　　　직업 :　　　사무실 주소 :
　　　　　　전화번호 : (휴대폰:　) (자택:　) (사무실:　)
　　　　　　이메일 :
피고소인 : △ △ △ (주민등록번호 :　　　　-　　　　)
　　　　　　주소 :　○○시 ○○구 ○○길 ○○
　　　　　　직업 :　　　사무실 주소 :
　　　　　　전화번호 : (휴대폰:　) (자택:　) (사무실:　)
　　　　　　이메일 :

고　소　취　지

위 피고소인을 모욕죄로 고소하오니 철저한 수사를 하여 의법조치하여
주시기 바랍니다.

고　소　이　유

1. 피고소인은 20○○. ○. ○. ○○:○○경, ○○도 ○○군 ○○읍
　 ○○길 ○○ ○○라는 주점에서 친구3명과 떠들며 술을 마시던 중
　 옆 좌석에 앉아 술을 마시고 있던 제가 피고소인에게 좀 조용히
　 하라고 주의를 주자, 저에게 "너나 입닥쳐 이 병신아"라고 경멸하
　 는 말을 하여 모욕한 것입니다.
2. 이에 저는 피고소인에게 사과를 요구했으나 피고소인은 오히려 "병
　 신 육갑하네"라고 말하면서 사과를 거부하고 있습니다.
3. 따라서 저는 만부득이 피고소인을 고소하여 의법 조치코자 이 건
　 고소에 이른 것입니다.

입　증　방　법

추후 조사시 제출하겠습니다.

20○○년　○월　○일
위 고소인　○ ○ ○ (인)
○○경찰서장(또는 ○○지방검찰청 검사장) 귀 중

제출기관	범죄지, 피의자의 주소, 거소 또는 현재지의 경찰서, 검찰청	공소시효	○년(☞공소시효일람표)
고소권자	피해자(형사소송법 223조)(※ 아래(1)참조)	소추요건	친고죄 (형법 312조1항)
제출부수	고소장 1부	관련법규	형법 311조
범죄성립 요 건	공연히 사람을 모욕한 때		
형 량	· 1년 이하의 징역이나 금고 또는 200만원 이하의 벌금		
불기소처분등 에대한 불복절차 및 기간	(항고) · 근거 : 검찰청법 10조 · 기간 : 처분결과의 통지를 받은 날부터 30일(검찰청법 10조4항) (재정신청) · 근거 : 형사소송법 제260조 · 기간 : 항고기각 결정을 통지받은 날 또는 동법 제260조 제2항 각 호의 사유가 발생한 날부터 10일 (형사소송법 제260조 제3항) (헌법소원) · 근거 : 헌법재판소법 68조 · 기간 : 그 사유가 있음을 안 날로부터 90일 이내에, 그 사유가 있은 날로부터 1년 이내에 청구하여야 한다. 다만, 다른 법률에 의한 구제절차를 거친 헌법소원의 심판은 그 최종결정을 통지받은 날로부터 30일 이내에 청구(헌법재판소법 69조)		

※ (1) 고소권자
(형사소송법 225조)
1. 피해자가 제한능력자인 경우의 법정대리인
2. 피해자가 사망한 경우의 배우자, 직계친족, 형제, 자매. 단, 피해자의 명시한 의사에 반하여 고소할 수 없음
(형사소송법 224조)
  자기 또는 배우자의 직계존속은 고소할 수 없음(단, 성폭력범죄의처벌등에관한특례법 제18조에서는 "성폭력범죄에 대하여는 「형사소송법」 제224조(고소의 제한) 및 「군사법원법」 제266조에도 불구하고 자기 또는 배우자의 직계존속을 고소할 수 있다."고 규정함)]

[서식 예] 무고죄

고 소 장

고 소 인 : ○ ○ ○ (주민등록번호 :   -   )
　　　　　주소 :　○○시 ○○구 ○○길 ○○
　　　　　직업 :　　　사무실 주소 :
　　　　　전화번호 : (휴대폰:　　) (자택:　　) (사무실:　　)
　　　　　이메일 :
피고소인 : △ △ △ (주민등록번호 :   -   )
　　　　　주소 :　○○시 ○○구 ○○길 ○○
　　　　　직업 :　　　사무실 주소 :
　　　　　전화번호 : (휴대폰:　　) (자택:　　) (사무실:　　)
　　　　　이메일 :

고소인은 피고소인에 대하여 다음과 같이 고소하오니 철저히 조사하여 법에 따라서 처벌하여 주시기 바랍니다.

다　　　음

1. 피고소인은 일정한 직업이 없는 자로서, 사실은 19○○. ○.○. 갚는 날을 20○○. ○. ○. 이자는 월○푼으로 하는 내용으로 피고소인이 직접 작성한 지불각서를 고소인에게 교부하고 금 ○,○○○,○○○원을 고소인으로부터 차용하였음에도 불구하고, 고소인이 피고소인에게 갚기를 독촉하자 오히려 고소인이 피고소인의 도장을 이용하여 피고소인 명의의 지불각서를 위조하여 피고소인으로부터 금 ○,○○○,○○○원을 편취하려한다는 내용의 고소장을 20○○. ○. ○일 ○○경찰서에 제출하였습니다.
2. 이는 피고소인이 고소인에 대한 채무를 면해 보고자 고소인을 형사처분 받게 할 목적으로 허위의 사실을 기재 고소인을 음해하는 것이므로 피고소인을 무고죄로 고소하오니 조사하여 엄벌하여 주시기 바랍니다.

20○○년　　○월　　○일
위 고소인　○　○　○ (인)

○○경찰서장(또는 ○○지방검찰청 검사장) 귀 중

제출기관	범죄지, 피의자의 주소, 거소 또는 현재지의 경찰서, 검찰청	공소시효	O년(☞공소시효일람표)
고소권자	피해자(형사소송법 223조)(※ 아래(1)참조)	소추요건	
제출부수	고소장 1부	관련법규	형법 156조
범죄성립요건	타인으로 하여금 형사처분 또는 징계처분을 받게 할 목적으로 공무소 또는 공무원에 대하여 허위의 사실을 신고한 때		
형량	· 10년 이하의 징역 · 1,500만원 이하의 벌금		
불기소처분 등에 대한 불복절차 및 기간	(항고) · 근거 : 검찰청법 10조 · 기간 : 처분결과의 통지를 받은 날부터 30일(검찰청법 10조4항) (재정신청) · 근거 : 형사소송법 제260조 · 기간 : 항고기각 결정을 통지받은 날 또는 동법 제260조 제2항 각 호의 사유가 발생한 날부터 10일(형사소송법 제260조 제3항) (헌법소원) · 근거 : 헌법재판소법 68조 · 기간 : 그 사유가 있음을 안 날로부터 90일 이내에, 그 사유가 있은 날로부터 1년 이내에 청구하여야 한다. 다만, 다른 법률에 의한 구제절차를 거친 헌법소원의 심판은 그 최종결정을 통지받은 날로부터 30일 이내에 청구(헌법재판소법 69조)		

※ (1) 고소권자
(형사소송법 225조)
 1. 피해자가 제한능력자인 경우의 법정대리인
 2. 피해자가 사망한 경우의 배우자, 직계친족, 형제, 자매. 단, 피해자의 명시한 의사에 반하여 고소할 수 없음
(형사소송법 224조)
 자기 또는 배우자의 직계존속은 고소할 수 없음[단, 성폭력범죄의 처벌 등에 관한 특례법 제18조에서는 "성폭력범죄에 대하여는 형사소송법 제224조(고소의 제한) 및 군사법원법 제266조에 불구하고 자기 또는 배우자의 직계존속을 고소할 수 있다."고 규정함]

(관련판례)

피고소인들에게서 상해를 입었다며 고소를 제기한 고소인에 대하여 피고소인들의 유형력 행사가 있었던 사실과 고소인이 병원에서 쇄골골절상을 진단받아 입원치료를 받은 사실이 인정되는데, 수사기관의 사실조회에 대하여 위 병원이 '좌측 쇄골 부위의 골절상(기왕증) 소견이 있어 입원치료를 하게 되었다'는 취지의 회신을 한 사안에서, 위 '쇄골골절(기왕증)'의 의미가 오직 기왕증으로만 입원치료를 받았다는 것인지 기왕증이 있던 부위가 다시 골절되거나 악화되어 입원치료를 받았다는 것인지 등을 심리하여야 함에도, 그러한 조치 없이 위 고소사실을 허위로 단정하여 무고죄를 인정한 원심판단에 심리미진 및 채증법칙 위반의 위법이 있다(대법원 2010. 11. 11. 선고 2008도7451 판결).

[서식 예] 미성년자 약취·유인죄

고 소 장

고 소 인 : ○ ○ ○ (주민등록번호 :   -   )
　　　　　주소 : ○○시 ○○구 ○○길 ○○
　　　　　직업 :   사무실 주소 :
　　　　　전화번호 : (휴대폰:) (자택:) (사무실:)
　　　　　이메일 :
피고소인 : △ △ △ (주민등록번호 :   -   )
　　　　　주소 : ○○시 ○○구 ○○길 ○○
　　　　　직업 :   사무실 주소 :
　　　　　전화번호 : (휴대폰:) (자택:) (사무실:)
　　　　　이메일 :

고 소 취 지

피고소인은 고소인의 아들인 미성년자 고소 외 ㅁㅁㅁ(만 ○세)을 유인(또는 약취)한 사실이 있습니다.

고 소 사 실

피고소인은 ○○시 ○○구 ○○로 ○○번지에 거주하는 자인데 20○○. ○. ○. ○○:○○경 ○○시 ○○구 ○○로 ○○ 앞 노상에서 걸어가고 있던 고소인의 아들인 미성년자 고소 외 ㅁㅁㅁ(만 ○세)에게 접근하여 "아주머니가 맛있는 과자를 사줄테니 아주머니랑 같이 가자"라고 말하여 위 ㅁㅁㅁ를 유혹하여 ○○시 ○○구 ○○로에 있는 ○○에 데리고 가서 같은 날 ○○:○○경까지 위 ㅁㅁㅁ를 보호자인 고소인의 보호상태에서 이탈케 한 후 피고소인의 실력적 지배하에 둔 것이다.

위와 같은 사실을 들어 고소하오니 조사하여 엄벌하여 주시기 바랍니다.

소 명 방 법

　1. 사실확인서
　2. 세부적인 자료는 추후 제출하겠음

20○○년　○월　○일
위 고소인　○　○　○ (인)
○○경찰서장(또는 ○○지방검찰청 검사장) 귀 중

제출기관	범죄지, 피의자의 주소, 거소 또는 현재지의 경찰서, 검찰청	공소시효	〇년(☞공소시효일람표)
고소권자	피해자(형사소송법 223조) (※ 아래(1)참조)	소추요건	
제출부수	고소장 1부	관련법규	형법 287조
범죄성립 요건	미성년자를 약취 또는 유인한 사람		
형량	· 10년 이하의 징역		
불기소처분 등에대한 불복절차 및 기간	(항고) · 근거 : 검찰청법 10조 · 기간 : 처분결과의 통지를 받은 날부터 30일(검찰청법 10조4항) (재정신청) · 근거 : 형사소송법 제260조 · 기간 : 항고기각 결정을 통지받은 날 또는 동법 제260조 제2항 각 호의 사유가 발생한 날부터 10일(형사소송법 제260조 제3항) (헌법소원) · 근거 : 헌법재판소법 68조 · 기간 : 그 사유가 있음을 안 날로부터 90일 이내에, 그 사유가 있은 날로부터 1년 이내에 청구하여야 한다. 다만, 다른 법률에 의한 구제절차를 거친 헌법소원의 심판은 그 최종결정을 통지받은 날로부터 30일 이내에 청구(헌법재판소법 69조)		

※ (1) 고소권자
(형사소송법 225조)
 1. 피해자가 제한능력자인 경우의 법정대리인
 2. 피해자가 사망한 경우의 배우자, 직계친족, 형제, 자매. 단, 피해자의 명시한 의사에 반하여 고소할 수 없음
 (형사소송법 224조)
 자기 또는 배우자의 직계존속은 고소할 수 없음[단, 성폭력범죄의처벌 등에 관한 특례법 제18조에서는 "성폭력범죄에 대하여는 형사소송법 제224조(고소의 제한) 및 군사법원법 제266조에 불구하고 자기 또는 배우자의 직계존속을 고소할 수 있다."고 규정함]

[서식 예] 미성년자등에 대한 간음죄(형법 제302조)

고 소 장

고 소 인 : ○ ○ ○ (주민등록번호 :   -   )
　　　　　주소 : ○○시 ○○구 ○○길 ○○
　　　　　직업 :   사무실 주소 :
　　　　　전화번호 : (휴대폰:) (자택:) (사무실:)
　　　　　이메일 :
피고소인 : △ △ △ (주민등록번호 :   -   )
　　　　　주소 : ○○시 ○○구 ○○길 ○○
　　　　　직업 :   사무실 주소 :
　　　　　전화번호 : (휴대폰:) (자택:) (사무실:)
　　　　　이메일 :

고소인은 다음과 같이 피고소인을 고소하오니, 법에 따라 조사하여 처
벌하여 주시기 바랍니다.

고 소 사 실

선천적으로 같은 또래의 아이들보다 지능이 다소 낮은데다가 그 후 지
능발달이 뒤쳐 변별력이 모자라 자신이 처한 상황에 대한 인식이나 대처
가 보통사람들에 비해 현저히 뒤지는 고소인은 200○. ○. ○. ○○:○
○경 학교를 파한 후 친구와 시내를 돌아다니면서 어머니로부터 저금한
다고 받은 돈 ○○○원을 다 써버려 어머니가 무서워서 집에 들어가지
못하고 새벽까지 친구 집에서 놀다가 200○. ○. ○. ○○:○○경 집
으로 돌아가려고 친구의 대문을 나섰는데 피고소인은 200○. ○. ○.
○○:○○경 ○○시 ○○구 ○○길 ○○번지 소재 피고소인의 자취방
앞길에서 귀가하지 못하고 있던 고소인에게 돈을 주겠다고 유혹하여 피
고소인의 자취방으로 데려가 억지로 팔베개를 하여 주면서 자기 옆에
눕힌 다음 고소인의 의사에 반하여 간음한 사실이 있습니다.

　　　　　　　　200○년   ○월   ○일
　　　　　　　　위 고소인   ○ ○ ○
　　　　고소인 ○○○은 미성년자이므로
　　　　법정대리인 친권자 부 □□□ (인)   모 □□□ (인)
　　　　○○경찰서장(또는 ○○지방검찰청 검사장) 귀 중

제출기관	범죄지, 피의자의 주소, 거소 또는 현재지의 경찰서, 검찰청	공소시효	○년(☞공소시효일람표)
고소권자	피해자(형사소송법 223조) (※ 아래(1)참조)	소추요건	
제출부수	고소장 1부	관련법규	형법 302조
범죄성립 요 건	미성년자 또는 심신미약자에 대하여 위계 또는 위력으로써 간음 또는 추행을 한 때		
형 량	·5년 이하의 징역		
불기소처분 등에 대한 불복절차 및 기간	(항고) ·근거 : 검찰청법 10조 ·기간 : 처분결과의 통지를 받은 날부터 30일(검찰청법 10조4항) (재정신청) ·근거 : 형사소송법 제260조 ·기간 : 항고기각 결정을 통지받은 날 또는 동법 제260조 제2항 각 호의 사유가 발생한 날부터 10일(형사소송법 제260조 제3항) (헌법소원) ·근거 : 헌법재판소법 68조 ·기간 : 그 사유가 있음을 안 날로부터 90일 이내에, 그 사유가 있은 날로부터 1년 이내에 청구하여야 한다. 다만, 다른 법률에 의한 구제절차를 거친 헌법소원의 심판은 그 최종결정을 통지받은 날로부터 30일 이내에 청구(헌법재판소법 69조)		

※ (1) 고소권자
(형사소송법 225조)
  1. 피해자가 제한능력자인 경우의 법정대리인
  2. 피해자가 사망한 경우의 배우자, 직계친족, 형제, 자매. 단, 피해자의 명시한 의사에 반하여 고소할 수 없음
(형사소송법 224조)
  자기 또는 배우자의 직계존속은 고소할 수 없음[단, 성폭력범죄의 처벌 등에 관한 특례법 제18조에서는 "성폭력범죄에 대하여는 형사소송법 제224조(고소의 제한) 및 군사법원법 제266조에 불구하고 자기 또는 배우자의 직계존속을 고소할 수 있다."고 규정함]

[서식 예] 미성년자에 대한 간음죄등(형법 제305조)

고　소　장

고 소 인 :　○　○　○　(주민등록번호 :　　　　-　　　　)
　　　　　주소 :　○○시　○○구　○○길　○○
　　　　　직업 :　　　　사무실 주소 :
　　　　　전화번호 :　(휴대폰:　) (자택:　) (사무실:　)
　　　　　이메일 :
피고소인 :　△　△　△　(주민등록번호 :　　　　-　　　　)
　　　　　주소 :　○○시　○○구　○○길　○○
　　　　　직업 :　　　　사무실 주소 :
　　　　　전화번호 :　(휴대폰:　) (자택:　) (사무실:　)
　　　　　이메일 :

고　소　취　지

위 피고소인을 미성년자에 대한 간음죄 등으로 고소하니 엄벌에 처
해주시기 바랍니다.

고　소　사　실

1. 고소인은 위 주소지인 ○○주택가에 거주하고 있습니다.
2. 피고소인은 주소지에서 ○○어학학원을 경영하면서(그 처인 □□
　□은 위 학원의 영어교사임)통학 자동차를 운전하던 중 20○○년
　○월 ○일 고소인의 2녀인 피해자 □□□이 고소인이 친척집을
　방문하기 위하여 피해자를 데리러 오기로 하여 학원 출입문 입구
　에서 기다리도록 한 것을 이용하여 사무실 안으로 들어와 기다리
　라고 꼬여 사무실 출입문을 안에서 잠그고 해괴한 감언이설로 12
　살 밖에 되지 않은 미성년자를 간음한 사실이 있습니다.
3. 그 뿐만 아니라 그 후에도 3회에 걸쳐 동일한 수법으로 유인하
　여 간음행위를 함으로써 인륜, 도덕상 도저히 묵과할 수 없는
　범죄를 저질렀으므로 이 건 고소를 제기하오니 철저히 조사하여
　엄벌에 처해주시기 바랍니다.

　　　　　　　　20○○년　　○월　　○일
　　　　　　　고소인(피해자의 모)　　○　○　○　(인)
　　　○○경찰서장(또는 ○○지방검찰청 검사장) 귀 중

제출기관	범죄지, 피의자의 주소, 거소 또는 현재지의 경찰서, 검찰청	공소시효	○년(☞공소시효일람표)
고소권자	피해자(형사소송법 223조) (※ 아래(1)참조)	소추요건	
제출부수	고소장 1부	관련법규	형법 305조
범죄성립 요 건	13세 미만의 사람에 대하여 간음 또는 추행한 때		
형 량	· 형법 297조, 297조의2, 298조, 301조 또는 301조의 2의 예에 따라 처벌		
불기소처분 등에 대한 불복절차 및 기간	(항고) · 근거 : 검찰청법 10조 · 기간 : 처분결과의 통지를 받은 날부터 30일(검찰청법 10조4항) (재정신청) · 근거 : 형사소송법 제260조 · 기간 : 항고기각 결정을 통지받은 날 또는 동법 제260조 제2항 각 호의 사유가 발생한 날부터 10일(형사소송법 제260조 제3항) (헌법소원) · 근거 : 헌법재판소법 68조 · 기간 : 그 사유가 있음을 안 날로부터 90일 이내에, 그 사유가 있은 날로부터 1년 이내에 청구하여야 한다. 다만, 다른 법률에 의한 구제절차를 거친 헌법소원의 심판은 그 최종결정을 통지받은 날로부터 30일 이내에 청구(헌법재판소법 69조)		

※ (1) 고소권자
(형사소송법 225조)
  1. 피해자가 제한능력자인 경우의 법정대리인
  2. 피해자가 사망한 경우의 배우자, 직계친족, 형제, 자매. 단, 피해자의 명시한 의사에 반하여 고소할 수 없음
(형사소송법 224조)
  자기 또는 배우자의 직계존속은 고소할 수 없음(단, 성폭력범죄의 처벌등에관한특례법 제18조에서는 "성폭력범죄에 대하여는 「형사소송법」 제224조(고소의 제한) 및 「군사법원법」 제266조에도 불구하고 자기 또는 배우자의 직계존속을 고소할 수 있다."고 규정함)

[서식 예] 방화죄

고　소　장

고 소 인 : ○ ○ ○ (주민등록번호 :　　　-　　　　)
　　　　　주소 : ○○시 ○○구 ○○길 ○○
　　　　　직업 :　　　사무실 주소 :
　　　　　전화번호 : (휴대폰:　) (자택:　) (사무실:　)
　　　　　이메일 :
피고소인 : △ △ △ (주민등록번호 :　　　-　　　　)
　　　　　주소 : ○○시 ○○구 ○○길 ○○
　　　　　직업 :　　　사무실 주소 :
　　　　　전화번호 : (휴대폰:　) (자택:　) (사무실:　)
　　　　　이메일 :

고　소　취　지

고소인은 피고소인을 일반건조물방화죄로 고소하오니 철저히 조사하여 엄벌하여 주시기 바랍니다.

고　소　사　실

피고소인은 고소인에게 대여금채무를 부담하고 있는 자로 변제기가 도래하였음에도 채무이행을 하지 아니하여 고소인이 변제를 수차 독촉하자 이에 앙심을 품고 20○○. ○. ○. ○○시경 고소인의 주소에 소재한 고소인의 헛간에 불을 놓아 이를 전소시킨 사실이 있어 고소하오니 철저히 조사하여 엄벌하여 주시기 바랍니다.

첨　부　서　류

　　1. 목격자진술서　　　　　　　　1통

　　　　　　20○○년　○월　○일
　　　　　　　　위 고소인　○　○　○　(인)

　　○○경찰서장(또는 ○○지방검찰청 검사장) 귀 중

제출기관	범죄지, 피의자의 주소, 거소 또는 현재지의 경찰서, 검찰청	공소시효	○년(☞공소시효일람표)
고소권자	피해자(형사소송법 223조)(※ 아래(1)참조)	소추요건	
제출부수	고소장 1부	관련법규	형법 166조1항
범죄성립 요 건	불을 놓아 164,165조에 기재한 이외의 건조물, 기차, 전차, 자동차, 선박, 항공기 또는 광갱을 소훼한 때		
형 량	· 2년 이상의 유기징역		
불기소처분등에 대한 불복절차 및 기간	(항고) · 근거 : 검찰청법 10조 · 기간 : 처분결과의 통지를 받은 날부터 30일(검찰청법 10조4항) (재정신청) · 근거 : 형사소송법 제260조 · 기간 : 항고기각 결정을 통지받은 날 또는 동법 제260조 제2항 각 호의 사유가 발생한 날부터 10일 (형사소송법 제260조 제3항) (헌법소원) · 근거 : 헌법재판소법 68조 · 기간 : 그 사유가 있음을 안 날로부터 90일 이내에, 그 사유가 있은 날로부터 1년 이내에 청구하여야 한다. 다만, 다른 법률에 의한 구제절차를 거친 헌법소원의 심판은 그 최종결정을 통지받은 날로부터 30일 이내에 청구(헌법재판소법 69조)		

※ (1) 고소권자
(형사소송법 225조)
 1. 피해자가 제한능력자인 경우의 법정대리인
 2. 피해자가 사망한 경우의 배우자, 직계친족, 형제, 자매. 단, 피해자의 명시한 의사에 반하여 고소할 수 없음
(형사소송법 224조)
 자기 또는 배우자의 직계존속은 고소할 수 없음(단, 성폭력범죄의 처벌 등에 관한 특례법 제18조에서는 "성폭력범죄에 대하여는 형사소송법 제224조(고소의 제한) 및 군사법원법 제266조에 불구하고 자기 또는 배우자의 직계존속을 고소할 수 있다."고 규정함)

[서식 예] 배임수증죄

고 소 장

고 소 인 : ○ ○ ○ (주민등록번호 :　　　　-　　　)
　　　　　주소 : ○○시 ○○구 ○○길 ○○
　　　　　직업 :　　　사무실 주소 :
　　　　　전화번호 : (휴대폰:　) (자택:　) (사무실:　)
　　　　　이메일 :
피고소인 : △ △ △ (주민등록번호 :　　　　-　　　)
　　　　　주소 : ○○시 ○○구 ○○길 ○○
　　　　　직업 :　　　사무실 주소 :
　　　　　전화번호 : (휴대폰:　) (자택:　) (사무실:　)
　　　　　이메일 :
고소인은 피고소인에 대하여 아래 사실과 같이 고소하오니 철저히 조사하시어 법에 따라 처벌하여 주시기 바랍니다.

고 소 사 실

피고소인은 고소인을 포함한 ○○아파트 입주자들로부터 그 대표로 선출되어 위 아파트를 건축한 고소외 ○○건설 주식회사(이하 고소외 회사라 함)와의 사이에 하자보수문제 등 과 관련하여 각 세대당 금 200만원의 보상금지급문제 등에 관한 협상권한을 위임받아 입주자들을 대표하여 고소외 회사와 협상사무를 처리한 자인데, 피고소인은 고소외 회사의 협상대표 □□□으로부터 협상의 쟁점인 각 세대당 금 200만원의 보상금 문제에 관하여 전체 금 2000만원으로 대폭 양보하여 조속히 합의해 줄 것을 부탁받고 금액 불상의 약속어음을 지급받은 뒤 고소외 회사측과 합의를 함에 있어 오히려 합의 금액이 회사측이 제시한 금원보다 적은 액으로 합의를 보았습니다. 이로 인하여 고소인을 포함한 입주자들은 이러한 사실을 모른 채 당초 요구했던 보상금보다 훨씬 적은 금액을 지급 받게 되었는바, 결국 이는 피고소인이 고소외 회사의 협상대표로부터 부정한 청탁을 받고 이에 대한 명목으로 약속어음을 수령한 후 수임업무를 부당히 처리하였으므로 귀 기관에서 위 사실들을 철저히 조사하시어 엄벌에 처하여 주시기 바랍니다.

첨 부 서 류

　　　1. 목격자 진술서　　　　　　　　　1통
　　　1. 입주자대표 위임장　　　　　　　1통

20○○.　○.　○.
고 소 인　○　○　○ (인)

○○경찰서장(또는 ○○지방검찰청 검사장) 귀 중

제출기관	범죄지, 피의자의 주소, 거소 또는 현재지의 경찰서, 검찰청	공소시효	①7년(수재) ②5년(공여) (☞공소시효일람표)
고소권자	피해자(형사소송법 223조) (※ 아래(1)참조)	소추요건	※ 아래(2) 참조 형법361조, 328조
제출부수	고소장 1부	관련법규	형법 357조
범죄성립 요건	\[2칸 병합\] 1. 타인의 사무를 처리하는 자가 그 임무에 관하여 부정한 청탁을 받고 재물 또는 재산상의 이익을 취득한 때 2. 재물 또는 이익을 공여한 때		
형량	\[2칸 병합\] 1. 5년 이하의 징역 또는 1,000만원 이하의 벌금 2. 2년 이하의 징역 또는 500만원 이하의 벌금 (범인이 취득한 재물은 몰수, 그 재물을 몰수하기 불능하거나 재산상의 이익을 취득한 때에는 그 가액을 추징함)		
불기소처분 등에 대한 불복절차 및 기간	\[2칸 병합\] (항고) · 근거 : 검찰청법 10조 · 기간 : 처분결과의 통지를 받은 날부터 30일(검찰청법 10조4항) (재정신청) · 근거 : 형사소송법 제260조 · 기간 : 항고기각 결정을 통지받은 날 또는 동법 제260조 제2항 각 호의 사유가 발생한 날부터 10일(형사소송법 제260조 제3항) (헌법소원) · 근거 : 헌법재판소법 68조 · 기간 : 그 사유가 있음을 안 날로부터 90일 이내에, 그 사유가 있은 날로부터 1년 이내에 청구하여야 한다. 다만, 다른 법률에 의한 구제절차를 거친 헌법소원의 심판은 그 최종결정을 통지받은 날로부터 30일 이내에 청구(헌법재판소법 69조)		

※ (1) 고소권자
(형사소송법 225조)
 1. 피해자가 제한능력자인 경우의 법정대리인
 2. 피해자가 사망한 경우의 배우자, 직계친족, 형제, 자매. 단, 피해자의 명시한 의사에 반하여 고소할 수 없음
(형사소송법 224조)
　자기 또는 배우자의 직계존속은 고소할 수 없음[단, 성폭력범죄의 처벌 등에 관한 특례법 제18조에서는 "성폭력범죄에 대하여는 형사소송법 제

224조(고소의 제한) 및 군사법원법 제266조에 불구하고 자기 또는 배우
자의 직계존속을 고소할 수 있다."고 규정함]

※ (2) 친족간의 범행과 고소
　1. 직계혈족 ,배우자, 동거친족, 동거가족 또는 그 배우자간의 제323조의
　　죄는 형을 면제
　2. 제1항 이외의 친족간에 제323조의 죄를 범한 때에는 고소가 있어야
　　공소를 제기할 수 있음
　3. 전2항의 신분관계가 없는 공범에 대하여는 전2항을 적용하지 아니함

[서식 예] 배임죄

고 소 장

고 소 인 : ○ ○ ○ (주민등록번호 :   -   )
       주소 : ○○시 ○○구 ○○길 ○○
       직업 :   사무실 주소 :
       전화번호 : (휴대폰:) (자택:) (사무실:)
       이메일 :
피고소인 : △ △ △ (주민등록번호 :   -   )
       주소 : ○○시 ○○구 ○○길 ○○
       직업 :   사무실 주소 :
       전화번호 : (휴대폰:) (자택:) (사무실:)
       이메일 :

고 소 취 지

고소인은 피고소인을 상대로 아래와 같이 배임죄로 고소를 제기하오니
철저히 조사하시어 엄벌하여 주시기 바랍니다.

고 소 사 실

피고소인은 20○○. ○. ○. ○○:○○경 ○○시 ○○구 ○○길 ○○
에 있는 ○○부동산 소개소에서 피고소인 소유의 같은 길 ○○에 있
는 대지 120평, 건평68평의 주택 1동에 대한 매매계약을 체결함에 있
어 계약금 1억원은 계약당일, 중도금 3억원은 같은 달 21. 잔금 3억원
은 위 주택에 관한 소유권이전등기 소요서류와 상환으로 같은 달 30.
각 지급 받기로 약정하고 고소인으로부터 즉석에서 계약금 1억원을,
같은 달 21. 위 부동산소개소에서 중도금 3억원을 각 수령하였으므로
잔금기일인 같은 달 30. 잔금수령과 동시에 고소인에게 위 주택의 대
지 및 건물에 대한 소유권이전등기절차를 이행하여 주어야 할 임무가
있음에도 불구하고 그 임무에 위배하여 같은 달 25.경 고소외 박□□
에게 대금 10억원에 위 주택을 매도하고 소유권이전등기를 경료하여
주어 위 부동산 시가 상당의 재산상 이익을 취득하고, 고소인에게 동
액 상당의 손해를 가하였기에 본 고소에 이른 것입니다.

입 증 방 법

추후 조사시에 제출하겠습니다.

20○○년 ○월 ○일
위 고소인 ○ ○ ○ (인)
○○경찰서장(또는 ○○지방검찰청 검사장) 귀 중

제출기관	범죄지, 피의자의 주소, 거소 또는 현재지의 경찰서, 검찰청	공 소 시 효	7년(☞공소시효일람표)
고소권자	피해자(형사소송법 223조) (※ 아래(1)참조)	소추요건	※ 아래(2) 참조 형법 361조,328조
제출부수	고소장 1부	관 련 법 규	형법 355조2항
범죄성립 요 건	타인의 사무를 처리하는 자가 그 임무에 위배하는 행위로써 재산상의 이익을 취득하거나 제3자로 하여금 이를 취득하게 하여 본인에게 손해를 가한 때		
형 량	· 5년 이하의 징역 · 1,500만원 이하의 벌금 　(10년 이하의 자격정지를 병과할 수 있음 : 형법 358조)		
불기소처분 등에 대한 불복절차 및 기간	(항고) · 근거 : 검찰청법 10조 · 기간 : 처분결과의 통지를 받은 날부터 30일(검찰청법 10조4항) (재정신청) · 근거 : 형사소송법 제260조 · 기간 : 항고기각 결정을 통지받은 날 또는 동법 제260조 제2항 각 호의 사유가 발생한 날부터 10일(형사소송법 제260조 제3항) (헌법소원) · 근거 : 헌법재판소법 68조 · 기간 : 그 사유가 있음을 안 날로부터 90일 이내에, 그 사유가 있은 날로부터 1년 이내에 청구하여야 한다. 다만, 다른 법률에 의한 구제절차를 거친 헌법소원의 심판은 그 최종결정을 통지받은 날로부터 30일 이내에 청구(헌법재판소법 69조)		

※ (1) 고소권자

(형사소송법 225조)

1. 피해자가 제한능력자인 경우의 법정대리인

2. 피해자가 사망한 경우의 배우자, 직계친족, 형제, 자매. 단, 피해자의 명시한 의사에 반하여 고소할 수 없음

(형사소송법 224조)

자기 또는 배우자의 직계존속은 고소할 수 없음[단, 성폭력범죄의 처벌 등에 관한 특례법 제18조에서는 "성폭력범죄에 대하여는 형사소송법 제224조(고소의 제한) 및 군사법원법 제266조에 불구하고 자기 또는 배우자의 직

계존속을 고소할 수 있다."고 규정함]

※ (2) 친족간의 범행과 고소
1. 직계혈족, 배우자, 동거친족, 동거가족 또는 그 배우자간의 제323조의
   죄는 형을 면제
2. 제1항 이외의 친족간에 제323조의 죄를 범한 때에는 고소가 있어야
   공소를 제기할 수 있음
3. 전2항의 신분관계가 없는 공범에 대하여는 전2항을 적용하지 아니함.

[서식 예] 부동산강제집행효용침해죄

고 소 장

고 소 인 : ○ ○ ○ (주민등록번호 :   -   )
          주소 : ○○시 ○○구 ○○길 ○○
          직업 :   사무실 주소 :
          전화번호 : (휴대폰:) (자택:) (사무실:)
          이메일 :
피고소인 : △ △ △ (주민등록번호 :   -   )
          주소 : ○○시 ○○구 ○○길 ○○
          직업 :   사무실 주소 :
          전화번호 : (휴대폰:) (자택:) (사무실:)
          이메일 :

고 소 취 지

고소인은 피고소인을 부동산강제집행의 효용을 침해한 혐의로 고소하오니 철저히 조사하여 엄중히 처벌하여 주시기 바랍니다.

고 소 사 실

1. 고소인은 피고소인에게 고소인 소유의 ○○시 ○○구 ○○길○○ 소재 건물의 점포 1칸을 임대하였으나, 임대료를 체납하여 임대차계약을 해제하고 피고소인을 상대로 명도청구소송을 제기하여 확정판결을 받은 바 있습니다.

2. 20○○. ○. ○. ○○:○○부터 같은 날 ○○:○○경까지 사이에 ○○지방법원 소속 집행관의 지휘 아래 위 피고소인이 점유하고 있던 점포에 대하여 확정판결에 의한 명도집행이 행해진직후, 피고소인은 점포 진입을 저지하던 고소인의 처 □□□를 폭행하는 등 폭력적인 방법으로 위 건물점포에 진입함으로써 위 부동산 강제집행의 효용을 침해하였습니다.

3. 피고소인이 이 사건 건물에 들어간 것은 집달관이 임차인인 피고소인의 위 건물점포에 대한 점유를 해제하고 이를 임대인인 고소인에게 인도하여 강제집행이 완결된 후의 행위로서 부동산강제집행효용침해죄에 해당한다할 것입니다.

4. 피고소인의 이러한 행위는 형법 제140조의2(부동산강제집행 효용침해) 강제집행으로 명도 또는 인도된 부동산에 침입하거나 기타 방법으로 강제집행의 효용을 해한 행위에 해당된다고 사료됩니다.

5. 따라서 피고소인을 철저히 조사하여 이와 같은 행위가 재발하지 않도록 법에 따라 엄벌하여 주시기 바랍니다.

소 명 방 법

1. 임대차계약서 사본

1. 판결문사본

1. 기타 조사시 자세히 진술하겠습니다.

20○○년　　○월　　○일

위 고 소 인　　○　　○　　○ (인)

○○경찰서장(또는 ○○지방검찰청 검사장) 귀 중

제출기관	범죄지, 피의자의 주소, 거소 또는 현재지의 경찰서, 검찰청	공 소 시 효	○년(☞공소시효일람표)
고소권자	피해자(형사소송법 223조) (※ 아래(1)참조)	소추요건	
제출부수	고소장 1부	관련법규	형법 140조의 2
범죄성립 요 건	강제집행으로 명도 또는 인도된 부동산에 침입하거나 기타 방법으로 강제집행의 효용을 해한 때		
형 량	· 5년 이하의 징역 · 700만원 이하의 벌금		
불기소처분 등에 대한 불복절차 및 기간	(항고) · 근거 : 검찰청법 10조 · 기간 : 처분결과의 통지를 받은 날부터 30일(검찰청법 10조4항) (재정신청) · 근거 : 형사소송법 제260조 · 기간 : 항고기각 결정을 통지받은 날 또는 동법 제260조 제2항 각 호의 사유가 발생한 날부터 10일(형사소송법 제260조 제3항) (헌법소원) · 근거 : 헌법재판소법 68조 · 기간 : 그 사유가 있음을 안 날로부터 90일 이내에, 그 사유가 있은 날로부터 1년 이내에 청구하여야 한다. 다만, 다른 법률에 의한 구제절차를 거친 헌법소원의 심판은 그 최종결정을 통지받은 날로부터 30일 이내에 청구(헌법재판소법 69조)		

※ (1) 고소권자
(형사소송법 225조)
1. 피해자가 제한능력자인 경우의 법정대리인
2. 피해자가 사망한 경우의 배우자, 직계친족, 형제, 자매. 단, 피해자의 명시한 의사에 반하여 고소할 수 없음
(형사소송법 224조)
자기 또는 배우자의 직계존속은 고소할 수 없음[단, 성폭력범죄의 처벌 등에 관한 특례법 제18조에서는 "성폭력범죄에 대하여는 형사소송법 제224조(고소의 제한) 및 군사법원법 제266조에 불구하고 자기 또는 배우자의 직계존속을 고소할 수 있다."고 규정함]

고   소   장

고 소 인 : ○ ○ ○ (주민등록번호 :   -   )
         주소 :   ○○시 ○○구 ○○길 ○○
         직업 :   사무실 주소 :
         전화번호 : (휴대폰:) (자택:) (사무실:)
         이메일 :
피고소인 : △ △ △ (주민등록번호 :   -   )
         주소 :   ○○시 ○○구 ○○길 ○○
         직업 :   사무실 주소 :
         전화번호 : (휴대폰:) (자택:) (사무실:)
         이메일 :

고   소   취   지

고소인은 피고소인을 상대로 아래와 같이 불법체포감금죄로 고소하고자 하오니 철저히 조사하여 엄벌에 처해주시기 바랍니다.

고   소   사   실

1. 피고소인 4인은 ○○지방경찰청 마약수사과에 근무하고 있는 자들로서, 주임무로 마약사범 검거 및 수사를 담당하는 등 인신구속에 관한 직무를 행하고 있는 사법경찰관들입니다.
2. 20○○년 ○월 ○일 오후 ○○시경 다방에서 사업관계자와 업무협의를 하고 있던 중 피고소인들이 들이닥쳐 대마초 흡입혐의로 체포한다며 수갑을 채우기에 고소인은 체포영장을 제시하라고 하였으나 들은 척도 하지 않고 고소인을 연행하였습니다.
3. 피고소인들은 고소인을 주소불상의 장소에 데리고 가, 대마초 흡입사실을 자백하라면서 진술을 강요하였고, 고소인이 위 혐의사실을 자백하지 않아 피고소인들의 생각대로 되지 않자 하는 수 없이 다음날 새벽 ○○시경이 되어서야 고소인을 풀어주었습니다.
4. 이는 공무원이 직권을 남용하여 고소인을 불법체포·감금한 것이 명백하므로 피고소인들을 불법체포·감금죄로 고소하오니 엄중히 조사하여 처벌해 주시기 바랍니다.

입   증   방   법
1. 진술서

20○○년   ○월   ○일
위 고소인   ○ ○ ○ (인)
○○경찰서장(또는 ○○지방검찰청 검사장) 귀 중

제출기관	범죄지, 피의자의 주소, 거소 또는 현재지의 경찰서, 검찰청	공소시효	○년(☞공소시효일람표)
고소권자	피해자(형사소송법 223조) (※ 아래(1)참조)	소추요건	
제출부수	고소장 1부	관련법규	형법 124조
범죄성립 요 건	재판, 검찰, 경찰 기타 인신구속에 관한 직무를 행하는 자 또는 이를 보조하는 자가 그 직권을 남용하여 사람을 체포 또는 감금한 때		
형 량	· 7년 이하의 징역과 10년 이하의 자격정지		
불기소처분 등에 대한 불복절차 및 기간	(항고) · 근거 : 검찰청법 10조 · 기간 : 처분결과의 통지를 받은 날부터 30일(검찰청법 10조4항) (재정신청) · 근거 : 형사소송법 제260조 · 기간 : 항고기각 결정을 통지받은 날 또는 동법 제260조 제2항 각 호의 사유가 발생한 날부터 10일(형사소송법 제260조 제3항) (헌법소원) · 근거 : 헌법재판소법 68조 · 기간 : 그 사유가 있음을 안 날로부터 90일 이내에, 그 사유가 있은 날로부터 1년 이내에 청구하여야 한다. 다만, 다른 법률에 의한 구제절차를 거친 헌법소원의 심판은 그 최종결정을 통지받은 날로부터 30일 이내에 청구(헌법재판소법 69조)		

※ (1) 고소권자
(형사소송법 225조)
  1. 피해자가 제한능력자인 경우의 법정대리인
  2. 피해자가 사망한 경우의 배우자, 직계친족, 형제, 자매. 단, 피해자의 명시한 의사에 반하여 고소할 수 없음
(형사소송법 224조)
  자기 또는 배우자의 직계존속은 고소할 수 없음[단, 성폭력범죄의 처벌 등에 관한 특례법 제18조에서는 "성폭력범죄에 대하여는 형사소송법 제224조(고소의 제한) 및 군사법원법 제266조에 불구하고 자기 또는 배우자의 직계존속을 고소할 수 있다."고 규정함]

[서식 예] 비밀침해죄

고 소 장

고 소 인 : ○ ○ ○ (주민등록번호 :   -   )
　　　　　주소 : ○○시 ○○구 ○○길 ○○
　　　　　직업 :   사무실 주소 :
　　　　　전화번호 : (휴대폰:) (자택:) (사무실:)
　　　　　이메일 :
피고소인 : △ △ △ (주민등록번호 :   -   )
　　　　　주소 : ○○시 ○○구 ○○길 ○○
　　　　　직업 :   사무실 주소 :
　　　　　전화번호 : (휴대폰:) (자택:) (사무실:)
　　　　　이메일 :

고 소 사 실

1. 고소인은 ○○시 ○○길 ○○ 소재 피고소인의 2층에 세들어살고 있는데, 피고소인은 20○○. ○. ○. ○○:○○경 고소인에게 배달되어 온 편지 1통을 고소인을 대신하여 받았습니다.

2. 그런데 위 편지가 여자로부터 배달되어 온 것이라 고소인에게 전해 주기 전에 호기심으로 그 편지의 위쪽 봉한 부분을 물에 적셔서 뜯어 보고는 원상태로 다시 붙여 놓았습니다.

3. 물론 위 편지에 중요한 내용이 담겨 있지 않아 다른 사람이 보더라도 문제가 될 것은 없겠지만, 피고소인의 행위는 임차인의 사생활을 침해하는 것 같으므로 이번 기회에 피고소인의 행위를 면밀히 조사하여 엄벌해 주시기 바랍니다.

입 증 방 법

　　　1. 우편물   1통

　　　　　20○○.   ○.   ○.
　　　　　위 고소인   ○○○ (인)

○○경찰서장(또는 ○○지방검찰청 검사장) 귀 중

제출기관	범죄지, 피의자의 주소, 거소 또는 현재지의 경찰서, 검찰청	공소시효	○년(☞공소시효일람표)
고소권자	피해자(형사소송법 223조) (※ 아래(1)참조)	소추요건	친고죄 (형법 318조)
제출부수	고소장 1부	관련법규	형법 316조
범죄성립 요건	1. 봉함 기타 비밀장치한 사람의 편지, 문서 또는 도화를 개봉한 때 2. 봉함 기타 비밀장치한 사람의 편지, 문서, 도화 또는 전자기록등 특수매체기록을 기술적 수단을 이용하여 그 내용을 알아낸 때		
형량	· 3년 이하의 징역이나 금고 또는 500만원 이하의 벌금		
불기소처분 등에 대한 불복절차 및 기간	(항고) · 근거 : 검찰청법 10조 · 기간 : 처분결과의 통지를 받은 날부터 30일(검찰청법 10조4항) (재정신청) · 근거 : 형사소송법 제260조 · 기간 : 항고기각 결정을 통지받은 날 또는 동법 제260조 제2항 각 호의 사유가 발생한 날부터 10일(형사소송법 제260조 제3항) (헌법소원) · 근거 : 헌법재판소법 68조 · 기간 : 그 사유가 있음을 안 날로부터 90일 이내에, 그 사유가 있은 날로부터 1년 이내에 청구하여야 한다. 다만, 다른 법률에 의한 구제절차를 거친 헌법소원의 심판은 그 최종결정을 통지받은 날로부터 30일 이내에 청구(헌법재판소법 69조)		

※ (1) 고소권자
(형사소송법 225조)
 1. 피해자가 제한능력자인 경우의 법정대리인
 2. 피해자가 사망한 경우의 배우자, 직계친족, 형제, 자매. 단, 피해자의 명시한 의사에 반하여 고소할 수 없음
(형사소송법 224조)
 자기 또는 배우자의 직계존속은 고소할 수 없음(단, 성폭력범죄의 처벌등에관한특례법 제18조에서는 "성폭력범죄에 대하여는 「형사소송법」 제224조(고소의 제한) 및 「군사법원법」 제266조에도 불구하고 자기 또는 배우자의 직계존속을 고소할 수 있다."고 규정함)

[서식 예] 사기죄

고 소 장

고 소 인 : ○ ○ ○ (주민등록번호 :   -   )
　　　　　　주소 : ○○시 ○○구 ○○길 ○○
　　　　　　직업 :　　　사무실 주소 :
　　　　　　전화번호 : (휴대폰:)(자택:)(사무실:)
　　　　　　이메일 :
피고소인 : △ △ △ (주민등록번호 :   -   )
　　　　　　주소 : ○○시 ○○구 ○○길 ○○　　　.
　　　　　　직업 :　　　사무실 주소 :
　　　　　　전화번호 : (휴대폰:)(자택:)(사무실:)
　　　　　　이메일 :

고 소 취 지

피고소인들은 고소인을 속여 고소인으로부터 금 3,000만원을 편취한 자들이므로 이를 고소하니 철저히 조사하여 법에 따라 처벌하여 주시기 바랍니다.

고 소 이 유

1. 고소인은 피고소인들과는 아무런 친·인척관계가 없으며, 피고소인 김△△는 ○○시 ○구 ○○길 ○○번지상의 주택의 소유자이고, 피고소인 이△△는 위 주택의 임차인입니다.
2. 고소인은 20○○년 ○월 ○일 ○○:○○경에 직장이전관계로 급히 주택을 임차하기 위하여 생활정보지의 광고를 보고 피고소인 김△△을 찾아가서 피고소인 이△△이 거주하던 위 주택을 둘러보고 보증금 3,000만원에 임차하기로 계약하면서 고소인이 사정이 급박한 관계로 당일 피고소인 김△△이 있는 자리에서 피고소인 이△△에게 직접 보증금 전액을 모두 지불하고 피고소인 김△△로부터 계약서를 교부받았습니다.
3. 고소인은 위 계약을 하면서 당일이 토요일인지라 등기부상 권리관계를 확인할 수 가 없어 피고소인들에게 위 주택에 별다른 문제가 없는지 물었으나 피고소인들은 한결같이 아무런 문제가 없다고 하여 이를 믿고 보증금의 전액을 지급하였던 것입니다.

4. 고소인은 다음날 이사를 하고 직장관계로 며칠 뒤 위 주택의 등기
   부등본을 확인한 결과 위 주택은 이미 오래 전에 ○○은행으로부
   터 경매가 들어와 ○○법원에서 경매가 진행 중이었던 관계로 곧
   낙찰이 될 지경이었습니다.
   고소인이 이러한 사실을 피고소인들에게 항의하고 보증금을 반환해
   달라고 하자 피고소인들은 자신들도 몰랐다고 발뺌하며 보증금을
   돌려줄 수 없다고 하고 있으나 피고소인 김△△은 집주인으로서
   이러한 사실을 몰랐을 리가 없으며, 피고소인 이△△은 배당금을
   받기 위하여 법원에 임차인신고를 이미 해 놓았는데 이를 몰랐다
   는 것은 상식적으로 납득이 되지 않는 것입니다.
5. 따라서 피고소인들은 공모하여 고소인에게 거짓말을 하여 기망한
   다음 고소인으로부터 보증금 3000만원을 편취한 것이 분명하므로
   조사하여 법에 따라 처벌해 주시기 바랍니다.

첨 부 서 류

1. 전세계약서 사본   1통
1. 생활정보지   1통

20○○년   ○월   ○일
고 소 인   ○   ○   ○ (인)

○○경찰서장(또는 ○○지방검찰청 검사장) 귀 중

제출기관	범죄지, 피의자의 주소, 거소 또는 현재지의 경찰서, 검찰청	공소시효	○년(☞공소시효일람표)
고소권자	피해자(형사소송법 223조) (※ 아래(1)참조)	소추요건	※ 아래(2) 참조 형법354조, 328조
제출부수	고소장 1부	관련법규	형법 347조
범죄성립 요 건	· 사람을 기망하여 재물의 교부를 받거나 재산상의 이익을 취득한 때 · 사람을 기망하여 제3자로 하여금 재물의 교부를 받거나 재산상의 이익을 취득하게 한 때		
형 량	· 10년 이하의 징역 · 2,000만원 이하의 벌금 (10년 이하의 자격정지를 병과할 수 있음 : 형법 353조)		

불기소처분
등에대한
불복절차
및 기간
	(항고)
	· 근거 : 검찰청법 10조
	· 기간 : 처분결과의 통지를 받은 날부터 30일(검찰청법 10조4항)
	
	(재정신청)
	· 근거 : 형사소송법 제260조
	· 기간 : 항고기각 결정을 통지받은 날 또는 동법 제260조
	       제2항 각 호의 사유가 발생한 날부터 10일(형사
	       소송법 제260조 제3항)
	
	(헌법소원)
	· 근거 : 헌법재판소법 68조
	· 기간 : 그 사유가 있음을 안 날로부터 90일 이내에, 그 사
	       유가 있은 날로부터 1년 이내에 청구하여야 한다.
	       다만, 다른 법률에 의한 구제절차를 거친 헌법소원의
	       심판은 그 최종결정을 통지받은 날로부터 30일 이내
	       에 청구(헌법재판소법 69조)		

※ (1) 고소권자

(형사소송법 225조)

 1. 피해자가 제한능력자인 경우의 법정대리인

 2. 피해자가 사망한 경우의 배우자, 직계친족, 형제, 자매. 단, 피해자의
    명시한 의사에 반하여 고소할 수 없음

(형사소송법 224조)

   자기 또는 배우자의 직계존속은 고소할 수 없음[단, 성폭력범죄의 처벌
등에 관한 특례법 제18조에서는 "성폭력범죄에 대하여는 형사소송법 제
224조(고소의 제한) 및 군사법원법 제266조에 불구하고 자기 또는 배우

자의 직계존속을 고소할 수 있다."고 규정함]

※ (2) 친족간의 범행과 고소
 1. 직계혈족 ,배우자, 동거친족, 동거가족 또는 그 배우자간의 제323조의
    죄는 형을 면제
 2. 제1항 이외의 친족간에 제323조의 죄를 범한 때에는 고소가 있어야
    공소를 제기할 수 있음
 3. 전2항의 신분관계가 없는 공범에 대하여는 전2항을 적용하지 아니함

[서식 예] 사문서부정행사죄등

고 소 장

고 소 인 : ○ ○ ○ (주민등록번호 :   -   )
　　　　　주소 : ○○시 ○○구 ○○길 ○○
　　　　　직업 :   사무실 주소 :
　　　　　전화번호 : (휴대폰:) (자택:) (사무실:)
　　　　　이메일 :
피고소인 : △ △ △ (주민등록번호 :   -   )
　　　　　주소 : ○○시 ○○구 ○○길 ○○
　　　　　직업 :   사무실 주소 :
　　　　　전화번호 : (휴대폰:) (자택:) (사무실:)
　　　　　이메일 :

고 소 사 실

1. 고소인은 고소외 휴양콘도미니엄업을 주업으로 하는 ㅁㅁ회사에 금
   ○○○원을 주고 회원으로 가입하여 콘도미니엄 이용시에 필요한
   회원카드를 발급받아 소지하고 있었는데,

2. 20○○. ○. ○. 고소인이 ○○동 소재 고소인의 사무실에서 지갑
   을 정리하고 있던 중 사업관계로 알고 지내던 피고소인이 방문하여
   책상 위에 놓여있던 위 카드를 습득하여 콘도미니엄 이용 시에 부
   정하게 행사함으로써 피해를 입어 고소하오니 이를 조사하여 엄벌
   에 처해 주시기 바랍니다.

입 증 방 법
추후 제출하겠습니다.

20○○년   ○월   ○일
위 고 소 인   ○○○ (인)

○○경찰서장(또는 ○○지방검찰청 검사장) 귀 중

제출기관	범죄지, 피의자의 주소, 거소 또는 현재지의 경찰서, 검찰청	공소시효	O년(☞공소시효일람표)
고소권자	피해자(형사소송법 223조) (※ 아래(1)참조)	소추요건	
제출부수	고소장 1부	관련법규	형법 236조
범죄성립 요건	권리·의무 또는 사실증명에 관한 타인의 문서 또는 도화를 부정행사한 때		
형량	· 1년 이하의 징역이나 금고 · 300만원 이하의 벌금		
불기소처분 등에 대한 불복절차 및 기간	(항고) · 근거 : 검찰청법 10조 · 기간 : 처분결과의 통지를 받은 날부터 30일(검찰청법 10조4항) (재정신청) · 근거 : 형사소송법 제260조 · 기간 : 항고기각 결정을 통지받은 날 또는 동법 제260조 제2항 각 호의 사유가 발생한 날부터 10일(형사소송법 제260조 제3항) (헌법소원) · 근거 : 헌법재판소법 68조 · 기간 : 그 사유가 있음을 안 날로부터 90일 이내에, 그 사유가 있은 날로부터 1년 이내에 청구하여야 한다. 다만, 다른 법률에 의한 구제절차를 거친 헌법소원의 심판은 그 최종결정을 통지받은 날로부터 30일 이내에 청구(헌법재판소법 69조)		

※ (1) 고소권자
(형사소송법 225조)
 1. 피해자가 제한능력자인 경우의 법정대리인
 2. 피해자가 사망한 경우의 배우자, 직계친족, 형제, 자매. 단, 피해자의 명시한 의사에 반하여 고소할 수 없음
(형사소송법 224조)
 자기 또는 배우자의 직계존속은 고소할 수 없음[단, 성폭력범죄의 처벌 등에 관한 특례법 제18조에서는 "성폭력범죄에 대하여는 형사소송법 제224조(고소의 제한) 및 군사법원법 제266조에 불구하고 자기 또는 배우자의 직계존속을 고소할 수 있다."고 규정함]

[서식 예] 사자에 대한 명예훼손죄

고　소　장

고 소 인 :　○　○　○　(주민등록번호 :　　　　-　　　　　)
　　　　　　주소 :　○○시 ○○구 ○○길 ○○
　　　　　　직업 :　　　　사무실 주소 :
　　　　　　전화번호 :　(휴대폰:　　) (자택:　　) (사무실:　　)
　　　　　　이메일 :

피고소인 :　△　△　△　(주민등록번호 :　　　　-　　　　　)
　　　　　　주소 :　○○시 ○○구 ○○길 ○○
　　　　　　직업 :　　　　사무실 주소 :
　　　　　　전화번호 :　(휴대폰:　　) (자택:　　) (사무실:　　)
　　　　　　이메일 :

고　소　사　실

사건 피해자인 망인은 생전에 피고소인과 절친한 친구사이로서 이들은 19○○년부터 20○○년까지 전화기 제조공장을 공동으로 운영하여 왔습니다. 그런데 사업을 하는 중에 피고소인은 자신이 개인적으로 돈이 필요하기 때문에 위 망인과 협의하여 자신이 투자한 원금을 가지고 가겠다고 하므로 피고소인과 망인은 동업계약 해지에 관한 각서를 쓰고 동업관계를 종료한 바 있고 위 망인은 그 이후에도 계속해서 사업을 하여오다가 20○○년 ○월에 갑작스런 교통사고로 사망하였습니다. 그런데 위 망인이 사망한 이후인 20○○년 ○월 ○일에 피고소인은 망인과 자신이 회원으로 가입하여 있던 계모임에서 위 망인과 자신의 동업계약에 관한 이야기가 나오면서 당시 피고소인이 회사 상태가 어려워 부채가 훨씬 더 많았음에도 채권·채무관계의 계산도 없이 원금을 다 가져간 것이 무리한 것이었다는 이야기가 나오자 피고소인은 자신이 위 망인과 동업할 당시 위 망인은 자신 몰래 돈을 빼돌리기 일쑤였고 자신의 영업권마저 빼앗았기 때문에 계약

관계를 종료할 수밖에 없었던 것이고 오히려 당시 동 망인에게 책임을 물으려다가 참고 조용히 나간 것이라면서 위 망인은 겉으로는 착한 사람인 척 했지만 자신에게 얼마나 간섭하였는지
모른다며 자신은 당시 동업계약 해지에 아무런 잘못이 없다고 얘기하였습니다.

그러나 피고소인과 위 망인이 동업계약 해지시 각서를 작성하는 자리에는 당사자 둘뿐이 아니라 망인의 동네 친구인 ㅁㅁㅁ도 같이 있었고 동 ㅇㅇㅇ는 당시 피고소인은, 자신이 개인사정으로 어쩔 수 없는 상황이라 돈을 빼 가는 것이라 너무 미안하면서도 고맙다는 얘기를 들었다고 말하고 있으므로 피고소인은 자신이 망인의 생전에 망인으로부터 도움 받은 사실도 잊고 오히려 망인의 명예를 거짓사실로 더럽히고 있는 것을 도저히 참을 수가 없어 법에 합당한 처벌을 받게 하고자 고소를 하게 된 것입니다.

20ㅇㅇ년   ㅇ월   ㅇ일

위 고소인   ㅇ   ㅇ   ㅇ (인)

ㅇㅇ경찰서장(또는 ㅇㅇ지방검찰청 검사장) 귀 중

제출기관	범죄지, 피의자의 주소, 거소 또는 현재지의 경찰서, 검찰청	공소시효	○년(☞공소시효일람표)
고소권자	피해자(형사소송법 223조) (※ 아래(1)참조)	소추요건	친고죄 (형법 312조1항)
제출부수	고소장 1부	관련법규	형법 308조
범죄성립 요 건	공연히 허위의 사실을 적시하여 사자의 명예를 훼손한 때		
형 량	· 2년 이하의 징역이나 금고 · 500만원 이하의 벌금		
불기소처분 등에대한 불복절차 및 기간	(항고) · 근거 : 검찰청법 10조 · 기간 : 처분결과의 통지를 받은 날부터 30일(검찰청법 10조4항) (재정신청) · 근거 : 형사소송법 제260조 · 기간 : 항고기각 결정을 통지받은 날 또는 동법 제260조 제2항 각 호의 사유가 발생한 날부터 10일(형사소송법 제260조 제3항) (헌법소원) · 근거 : 헌법재판소법 68조 · 기간 : 그 사유가 있음을 안 날로부터 90일 이내에, 그 사유가 있은 날로부터 1년 이내에 청구하여야 한다. 다만, 다른 법률에 의한 구제절차를 거친 헌법소원의 심판은 그 최종결정을 통지받은 날로부터 30일 이내에 청구(헌법재판소법 69조)		

※ (1) 고소권자
(형사소송법 225조)
 1. 피해자가 제한능력자인 경우의 법정대리인
 2. 피해자가 사망한 경우의 배우자, 직계친족, 형제, 자매. 단, 피해자의 명시한 의사에 반하여 고소할 수 없음
(형사소송법 224조)
 자기 또는 배우자의 직계존속은 고소할 수 없음(단, 성폭력범죄의 처벌등에관한특례법 제18조에서는 "성폭력범죄에 대하여는 「형사소송법」 제224조(고소의 제한) 및 「군사법원법」 제266조에도 불구하고 자기 또는 배우자의 직계존속을 고소할 수 있다."고 규정함)

[서식 예] 사체등의 영득죄

고　소　장

고 소 인 : ○ ○ ○ (주민등록번호 :　　　　-　　　　)
　　　　　주소 : ○○시 ○○구 ○○길 ○○
　　　　　직업 :　　　　사무실 주소 :
　　　　　전화번호 : (휴대폰:　) (자택:　) (사무실:　)
　　　　　이메일 :
피고소인 : △ △ △ (주민등록번호 :　　　　-　　　　)
　　　　　주소 : ○○시 ○○구 ○○길 ○○
　　　　　직업 :　　　　사무실 주소 :
　　　　　전화번호 : (휴대폰:　) (자택:　) (사무실:　)
　　　　　이메일 :

고　소　취　지

고소인은 피고소인을 사체유기죄로 고소하오니 철저히 조사하여 엄벌
하여 주시기 바랍니다.

고　소　사　실

　피고소인은 고소인의 딸 ㅁㅁㅁ이 경리직원으로 근무했던 ○○기업
의 대표로, 고소인의 딸과 내연의 관계를 맺어오던 중 피고소인이 유
부남인 관계로 맺어질 수 없는 사이임을 비관해온 고소인의 딸이 20○
○. ○. ○. 함께 여행을 떠났던 ○○도 ○○군 소재 ○○휴양림 방갈
로에서 음독자살을 하자 고소인의 딸과의 부정한 관계가 드러날 것을 우
려하여 사체를 인근 숲에 유기한 사실이 있어 고소하오니 철저히 조사
하여 엄벌하여 주시기 바랍니다.

　　　　　　　　　20○○년　　○월　　○일
　　　　　　　　　　　위 고소인 ○　○　○ (인)

○○경찰서장(또는 ○○지방검찰청 검사장) 귀 중

제출기관	범죄지, 피의자의 주소, 거소 또는 현재지의 경찰서, 검찰청	공소시효	O년(☞공소시효일람표)
고소권자	피해자(형사소송법 223조) (※ 아래(1)참조)	소추요건	
제출부수	고소장 1부	관련법규	형법 161조
범죄성립 요 건	사체, 유골, 유발 또는 관내에 장치한 물건을 손괴, 유기, 은닉 또는 영득한 때		
형 량	· 7년 이하의 징역		
불기소처분 등에 대한 불복절차 및 기간	(항고) · 근거 : 검찰청법 10조 · 기간 : 처분결과의 통지를 받은 날부터 30일(검찰청법 10조4항) (재정신청) · 근거 : 형사소송법 제260조 · 기간 : 항고기각 결정을 통지받은 날 또는 동법 제260조 제2항 각 호의 사유가 발생한 날부터 10일(형사소송법 제260조 제3항) (헌법소원) · 근거 : 헌법재판소법 68조 · 기간 : 그 사유가 있음을 안 날로부터 90일 이내에, 그 사유가 있은 날로부터 1년 이내에 청구하여야 한다. 다만, 다른 법률에 의한 구제절차를 거친 헌법소원의 심판은 그 최종결정을 통지받은 날로부터 30일 이내에 청구(헌법재판소법 69조)		

※ (1) 고소권자
(형사소송법 225조)
  1. 피해자가 제한능력자인 경우의 법정대리인
  2. 피해자가 사망한 경우의 배우자, 직계친족, 형제, 자매. 단, 피해자의 명시한 의사에 반하여 고소할 수 없음
(형사소송법 224조)
  자기 또는 배우자의 직계존속은 고소할 수 없음[단, 성폭력범죄의 처벌 등에 관한 특례법 제18조에서는 "성폭력범죄에 대하여는 형사소송법 제224조(고소의 제한) 및 군사법원법 제266조에 불구하고 자기 또는 배우자의 직계존속을 고소할 수 있다."고 규정함]

[서식 예] 사체등의 오욕죄

고　소　장

고 소 인 : ○ ○ ○ (주민등록번호 :　　　　　-　　　　)
　　　　주소 : ○○시 ○○구 ○○길 ○○
　　　　직업 :　　　　사무실 주소 :
　　　　전화번호 : (휴대폰:　　) (자택:　　) (사무실:　　)
　　　　이메일 :
피고소인 : △ △ △ (주민등록번호 :　　　　　-　　　　)
　　　　주소 : ○○시 ○○구 ○○길 ○○
　　　　직업 :　　　　사무실 주소 :
　　　　전화번호 : (휴대폰:　　) (자택:　　) (사무실:　　)
　　　　이메일 :

고　소　취　지

고소인은 피고소인을 사체등의 오욕죄로 고소하오니 철저히 조사하여 엄벌하여 주시기 바랍니다.

고　소　사　실

피고소인은 고소인의 선영이 위치한 ○○도 ○○군 ○○길에 거주하는 고등학생으로 20○○. ○. ○. 오후 ○시경 ○○도 ○○군 ○○면 ○○길 산 ○○번지에 소재한 고소인의 증조부의 분묘 근처를 친구들과 지나던 중 전일의 폭우로 분묘가 붕괴되고 관이 파손되어 지상에 노출된 고소인 증조부의 유골을 발견하고 자신의 담력을 자랑하고자 유골에 방뇨한 사실이 있어 고소하오니 철저히 조사하여 엄벌하여 주시기 바랍니다.

첨　부　서　류

　　1. 목격자진술서　　　　　　　　　　1통

20○○년　○월　○일
위 고소인　○　○　○ (인)

○○경찰서장(또는 ○○지방검찰청 검사장) 귀 중

제출기관	범죄지, 피의자의 주소, 거소 또는 현재지의 경찰서, 검찰청	공소시효	○년(☞공소시효일람표)
고소권자	피해자(형사소송법 223조) (※ 아래(1)참조)	소추요건	
제출부수	고소장 1부	관련법규	형법 159조
범죄성립 요 건	사체, 유골 또는 유발을 오욕한 때		
형 량	· 2년 이하의 징역 · 500만원 이하의 벌금		
불기소처분 등에대한 불복절차 및 기간	(항고) · 근거 : 검찰청법 10조 · 기간 : 처분결과의 통지를 받은 날부터 30일(검찰청법 10조4항) (재정신청) · 근거 : 형사소송법 제260조 · 기간 : 항고기각 결정을 통지받은 날 또는 동법 제260조 제2항 각 호의 사유가 발생한 날부터 10일(형사소송법 제260조 제3항) (헌법소원) · 근거 : 헌법재판소법 68조 · 기간 : 그 사유가 있음을 안 날로부터 90일 이내에, 그 사유가 있은 날로부터 1년 이내에 청구하여야 한다. 다만, 다른 법률에 의한 구제절차를 거친 헌법소원의 심판은 그 최종결정을 통지받은 날로부터 30일 이내에 청구(헌법재판소법 69조)		

※ (1) 고소권자
(형사소송법 225조)
 1. 피해자가 제한능력자인 경우의 법정대리인
 2. 피해자가 사망한 경우의 배우자, 직계친족, 형제, 자매. 단, 피해자의 명시한 의사에 반하여 고소할 수 없음
(형사소송법 224조)
 자기 또는 배우자의 직계존속은 고소할 수 없음[단, 성폭력범죄의 처벌 등에 관한 특례법 제18조에서는 "성폭력범죄에 대하여는 형사소송법 제224조(고소의 제한) 및 군사법원법 제266조에 불구하고 자기 또는 배우자의 직계존속을 고소할 수 있다."고 규정함]

[서식 예] 손괴죄

고 소 장

고 소 인 : ○ ○ ○ (주민등록번호 :   -   )

　　　　　주소 : ○○시 ○○구 ○○길 ○○

　　　　　직업 :   사무실 주소 :

　　　　　전화번호 : (휴대폰:) (자택:) (사무실:)

　　　　　이메일 :

피고소인 : △ △ △ (주민등록번호 :   -   )

　　　　　주소 : ○○시 ○○구 ○○길 ○○

　　　　　직업 :   사무실 주소 :

　　　　　전화번호 : (휴대폰:) (자택:) (사무실:)

　　　　　이메일 :

피고소인은 고소인과 이웃에 사는 사람으로 20○○. ○. ○. ○○:○○경 고소인과 주위토지 통행문제로 시비가 되어 이에 화가 나 마침 그 주위에 있던 기와장을 고소인 소유의 승용차에 집어 던져 위 승용차의 앞 유리 부분 금 450,000원 상당을 손괴하여 그 효용을 해한 자이므로 엄벌에 처해 주시기 바랍니다.

20○○년   ○월   ○일

위   고 소 인   ○ ○ ○ (인)

○○경찰서장(또는 ○○지방검찰청 검사장) 귀 중

제출기관	범죄지, 피의자의 주소, 거소 또는 현재지의 경찰서, 검찰청	공 소 시 효	5년(☞공소시효일람표)
고소권자	피해자(형사소송법 223조) (※ 아래(1)참조)	소 추 요 건	
제출부수	고소장 1부	관 련 법 규	형법 366조
범죄성립 요 건	타인의 재물, 문서 또는 전자기록등 특수매체기록을 손괴 또는 은닉 기타 방법으로 그 효용을 해한 때		
형 량	· 3년 이하의 징역 · 700만원 이하의 벌금		
불기소처분 등에대한 불복절차 및 기간	(항고) · 근거 : 검찰청법 10조 · 기간 : 처분결과의 통지를 받은 날부터 30일(검찰청법 10조4항) (재정신청) · 근거 : 형사소송법 제260조 · 기간 : 항고기각 결정을 통지받은 날 또는 동법 제260조 제2항 각 호의 사유가 발생한 날부터 10일(형사소송법 제260조 제3항) (헌법소원) · 근거 : 헌법재판소법 68조 · 기간 : 그 사유가 있음을 안 날로부터 90일 이내에, 그 사유가 있은 날로부터 1년 이내에 청구하여야 한다. 다만, 다른 법률에 의한 구제절차를 거친 헌법소원의 심판은 그 최종결정을 통지받은 날로부터 30일 이내에 청구(헌법재판소법 69조)		

※ (1) 고소권자
(형사소송법 225조)
 1. 피해자가 제한능력자인 경우의 법정대리인
 2. 피해자가 사망한 경우의 배우자, 직계친족, 형제, 자매. 단, 피해자의 명시한 의사에 반하여 고소할 수 없음
(형사소송법 224조)
 자기 또는 배우자의 직계존속은 고소할 수 없음[단, 성폭력범죄의 처벌 등에 관한 특례법 제18조에서는 "성폭력범죄에 대하여는 형사소송법 제224조(고소의 제한) 및 군사법원법 제266조에 불구하고 자기 또는 배우자의 직계존속을 고소할 수 있다."고 규정함]

[서식 예] 신용훼손죄

고 소 장

고 소 인 : ○ ○ ○ (주민등록번호 :   -   )
　　　　　 주소 :   ○○시 ○○구 ○○길 ○○
　　　　　 직업 :   사무실 주소 :
　　　　　 전화번호 : (휴대폰:) (자택:) (사무실:)
　　　　　 이메일 :

피고소인 : △ △ △ (주민등록번호 :   -   )
　　　　　 주소 :   ○○시 ○○구 ○○길 ○○
　　　　　 직업 :   사무실 주소 :
　　　　　 전화번호 : (휴대폰:) (자택:) (사무실:)
　　　　　 이메일 :

고소인은 피고소인에 대하여 다음과 같이 고소하오니 철저히 조사하여 법에 따라서 처벌하여 주시기 바랍니다.

다 음

피고소인은 고소인과 같은 남성의류 제조업을 하는 자로서, 평소에 고소인이 지역내 의류제조 주문을 많이 받아서 납품수익을 올리는 것을 시기하던 중 20○○. ○. ○. ○○:○○경 피고소인이 사는 아파트 단지내의 반상회에 참석하여 고소인이 주식투자를 잘못하여 고소인이 운영하는 의류제조공장과 원단에 사채업자들이 가압류를 하여 아마 더 이상은 영업을 하기 힘들 거라고 말하는 등 고소인의 지불능력에 대한 사회적 신뢰를 저하시킬 우려가 있는 허위의 발언을 한 사실이 있어 고소하오니 조사하여 엄벌하여 주시기 바랍니다.

첨 부 서 류

1. 추후 제출하도록 하겠습니다.

20○○.　 ○.　 ○.
고 소 인 　○ ○ ○ (인)

○○경찰서장(또는 ○○지방검찰청 검사장) 귀 중

제출기관	범죄지, 피의자의 주소, 거소 또는 현재지의 경찰서, 검찰청	공소시효	○년(☞공소시효일람표)
고소권자	피해자(형사소송법 223조) (※ 아래(1)참조)	소추요건	
제출부수	고소장 1부	관련법규	형법 313조
범죄성립 요 건	허위의 사실을 유포하거나 기타 위계로써 사람의 신용을 훼손한 때		
형 량	· 5년 이하의 징역 또는 1,500만원 이하의 벌금		
불기소처분 등에대한 불복절차 및 기간	(항고) · 근거 : 검찰청법 10조 · 기간 : 처분결과의 통지를 받은 날부터 30일(검찰청법 10조4항) (재정신청) · 근거 : 형사소송법 제260조 · 기간 : 항고기각 결정을 통지받은 날 또는 동법 제260조 제2항 각 호의 사유가 발생한 날부터 10일(형사소송법 제260조 제3항) (헌법소원) · 근거 : 헌법재판소법 68조 · 기간 : 그 사유가 있음을 안 날로부터 90일 이내에, 그 사유가 있은 날로부터 1년 이내에 청구하여야 한다. 다만, 다른 법률에 의한 구제절차를 거친 헌법소원의 심판은 그 최종결정을 통지받은 날로부터 30일 이내에 청구(헌법재판소법 69조)		

※ (1) 고소권자
(형사소송법 225조)
 1. 피해자가 제한능력자인 경우의 법정대리인
 2. 피해자가 사망한 경우의 배우자, 직계친족, 형제, 자매. 단, 피해자의 명시한 의사에 반하여 고소할 수 없음
(형사소송법 224조)
 자기 또는 배우자의 직계존속은 고소할 수 없음(단, 성폭력범죄의 처벌등에관한특례법 제18조에서는 "성폭력범죄에 대하여는 「형사소송법」 제224조(고소의 제한) 및 「군사법원법」 제266조에도 불구하고 자기 또는 배우자의 직계존속을 고소할 수 있다."고 규정함)

[서식 예] 업무방해죄

고 소 장

고 소 인 : ○ ○ ○ (주민등록번호 :   -   )

　　　　　주소 : ○○시 ○○구 ○○길 ○○

　　　　　직업 :   사무실 주소 :

　　　　　전화번호 : (휴대폰:) (자택:) (사무실:)

　　　　　이메일 :

피고소인 : △ △ △ (주민등록번호 :   -   )

　　　　　주소 : ○○시 ○○구 ○○길 ○○

　　　　　직업 :   사무실 주소 :

　　　　　전화번호 : (휴대폰:) (자택:) (사무실:)

　　　　　이메일 :

고 소 취 지

위 피고소인을 업무방해죄로 이 고소를 제기하오니 의법 처단하여 주시기
바랍니다.

고 소 사 실

고소인은 20○○. ○. 초순부터 피고소인 소유 부동산인 ○○시 ○○
구 ○○길 ○○소재 ○○빌딩 ○층 점포 약 30㎡를 (보증금 1,000만
원, 월차임 150만원, 임차기간 2년) 임차하여, '○○○'라는 상호로 숙
녀복 정장 판매대리점을 개설하여 영업하던 중, 영업부진으로 20○○.
○월부터 ○개월간 차임을 연체하게 되었는바, 피고소인은 20○○.
○. ○. 오후 ○시경 술을 마시고 가게에 찾아와 차임을 내어놓으라며
고래고래 큰소리를 치며 행패를 부려 가게 안에서 옷을 고르던 여자손
님들이 놀라 도망가게 하였고, 그 이후에도 3차례나 술을 마시고 찾아
와 가게 안을 기웃거리며 고소인에게 욕을 하는 등 영업방해를 한 사
실이 있습니다. 이에 고소인은 도저히 장사를 할 수 없는 지경에 이르
러 이 고소장을 제출하오니 법이 적용하는 엄벌에 처해 주십시오.

20○○년   ○월   ○일

위 고 소 인 ○ ○ ○ (인)

○○경찰서장(또는 ○○지방검찰청 검사장) 귀 중

제출기관	범죄지, 피의자의 주소, 거소 또는 현재지의 경찰서, 검찰청	공 소 시 효	○년(☞공소시효일람표)
고소권자	피해자(형사소송법 223조) (※ 아래(1)참조)	소추요건	
제출부수	고소장 1부	관련법규	형법 314조
범죄성립 요 건	· 허위의 사실을 유포, 기타 위계 또는 위력으로써 사람의 업무를 방해한 때 · 컴퓨터등 정보처리장치 또는 전자기록등 특수매체기록을 손괴하거나 정보처리장치에 허위의 정보 또는 부정한 명령을 입력하거나 기타 방법으로 정보처리에 장애를 발생하게 하여 사람의 업무를 방해한 때		
형 량	· 5년 이하의 징역 또는 1,500만원 이하의 벌금		
불기소처분 등에대한 불복절차 및 기간	(항고) · 근거 : 검찰청법 10조 · 기간 : 처분결과의 통지를 받은 날부터 30일(검찰청법 10조4항) (재정신청) · 근거 : 형사소송법 제260조 · 기간 : 항고기각 결정을 통지받은 날 또는 동법 제260조 제2항 각 호의 사유가 발생한 날부터 10일(형사소송법 제260조 제3항) (헌법소원) · 근거 : 헌법재판소법 68조 · 기간 : 그 사유가 있음을 안 날로부터 90일 이내에, 그 사유가 있은 날로부터 1년 이내에 청구하여야 한다. 다만, 다른 법률에 의한 구제절차를 거친 헌법소원의 심판은 그 최종결정을 통지받은 날로부터 30일 이내에 청구(헌법재판소법 69조)		

※ (1) 고소권자
(형사소송법 225조)
 1. 피해자가 제한능력자인 경우의 법정대리인
 2. 피해자가 사망한 경우의 배우자, 직계친족, 형제, 자매. 단, 피해자의 명시한 의사에 반하여 고소할 수 없음
(형사소송법 224조)
 자기 또는 배우자의 직계존속은 고소할 수 없음(단, 성폭력범죄의 처벌등에관한특례법 제18조에서는 "성폭력범죄에 대하여는 「형사소송법」 제224조(고소의 제한) 및 「군사법원법」 제266조에도 불구하고 자기 또는 배우자의 직계존속을 고소할 수 있다."고 규정함

[서식 예] 업무상 배임죄

고 소 장

고 소 인 : ○ ○ ○ (주민등록번호 :   -   )
        주소 : ○○시 ○○구 ○○길 ○○
        직업 :   사무실 주소 :
        전화번호 : (휴대폰:) (자택:) (사무실:)
        이메일 :
피고소인 : △ △ △ (주민등록번호 :   -   )
        주소 : ○○시 ○○구 ○○길 ○○
        직업 :   사무실 주소 :
        전화번호 : (휴대폰:) (자택:) (사무실:)
        이메일 :

고 소 취 지

고소인은 피고소인을 상대로 아래와 같이 업무상 배임죄로 고소를 제기하오니 철저히 조사하시어 엄벌하여 주시기 바랍니다.

고 소 사 실

1. 피고소인은 19○○. ○. ○.경부터 ○○시 ○구 ○길 ○○소재 당 은행 ○○지점의 대리로 근무하면서 대출담당 업무에 종사하여 오던 자입니다.
2. 피고소인은 20○○. ○. ○. 13:00경 위 은행지점에서 그 은행내규상 ○○○원 이상은 무담보대출이 금지되어 있으므로 ○○○원 이상의 대출을 함에 있어서는 채무자로부터 반드시 담보를 제공받아야 할 업무상 의무가 있음에도 불구하고, 이에 위배하여 피고소인의 친구인 고소외 □□□의 편의를 보아주기 위하여 즉석에서 그에게 무담보로 금 ○○○원을 대출하고 그 회수를 어렵게 하여 위 □□□에게 대출금 ○○○원 상당의 재산적 이익을 취득하게 하고, 위 은행에 동액 상당의 손해를 가하였기에 본 고소에 이른 것입니다.

입 증 방 법

추후 조사시에 제출하겠습니다.

20○○. ○. ○.
위 고소인 ○○은행(주)
대표이사 ○○○ (인)

○○경찰서장(또는 ○○지방검찰청 검사장) 귀 중

제출기관	범죄지, 피의자의 주소, 거소 또는 현재지의 경찰서, 검찰청	공 소 시 효	10년(☞공소시효일람표)
고소권자	피해자(형사소송법 223조) (※ 아래(1)참조)	소추요건	※ 아래(2) 참조 형법 361조, 328조
제출부수	고소장 1부	관련법규	형법 356조, 355조 2항
범죄성립 요 건	업무상의 임무에 위배하여 타인의 사무를 처리하는 자가 그 임무에 위배하는 행위로써 재산상의 이익을 취득하거나 제3자로 하여금 이를 취득하게 하여 본인에게 손해를 가한 때		
형 량	· 10년 이하의 징역 · 3,000만원 이하의 벌금 　(10년 이하의 자격정지를 병과할 수 있음 : 형법 358조)		
불기소처분 등에 대한 불복절차 및 기간	(항고) · 근거 : 검찰청법 10조 · 기간 : 처분결과의 통지를 받은 날부터 30일(검찰청법 10조4항) (재정신청) · 근거 : 형사소송법 제260조 · 기간 : 항고기각 결정을 통지받은 날 또는 동법 제260조 제2항 각 호의 사유가 발생한 날부터 10일(형사소송법 제260조 제3항) (헌법소원) · 근거 : 헌법재판소법 68조 · 기간 : 그 사유가 있음을 안 날로부터 90일 이내에, 그 사유가 있은 날로부터 1년 이내에 청구하여야 한다. 다만, 다른 법률에 의한 구제절차를 거친 헌법소원의 심판은 그 최종결정을 통지받은 날로부터 30일 이내에 청구(헌법재판소법 69조)		

※ (1) 고소권자
(형사소송법 225조)
　1. 피해자가 제한능력자인 경우의 법정대리인
　2. 피해자가 사망한 경우의 배우자, 직계친족, 형제, 자매. 단, 피해자의 명시한 의사에 반하여 고소할 수 없음
(형사소송법 224조)
　자기 또는 배우자의 직계존속은 고소할 수 없음[단, 성폭력범죄의 처벌 등에 관한 특례법 제18조에서는 "성폭력범죄에 대하여는 형사소송법 제224조(고소의 제한) 및 군사법원법 제266조에 불구하고 자기 또는 배우

자의 직계존속을 고소할 수 있다."고 규정함]

※ (2) 친족간의 범행과 고소
  1. 직계혈족 ,배우자, 동거친족, 동거가족 또는 그 배우자간의 제323조의
     죄는 형을 면제
  2. 제1항 이외의 친족간에 제323조의 죄를 범한 때에는 고소가 있어야
     공소를 제기할 수 있음
  3. 전2항의 신분관계가 없는 공범에 대하여는 전2항을 적용하지 아니함.

[서식 예] 업무상 횡령죄

고 소 장

고 소 인 : ○ ○ ○ (주민등록번호 :   -   )
　　　　　주소 : ○○시 ○○구 ○○길 ○○
　　　　　직업 :   사무실 주소 :
　　　　　전화번호 : (휴대폰:) (자택:) (사무실:)
　　　　　이메일 :
피고소인 : △ △ △ (주민등록번호 :   -   )
　　　　　주소 : ○○시 ○○구 ○○길 ○○
　　　　　직업 :   사무실 주소 :
　　　　　전화번호 : (휴대폰:) (자택:) (사무실:)
　　　　　이메일 :

고 소 취 지

고소인은 피고소인을 상대로 아래와 같이 업무상 횡령죄로 고소를 제기하오니 철저히 조사하시어 엄벌하여 주시기 바랍니다.

고 소 사 실

1. 피고소인은 20○○. ○. ○.부터 ○○시 ○○구 ○○길 ○○에 있는 ○○약품주식회사의 영업사원으로서 위 회사의 약품판매 및 수금업무에 종사하여 오던 자입니다.
2. 피고소인은 20○○. ○. ○. ○○시 ○○구 ○○길 ○○에 있는 ○○○ 경영의 ○○약국에서 약품대금 1,500만원을 수금하여 위 회사를 위하여 보관하던 중 그 무렵 이 중 1,000만원을 자신과 불륜관계를 맺어온 위 회사 경리사원 □□□에게 관계청산을 위한 위자료 명목으로 임의로 지급하여 이를 횡령하였기에 본 고소에 이른 것입니다.

입 증 방 법

추후 조사시에 제출하겠습니다.

20○○년   ○월   ○일
위 고소인   ○○약품주식회사
대표이사   ○ ○○ (인)

○○경찰서장(또는 ○○지방검찰청 검사장) 귀 중

제출기관	범죄지, 피의자의 주소, 거소 또는 현재지의 경찰서, 검찰청	공 소 시 효	10년(☞공소시효일람표)
고소권자	피해자(형사소송법 223조) (※ 아래(1)참조)	소추요건	※ 아래(2) 참조 형법 361조,328조
제출부수	고소장 1부	관 련 법 규	형법 356조, 355조 1항
범죄성립 요 건	업무상의 임무에 위배하여 타인의 재물을 보관하는 자가 그 재물을 횡령하거나 그 반환을 거부한 때		
형 량	· 10년 이하의 징역 · 3,000만원 이하의 벌금 (10년 이하의 자격정지를 병과할 수 있음 : 형법 358조)		
불기소처분 등에대한 불복절차 및 기간	(항고) · 근거 : 검찰청법 10조 · 기간 : 처분결과의 통지를 받은 날부터 30일(검찰청법 10조4항) (재정신청) · 근거 : 형사소송법 제260조 · 기간 : 항고기각 결정을 통지받은 날 또는 동법 제260조 제2항 각 호의 사유가 발생한 날부터 10일(형사소송법 제260조 제3항) (헌법소원) · 근거 : 헌법재판소법 68조 · 기간 : 그 사유가 있음을 안 날로부터 90일 이내에, 그 사유가 있은 날로부터 1년 이내에 청구하여야 한다. 다만, 다른 법률에 의한 구제절차를 거친 헌법소원의 심판은 그 최종결정을 통지받은 날로부터 30일 이내에 청구(헌법재판소법 69조)		

※ (1) 고소권자

(형사소송법 225조)

1. 피해자가 제한능력자인 경우의 법정대리인

2. 피해자가 사망한 경우의 배우자, 직계친족, 형제, 자매. 단, 피해자의 명시한 의사에 반하여 고소할 수 없음

(형사소송법 224조)

자기 또는 배우자의 직계존속은 고소할 수 없음[단, 성폭력범죄의 벌 등에 관한 특례법 제18조에서는 "성폭력범죄에 대하여는 형사소송법 제224조(고소의 제한) 및 군사법원법 제266조에 불구하고 자기 또는 배우자의 직계존속을 고소할 수 있다."고 규정함]

※ (2) 친족간의 범행과 고소
1. 직계혈족, 배우자, 동거친족, 동거가족 또는 그 배우자간의 제323조의
   죄는 형을 면제
2. 제1항 이외의 친족간에 제323조의 죄를 범한 때에는 고소가 있어야
   공소를 제기할 수 있음
3. 전2항의 신분관계가 없는 공범에 대하여는 전2항을 적용하지 아니함.

[서식 예] 업무상과실치상죄(의료사고)

고　소　장

고 소 인 : ○ ○ ○ (주민등록번호 :　　　　-　　　　)
　　　　　주소 : ○○시 ○○구 ○○길 ○○
　　　　　직업 :　　　 사무실 주소 :
　　　　　전화번호 : (휴대폰:　) (자택:　) (사무실:　)
　　　　　이메일 :
피고소인 : △ △ △ (주민등록번호 :　　　　-　　　　)
　　　　　주소 : ○○시 ○○구 ○○길 ○○
　　　　　직업 :　　　 사무실 주소 :
　　　　　전화번호 : (휴대폰:　) (자택:　) (사무실:　)
　　　　　이메일 :○길 ○○번지 ○○병원

고　소　취　지

피고소인은 고소인에게 고혈압 및 편두통 치료를 하다가 업무상 과실로 뇌동맥 파열로 인한 지주막하출혈로 사지부전마비 상태에 이르게 한 사실이 있으므로 피고소인을 철저히 수사하여 엄벌에 처해 주시기 바랍니다.

고　소　사　실

1. 고소인은 20○○. ○.경 구토를 동반한 심한 두통으로 피고소인을 사용하고 있는 ○○병원에 내원하여 소화기 내과 전문의인 김△△로부터 진찰을 받았는데, 고혈압으로 의심한 위 의사는 순환기 내과 의사인 A에게 협의진료를 요청하였고, 위 김△△는 검사를 시행한 다음 혈압강하제인 ○○○을 복용토록 하였습니다.

2. 고소인은 위 약물을 계속 복용하였으나 한달 후인 20○○.○. 중순경 계속된 통증으로 다시 위 병원에 내원 하였는데, 당시 김△△는 고혈압, 일과성 뇌허혈, 뇌막염 의심 하에 정밀진단을 위하여 고소인을 입원토록 하였고 당시 고소인은 두통 및 구토와 함께 목이 뻣뻣하고 목 뒤에서 맥박이 뛰는 듯하며, 말이 어둔하고 전신이 쇠약한 상태였습니다.

한편 피고 김△△는 신경학과 의사인 이△△에게 협진 의뢰를 한 바별다른 이상 없다는 통보를 받고 편두통 진단을 하여 최종적으로 만성위염, 지방간, 고혈압 진단을 내리고 이에 대한 약물치료를 한 다음혈압이 다소 안정되자 같은 달 말경 고소인을 퇴원토록 하였습니다.

3. 고소인은 위 병원에 다녀온 뒤 조금 증상이 호전되는 듯하다 가 퇴원후 ○개월이 지난 20○○. ○. ○경 새벽 무렵 수면 도중 갑작스럽게 비명을 지르면서 의식을 잃고 쓰러져 즉시 응급실에 내원하게 되었고 이△△는 뇌 CT 촬영을 하였던바, 좌측 뇌실내 출혈과 함께 좌측 측두엽 끝과 좌우 내실내 출혈 소견을 보여 일단 동정맥기형 파열과 뇌실내 출혈, 종양 출혈과 뇌실내 출혈, 모야모야병과 뇌실내 출혈, 고혈압성 뇌출혈과 뇌실내 출혈로 진단하였습니다. 그러나 이△△는 고소인의상태가 좋지 않아 수술예정만 잡아놓고 합병증 발생 예방 치료만을하였습니다.

4. 이에 고소인은 수술날짜를 기다릴 수 없어서 다른 병원으로 전원하였던바, 위 병원 의료진은 동맥류파열에 의한 지주막하출혈로 진단하고재출혈 방지를 위한 외동맥류 경부 결찰술을 시행하였습니다. 그러나고소인은 수술전 이미 심한 뇌부종에 의한 뇌세포 괴사와 뇌혈관연축에 의한 뇌경색, 뇌수두증 등으로 뇌손상을 입어 위 병원에서 치료를받다가 다음 해 ○월경 퇴원하였습니다.

5. 한편 위 병원의 진단 결과 현재의 증상(뇌동맥류 파열에 의한 지주막하출혈)은 이미 위 피고소인이 고소인을 진찰하고 치료할 당시인 20○○. ○. ○. 및 같은 해 ○경에 이미 나타났던 것으로 드러났습니다. 뇌동맥류 파열에 희한 지주막하출혈은 갑작스러운 두통 및 구토이외에는 뇌신경학적 증상이 없는 경우가 있으므로 이 경우 신경외과 의사인 이△△와 주치의인 김△△로서는 환자나 발병과정을 지켜본 사람에게서 자세한 병력을 들어 지주막하출혈 가능성을 추정하고 소량의출혈시에는 반드시 뇌 CT 촬영, 뇌척수액검사 및 뇌혈관 촬영 등을 신속히 시행하여 뇌동맥류 파열로 인한 지주막하 출혈을 확인하였어야

하는 업무상 주의 의무를 위반하여 만연히 즉시 위와 같은 조치를 하지 않고 혈압강하제 만을 투약케 한 업무상 과실로 피고소인을 사지부전마비 상태에 빠뜨렸으니, 조사하여 엄히 처벌하여 주시기 바랍니다.

첨 부 서 류

1. 진단서(A병원 피고소인 작성)
1. 진단서(B병원 의사 작성)
1. 진료기록부(A병원)
1. 진료기록부(B병원)

기타 추후 제출하겠습니다.

20○○년   ○년   ○월

고 소 인   ○   ○   ○ (인)

○○경찰서장(또는 ○○지방검찰청 검사장) 귀 중

제출기관	범죄지, 피의자의 주소, 거소 또는 현재지의 경찰서, 검찰청	공소시효	○년(☞공소시효일람표)
고소권자	피해자(형사소송법 223조) (※ 아래(1)참조)	소추요건	
제출부수	고소장 1부	관련법규	형법 268조
범죄성립 요 건	업무상과실 또는 중대한 과실로 인하여 사람을 사상에 이르게 한 때		
형 량	· 5년 이하의 금고 또는 2천만원 이하의 벌금		
불기소처분 등에 대한 불복절차 및 기간	(항고) · 근거 : 검찰청법 10조 · 기간 : 처분결과의 통지를 받은 날부터 30일(검찰청법 10조4항) (재정신청) · 근거 : 형사소송법 제260조 · 기간 : 항고기각 결정을 통지받은 날 또는 동법 제260조 제2항 각 호의 사유가 발생한 날부터 10일(형사소송법 제260조 제3항) (헌법소원) · 근거 : 헌법재판소법 68조 · 기간 : 그 사유가 있음을 안 날로부터 90일 이내에, 그 사유가 있은 날로부터 1년 이내에 청구하여야 한다. 다만, 다른 법률에 의한 구제절차를 거친 헌법소원의 심판은 그 최종결정을 통지받은 날로부터 30일 이내에 청구(헌법재판소법 69조)		

※ (1) 고소권자
(형사소송법 225조)
 1. 피해자가 제한능력자인 경우의 법정대리인
 2. 피해자가 사망한 경우의 배우자, 직계친족, 형제, 자매. 단, 피해자의 명시한 의사에 반하여 고소할 수 없음
(형사소송법 224조)
 자기 또는 배우자의 직계존속은 고소할 수 없음[단, 성폭력범죄의 처벌 등에 관한 특례법 제18조에서는 "성폭력범죄에 대하여는 형사소송법 제224조(고소의 제한) 및 군사법원법 제266조에 불구하고 자기 또는 배우자의 직계존속을 고소할 수 있다."고 규정함]

[서식 예] 업무상비밀누설죄

고 소 장

고 소 인 : ○ ○ ○ (주민등록번호 :   -   )
　　　　　주소 : ○○시 ○○구 ○○길 ○○
　　　　　직업 :   사무실 주소 :
　　　　　전화번호 : (휴대폰:) (자택:) (사무실:)
　　　　　이메일 :
피고소인 : △ △ △ (주민등록번호 :   -   )
　　　　　주소 : ○○시 ○○구 ○○길 ○○
　　　　　직업 :   사무실 주소 :
　　　　　전화번호 : (휴대폰:) (자택:) (사무실:)
　　　　　이메일 :

고소인은 피고소인에 대하여 다음과 같이 고소하오니 철저히 조사하여 법에 따라서 처벌하여 주시기 바랍니다.

다 음

1. 고소인은 20○○년 ○월 ○일 ○○도 ○○시 ○○길 소재 피고소인이 운영하는 "○○성형외과"에서 고소인이 철없을 시절고소인 신체 중 등에다 문신을 한 것을 제거하기 위한 문신제거수술을 시술 받은 바 있습니다.

2. 이후 고소인의 직장동료 고소외 □□□가 위 성형외과에 입원하여 치료를 받는 중에 피고소인이 병원의 광고를 목적으로병원 복도 벽에 고소인의 문신제거수술에 대한 사진을 부착하여 있음을 발견하고 고소인에게 "너의 사진이 아니냐"라고 하여 고소인은 위 성형외과를 방문하여 이를 확인한 결과 고소인임을 알 수 있는 문신 제거수술 전·후의 사진이 걸려 있음을 발견하였습니다.

3. 위의 사실은 피고소인이 의사로서 업무상 알게된 환자의 비밀에 대한 치료사실을 고소인의 동의도 없이 불특정 다수인 누구에게나 관람할 수 있게끔 방치하여 고소인의 사생활의 평온을 침해함으로서 고소인의 사회생활과 대인관계에 막대한 피해를 입게 하였습니다.

4. 피고소인의 이러한 행위는 형법 제317조의 업무상비밀누설죄에 해당하므로 법에 따른 처벌을 구하고자 고소장을 제출하는 바입니다.

첨　부　서　류

1. 진단서　　　　　　　　　1통
2. 진술서　　　　　　　　　1통

20○○년　　○월　　○일
위　고소인　　○　○　○　(인)

○○경찰서장(또는 ○○지방검찰청 검사장) 귀 중

제출기관	범죄지, 피의자의 주소, 거소 또는 현재지의 경찰서, 검찰청	공 소 시 효	O년(☞공소시효일람표)
고소권자	피해자(형사소송법 223조) (※ 아래(1)참조)	소추요건	친고죄 (형법 318조)
제출부수	고소장 1부	관련법규	형법 317조
범죄성립 요 건	1. 의사, 한의사, 치과의사, 약제사, 약종상, 조산사, 변호사, 변리사, 공인회계사, 공증인, 대서업자나 그 직무상 보조자 또는 차등의 직에 있던 자가 그 업무처리 중 지득한 타인의 비밀을 누설한 때 2. 종교의 직에 있는 자 또는 있던 자가 그 직무상 지득한 사람의 비밀을 누설한 때		
형 량	· 3년 이하의 징역이나 금고, 10년 이하의 자격정지 또는 700만원 이하의 벌금		
불기소처분 등에 대한 불복절차 및 기간	(항고) · 근거 : 검찰청법 10조 · 기간 : 처분결과의 통지를 받은 날부터 30일(검찰청법 10조4항) (재정신청) · 근거 : 형사소송법 제260조 · 기간 : 항고기각 결정을 통지받은 날 또는 동법 제260조 제2항 각 호의 사유가 발생한 날부터 10일(형사소송법 제260조 제3항) (헌법소원) · 근거 : 헌법재판소법 68조 · 기간 : 그 사유가 있음을 안 날로부터 90일 이내에, 그 사유가 있은 날로부터 1년 이내에 청구하여야 한다. 다만, 다른 법률에 의한 구제절차를 거친 헌법소원의 심판은 그 최종결정을 통지받은 날로부터 30일 이내에 청구(헌법재판소법 69조)		

※ (1) 고소권자
(형사소송법 225조)
 1. 피해자가 제한능력자인 경우의 법정대리인
 2. 피해자가 사망한 경우의 배우자, 직계친족, 형제, 자매. 단, 피해자의 명시한 의사에 반하여 고소할 수 없음
(형사소송법 224조)
 자기 또는 배우자의 직계존속은 고소할 수 없음(단, 성폭력범죄의 처벌등에관한특례법 제18조에서는 "성폭력범죄에 대하여는「형사소송법」제224조(고소의 제한) 및「군사법원법」제266조에도 불구하고 자기 또는 배우자의 직계존속을 고소할 수 있다."고 규정함)

[서식 예] 업무상위력 등에 의한 간음죄

고 소 장

고 소 인 : ○ ○ ○ (주민등록번호 :   -   )
　　　　　 주소 : ○○시 ○○구 ○○길 ○○
　　　　　 직업 :   사무실 주소 :
　　　　　 전화번호 : (휴대폰:) (자택:) (사무실:)
　　　　　 이메일 :
피고소인 : △ △ △ (주민등록번호 :   -   )
　　　　　 주소 : ○○시 ○○구 ○○길 ○○
　　　　　 직업 :   사무실 주소 :
　　　　　 전화번호 : (휴대폰:) (자택:) (사무실:)
　　　　　 이메일 :

고 소 취 지

위 피고소인을 업무상위력등에 의한 간음죄로 고소하오니 철저한 수사를 하여 의법 조치하여 주시기 바랍니다.

고 소 이 유

1. 고소인은 고향인 ○○도 ○○군에서 고등학교를 졸업하고 가정형편이 어려워 취업을 목적으로 상경하여 현 주소지에 거주하고 있습니다. 특별한 기술이 없던 고소인은 먼저 상경한 고향친구 ㅁㅁㅁ의 소개로 ○○년 ○월 ○일부터 ○○구 ○○길 소재 ○○○미용학원에서 ○○년 ○월 ○일까지 미용기술을 배우게 되었습니다.

2. 미용기술을 배운 고소인은 상기 ○○미용학원의 원장으로 있는 ㅁㅁㅁ의 소개로 피고소인이 ○○도 ○○시 ○○구 ○○길에서 원장으로 운영하는 "○○○"이라는 미용업소에서 ○○년 ○월 ○일부터 수습미용사로서 미용 일을 시작하게 되었습니다.

3. 피고소인은 고소인이 일을 하게 된 날부터 "미용기술만 잘 배우면 한평생 걱정 없이 살 수 있지만 열심히 내가 시키는 일을 하지 않고 게으름을 피우면 잘라버릴 거야"며 위협적인 분위기를 조성한 사실이 있었습니다. 당시 고소인은 중학교와 초등학교에 다니는 동생들의 학비와 간암말기인 어머니의 병원비를 책임지고 있었고 이런 고소인의 어려운 생활을 피고소인은 알고 있었습니다.

4. 그러던 ○○년 ○월 ○일 ○○:○○경 여느 날과 같이 뒷정리를 하고 퇴근하려고 하던 고소인에게 피고소인은 "오늘 너에게 특별한 기술을 알려 줄 테니 이리와"하며 고소인의 오른쪽 손을 잡아끌며 강제로 미용실 손님들의 대기 의자인 장의자에 고소인을 눕히고 머리를 쓰다듬었습니다.

5. 고소인이 강하게 저항하자 피고소인은 "너 여기서 쫓겨나고 싶어, 다른 곳에 취업 못하게 할 수도 있어. 그러니 가만히 있어"하며 고소인의 입에 피고소인의 입을 맞추며 고소인의 상의를 찢고 가슴을 만지며 간음하였습니다.

6. 피고소인은 인간의 탈을 쓴 파렴치범으로 고소인의 고용인으로서 경제적으로 고소인이 어려운 처지를 약점 삼아 강제로 간음한 자로 현재까지도 아무런 뉘우침이 없어 고소를 제기하오니 법이 적용하는 한 엄벌에 처해 주시기 바랍니다.

입 증 방 법

1. 상해진단서　　　　1부
2. 기타 서류

20○○년　○월　○일

위 고소인　○　○　○ (인)

○○경찰서장(또는 ○○지방검찰청 검사장) 귀 중

제출기관	범죄지, 피의자의 주소, 거소 또는 현재지의 경찰서, 검찰청	공소시효	○년(☞공소시효일람표)
고소권자	피해자(형사소송법 223조) (※ 아래(1)참조)	소추요건	
제출부수	고소장 1부	관련법규	형법 제303조
범죄성립 요 건	업무, 고용 기타 관계로 인하여 자기의 보호 또는 감독을 받는 사람에 대하여 위계 또는 위력으로써 간음한 때		
형 량	· 5년 이하의 징역 · 1,500만원 이하의 벌금		
불기소처분등 에대한 불복절차 및 기간	(항고) · 근거 : 검찰청법 10조 · 기간 : 처분결과의 통지를 받은 날부터 30일(검찰청법 10조4항) (재정신청) · 근거 : 형사소송법 제260조 · 기간 : 항고기각 결정을 통지받은 날 또는 동법 제260조 제2항 각 호의 사유가 발생한 날부터 10일 (형사소송법 제260조 제3항) (헌법소원) · 근거 : 헌법재판소법 68조 · 기간 : 그 사유가 있음을 안 날로부터 90일 이내에, 그 사유가 있은 날로부터 1년 이내에 청구하여야 한다. 다만, 다른 법률에 의한 구제절차를 거친 헌법소원의 심판은 그 최종결정을 통지받은 날로부터 30일 이내에 청구(헌법재판소법 69조)		

※ (1) 고소권자
(형사소송법 225조)
 1. 피해자가 제한능력자인 경우의 법정대리인
 2. 피해자가 사망한 경우의 배우자, 직계친족, 형제, 자매. 단, 피해자의 명시한 의사에 반하여 고소할 수 없음
(형사소송법 224조)
 자기 또는 배우자의 직계존속은 고소할 수 없음[단, 성폭력범죄의 처벌 등에 관한 특례법 제18조에서는 "성폭력범죄에 대하여는 형사소송법 제224조(고소의 제한) 및 군사법원법 제266조에 불구하고 자기 또는 배우자의 직계존속을 고소할 수 있다."고 규정함]

[서식 예] 위계에 의한 살인미수죄

고 소 장

고 소 인 : ○ ○ ○ (주민등록번호 :   -   )
　　　　　주소 : ○○시 ○○구 ○○길 ○○
　　　　　직업 :   사무실 주소 :
　　　　　전화번호 : (휴대폰:) (자택:) (사무실:)
　　　　　이메일 :
피고소인 : △ △ △ (주민등록번호 :   -   )
　　　　　주소 : ○○시 ○○구 ○○길 ○○
　　　　　직업 :   사무실 주소 :
　　　　　전화번호 : (휴대폰:) (자택:) (사무실:)
　　　　　이메일 :

고 소 사 실

1. 고소인은 피고소인과 ○년간 사귀어 오면서 결혼까지 약속한 사이입니다.

2. 피고소인은 대학에 다니며 고학을 하였는데, 고소인이 직장생활을 하면서 받은 월급으로 피고소인의 하숙비와 책값, 등록비 등을 대주었습니다.

3. 피고소인은 작년에 대학을 졸업하고 ○○물산에 취직을 하였는데 작년 가을부터는 왠지 모르게 저를 만나는 것을 꺼리며 무언가 고민하고 있는 것 같아 왜 그러냐고 하였더니 피고소인의 부모님들이 우리의 만남을 반대하시면서 집안끼리 혼담이 오고간 상대편 처녀를 몇 번 만나보았다는 것이었습니다.

4. 저는 그에게 부모님들이 반대하시더라도 뱃속에 있는 아이를 위해서는 우리끼리라도 보금자리를 마련해야 하지 않겠느냐며 살림을 차리자고 졸랐었는데 지난 20○○. ○. ○. 늦은 밤에 피고소인은 지방에 잠시 내려가 바람이나 쐬고 오자하여 그를 따라 나섰었는데 그는 ○○ 온천으로 내려가 여관을 잡고 들어간 후 맥주를 시켜 연거푸 마시더니 "우리의 사랑을 이룰 수 없는 이 세상 더 살고 싶지 않다. 우리 함께 죽고 저 세상에 가서 우리의 사랑을 계속하자"며 울음 섞인 목소리로 하소연하는 것이었습니다.

5. 이에 저도 감정이 복받쳐 먹지 못하는 술을 함께 마시고 그의 말에 동의하여 그와 함께 그가 준비해온 박카스 병의 극약을 마셨습니다.

6. 저는 다음날인 ○. ○. 여관 종업원들에 의해 병원으로 옮겨져 위를 세척해 겨우 목숨을 건졌는데 저는 피고소인이 걱정되어 그 상태를 물어보았더니 그는 제가 사경을 헤매던 ○. ○. ○○:○○경 여관을 빠져나갔다는 것입니다.

7. 결국 제가 싫어진 피고소인이 동반자살하자고 속여 자신은 박카스를 마시고 저에게는 극약을 먹여 자살로 위장시키려 했던 것이었습니다.

8. ○년 동안 몸과 마음을 다해 뒷바라지하여 어엿한 사회인으로 키워 놓았더니 위와 같이 간교한 방법으로 저의 목숨을 빼앗으려 했던 파렴치한 피고소인을 엄벌에 처해 주길 바라며 본 건 고소에 이른 것입니다.

입 증 방 법

1. 피고소인과 함께 마신 박카스 병 2개
2. 기타 추후 제출하겠습니다

20○○년　○월　○일
위 고 소 인　○○○ (인)

○○경찰서장(또는 ○○지방검찰청 검사장) 귀 중

제출기관	범죄지, 피의자의 주소, 거소 또는 현재지의 경찰서, 검찰청	공소시효	○년(☞공소시효일람표)
고소권자	피해자(형사소송법 223조) (※ 아래(1)참조)	소추요건	
제출부수	고소장 1부	관련법규	형법 253, 254조
범죄성립 요건	사람을 살해하려고 실행에 착수한 때		
형 량	· 사형, 무기, 또는 5년 이상의 징역 · 미수범의 형은 기수범 보다 감경할 수 있음(형법 25조2항)		
불기소처분 등에대한 불복절차 및 기간	(항고) · 근거 : 검찰청법 10조 · 기간 : 처분결과의 통지를 받은 날부터 30일(검찰청법 10조4항) (재정신청) · 근거 : 형사소송법 제260조 · 기간 : 항고기각 결정을 통지받은 날 또는 동법 제260조 제2항 각 호의 사유가 발생한 날부터 10일(형사소송법 제260조 제3항) (헌법소원) · 근거 : 헌법재판소법 68조 · 기간 : 그 사유가 있음을 안 날로부터 90일 이내에, 그 사유가 있은 날로부터 1년 이내에 청구하여야 한다. 다만, 다른 법률에 의한 구제절차를 거친 헌법소원의 심판은 그 최종결정을 통지받은 날로부터 30일 이내에 청구(헌법재판소법 69조)		

※ (1) 고소권자
(형사소송법 225조)
 1. 피해자가 제한능력자인 경우의 법정대리인
 2. 피해자가 사망한 경우의 배우자, 직계친족, 형제, 자매. 단, 피해자의 명시한 의사에 반하여 고소할 수 없음
(형사소송법 224조)
 자기 또는 배우자의 직계존속은 고소할 수 없음[단, 성폭력범죄의 처벌 등에 관한 특례법 제18조에서는 "성폭력범죄에 대하여는 형사소송법 제224조(고소의 제한) 및 군사법원법 제266조에 불구하고 자기 또는 배우자의 직계존속을 고소할 수 있다."고 규정함]

[서식 예] 위증죄

고　　소　　장

고 소 인 : ○ ○ ○ (주민등록번호 : 　　　-　　　　)
　　　　　주소 : ○○시 ○○구 ○○길 ○○
　　　　　직업 :　　　　사무실 주소 :
　　　　　전화번호 : (휴대폰:　　) (자택:　　) (사무실:　　)
　　　　　이메일 :
피고소인 : △ △ △ (주민등록번호 :　　　-　　　　)
　　　　　주소 : ○○시 ○○구 ○○길 ○○
　　　　　직업 :　　　　사무실 주소 :
　　　　　전화번호 : (휴대폰:　　) (자택:　　) (사무실:　　)
　　　　　이메일 :

고　소　사　실

1. 피고소인 김△△은 ○○시 ○○구 ○○길 ○○번지 ○○맥주홀을 경영하는 □□□의 내연의 처인 바, 당시 ○○형사지방 법원에 계속중인 위 □□□에 대한 강도피고사건에 있어서 같은 동에 사는 이△△가 증인으로 소환된 것을 알고 위 □□□를 위하여 유리한 허위진술을 시키기로 작정하고 ○○년 ○월 ○일 위 이△△를 □□□ 집으로 불러 피고소인 김△△이 주식을 권하면서 □□□에 대하여 강도사건으로 증인 심문을 받게 될 때에는 자기가 동년 ○월 ○일 오후 8:30경 위 ○○맥주홀에 갔을 때 □□□는 사무실에서 자기부인과 돈 때문에 이야기를 하고 있더라고 허위진술을 시켜서 위증을 교사하였고,
2. 피고소인 이△△는 위와 같은 부탁을 받자 위 사실이 전혀 허위인 줄 알면서 이를 수락하고 같은 달 ○월 ○일 위 □□□에 대한 강도피고 사건에 있어서 ○○지방법원 형사2단독 재판장 □□□ 앞에서 동 사건의 증인으로 선서한 후 재판장으로부터 심문을 받을 때 위와 같이 의뢰 받은 사실과 동 취지의 허위진술을 하여서 위증을 하였습니다.

20○○년　　○월　　○일
위 　고소인　 ○ 　○ 　○ (인)

○○경찰서장(또는 ○○지방검찰청 검사장) 귀 중

제출기관	범죄지, 피의자의 주소, 거소 또는 현재지의 경찰서, 검찰청	공소시효	○년(☞공소시효일람표)
고소권자	피해자(형사소송법 223조) (※ 아래(1)참조)	소추요건	
제출부수	고소장 1부	관련법규	형법 152조
범죄성립 요 건	법률에 의하여 선서한 증인이 허위의 진술을 한 때		
형 량	· 5년 이하의 징역 · 1,000만원 이하의 벌금		
불기소처분 등에대한 불복절차 및 기간	(항고) · 근거 : 검찰청법 10조 · 기간 : 처분결과의 통지를 받은 날부터 30일(검찰청법 10조4항) (재정신청) · 근거 : 형사소송법 제260조 · 기간 : 항고기각 결정을 통지받은 날 또는 동법 제260조 제2항 각 호의 사유가 발생한 날부터 10일(형사소송법 제260조 제3항) (헌법소원) · 근거 : 헌법재판소법 68조 · 기간 : 그 사유가 있음을 안 날로부터 90일 이내에, 그 사유가 있은 날로부터 1년 이내에 청구하여야 한다. 다만, 다른 법률에 의한 구제절차를 거친 헌법소원의 심판은 그 최종결정을 통지받은 날로부터 30일 이내에 청구(헌법재판소법 69조)		

※ (1) 고소권자
(형사소송법 225조)
 1. 피해자가 제한능력자인 경우의 법정대리인
 2. 피해자가 사망한 경우의 배우자, 직계친족, 형제, 자매. 단, 피해자의 명시한 의사에 반하여 고소할 수 없음
(형사소송법 224조)
 자기 또는 배우자의 직계존속은 고소할 수 없음[단, 성폭력범죄의 처벌 등에 관한 특례법 제18조에서는 "성폭력범죄에 대하여는 형사소송법 제224조(고소의 제한) 및 군사법원법 제266조에 불구하고 자기 또는 배우자의 직계존속을 고소할 수 있다."고 규정함]

[서식 예] 유기죄

고　소　장

고 소 인 :　○ ○ ○　(주민등록번호 :　　　　-　　　　)
　　　　　주소 :　○○시 ○○구 ○○길 ○○
　　　　　직업 :　　　　사무실 주소 :
　　　　　전화번호 : (휴대폰:　) (자택:　) (사무실:　)
　　　　　이메일 :
피고소인 :　△ △ △　(주민등록번호 :　　　　-　　　　)
　　　　　주소 :　○○시 ○○구 ○○길 ○○
　　　　　직업 :　　　　사무실 주소 :
　　　　　전화번호 : (휴대폰:　) (자택:　) (사무실:　)
　　　　　이메일 :

고　소　사　실

1. 고소인은 ○○세의 노령으로 보호자의 부양 없이는 하루도 생활하기 힘들고 피고소인과는 모자관계에 있습니다. 고소인은 망 ㅁㅁㅁ의 배우자로서 ㅁㅁㅁ의 사망으로 인해 수 억원의 재산을 상속받게 되었습니다.

2. 피고소인은 20○○. ○. ○.부터 고소 외 ㅁㅁㅁ을 사귀게 되었고 혼인을 약속하게 되면서 고소인 및 고소 외 ㅁㅁㅁ이 여타 가족이 없는 관계로 모두 함께 고소인의 집에서 고소인을 부양하면서 살게 되었습니다.

3. 하지만 심한 의견충돌로 인하여 고소인과 위 △△△가 자주 말다툼을 하는 일이 있었는데, 급기야 20○○. ○.경 위 △△△이 망년회를 하고 만취하여 들어온 것을 고소인이 나무라자 말대꾸를 하며 고소인에게 폭언을 한 사실이 있습니다.

4. 20○○. ○. 설날 명절을 기회로 피고소인과 고소외 □□□은 그동안 자신들의 행동을 반성한다며 다함께 제주도 관광을 요청했습니다. 이에 고소인은 휠체어에 몸을 의지하는 관계로 여행을 거부했지만 피고소인의 완강한 요청으로 할 수 없이 여행에 동참하게 되었습니다.

5. 20○○. ○. ○. 제주도에 도착하자마자 ○○호텔에 여장을 풀고 하루를 보내게 되었습니다. 그런데 다음날 아침 피고소인이 회사에 급한 일이 생겼다며 먼저 상경해야 할 것 같다고 하면서 떠났고 고소외 □□□과 고소인 두명이 남게 되었습니다.

6. 하지만 위 고소외 □□□도 다음 날 쇼핑을 갔다오겠다고 하며 나갔다가 하루가 지나도록 돌아오질 않았습니다. 계속되는 전화연락에도 피고소인과 고소외 □□□은 연락이 없어 할 수 없이 고소인은 현지 경찰관의 도움으로 상경하여 고소인의 집으로 되돌아 왔습니다.

7. 그러나 고소인이 집에 도착하자마자 고소인의 모든 물건들은 없어지고 엉뚱하게 제3자인 고소외 ■■■가 어제 이 집을 피고소인으로부터 매수하였다고 하며 실내공사를 하고 있었습니다.

8. 피고소인은 고소외 □□□과 결탁하여 고소인의 모든 재산을 가지고 어디론지 사라져 버렸습니다. 비록 친자식인 피고소인에게 버림을 받았다는 사실이 너무나 황당하고 어이가 없지만 거동이 불편한 몸으로 어디에 의지할 곳도 없는 고소인의 현실이 너무 막막하고 피고소인의 파렴치한 행동에 대한 처벌을 구하고자 하오니 피고소인을 의법 조치하여 주시기 바랍니다.

20○○년   ○월   ○일

위 고소인 ○ ○ ○ (인)

○○경찰서장(또는 ○○지방검찰청 검사장) 귀 중

제출기관	범죄지, 피의자의 주소, 거소 또는 현재지의 경찰서, 검찰청	공소시효	○년(☞공소시효일람표)
고소권자	피해자(형사소송법 223조) (※ 아래(1)참조)	소추요건	
제출부수	고소장 1부	관련법규	형법 271조 제2항
범죄성립 요 건	자기 또는 배우자의 직계존속에 대하여 노유, 질병 기타의 사유로 보호할 의무가 있는데도 유기한 때		
형 량	· 10년 이하의 징역 · 1,500만원 이하의 벌금		
불기소처분 등에 대한 불복절차 및 기간	(항고) · 근거 : 검찰청법 10조 · 기간 : 처분결과의 통지를 받은 날부터 30일(검찰청법 10조4항) (재정신청) · 근거 : 형사소송법 제260조 · 기간 : 항고기각 결정을 통지받은 날 또는 동법 제260조 제2항 각 호의 사유가 발생한 날부터 10일(형사소송법 제260조 제3항) (헌법소원) · 근거 : 헌법재판소법 68조 · 기간 : 그 사유가 있음을 안 날로부터 90일 이내에, 그 사유가 있은 날로부터 1년 이내에 청구하여야 한다. 다만, 다른 법률에 의한 구제절차를 거친 헌법소원의 심판은 그 최종결정을 통지받은 날로부터 30일 이내에 청구(헌법재판소법 69조)		

※ (1) 고소권자
(형사소송법 225조)
 1. 피해자가 제한능력자인 경우의 법정대리인
 2. 피해자가 사망한 경우의 배우자, 직계친족, 형제, 자매. 단, 피해자의 명시한 의사에 반하여 고소할 수 없음
(형사소송법 224조)
 자기 또는 배우자의 직계존속은 고소할 수 없음[단, 성폭력범죄의 처벌 등에 관한 특례법 제18조에서는 "성폭력범죄에 대하여는 형사소송법 제224조(고소의 제한) 및 군사법원법 제266조에 불구하고 자기 또는 배우자의 직계존속을 고소할 수 있다."고 규정함]

[서식 예] 유사강간죄

고 소 장

고 소 인 : ㅇ ㅇ ㅇ (주민등록번호 :   -   )
　　　　　주소 : ㅇㅇ시 ㅇㅇ구 ㅇㅇ길 ㅇㅇ
　　　　　직업 :　　　　사무실 주소 :
　　　　　전화번호 : (휴대폰:) (자택:) (사무실:)
　　　　　이메일 :
피고소인 : △ △ △ (주민등록번호 :   -   )
　　　　　주소 : ㅇㅇ시 ㅇㅇ구 ㅇㅇ길 ㅇㅇ
　　　　　직업 :　　　　사무실 주소 :
　　　　　전화번호 : (휴대폰:) (자택:) (사무실:)
　　　　　이메일 :

고 소 취 지

피고소인은 고소인을 유사강간한 사실이 있습니다.

고 소 사 실

1. 피고소인은 ㅇㅇ시 ㅇㅇ구 ㅇㅇ길 ㅇㅇ번지에 사는 자인데 고소인의 친구인 ㅇㅇㅇ의 소개 몇 번 만난 사이인데 ㅇㅇ시 ㅇㅇ구 ㅇㅇ길 ㅇㅇ 건물 주차장 앞에 세워둔 피고소인 소유의 그랜져XG ㅇㅇㅇ 차안에서 강제로 고소인의 구강에 피고소인의 성기를 넣는 행위를 하였습니다.
2. 당시 피고소인은 일상적인 대화를 하던 중 고소인의 손목을 잡고 피고소인의 중요부위에 손을 갖다 대어 고소인이 당황한 나머지 뿌리쳤더니 피고소인이 갑자기 돌변하면서 내가 하라는 대로 하지 않으면 죽여 버리겠다고 협박하고 주먹으로 고소인의 얼굴을 ㅇ회 가격하며 폭행하면서 반항을 현저히 곤란하게 한 후 성기를 꺼내어 고소인의 구강에 억지로 삽입하여 고소인을 유사강간한 것입니다.
3. 위와 같은 사실을 들어 고소하오니 조사하여 엄벌하여 주시기 바랍니다.

소 명 방 법

　　1. 진단서
　　2. 세부적인 자료는 추후 제출하겠음.

20ㅇㅇ년　ㅇ월　ㅇ일
위　고 소 인　ㅇ　ㅇ　ㅇ (인)

ㅇㅇ경찰서장(또는 ㅇㅇ지방검찰청 검사장) 귀 중

제출기관	범죄지, 피의자의 주소, 거소 또는 현재지의 경찰서, 검찰청	공소시효	O년(☞공소시효일람표)	
고소권자	피해자(형사소송법 223조) (※ 아래(1)참조)	소추요건		
제출부수	고소장 1부	관련법규	형법 제297조의 2	
범죄성립 요 건	폭행 또는 협박으로 구강, 항문 등 신체(성기는 제외한다)의 내부에 성기를 넣거나 성기, 항문에 손가락 등 신체(성기는 제외한다)의 일부 또는 도구를 넣는 행위를 하여 사람을 유사강간한 때			
형 량	· 2년 이상의 유기징역			
불기소처분 등에대한 불복절차 및 기간	(항고) · 근거 : 검찰청법 10조 · 기간 : 처분결과의 통지를 받은 날부터 30일(검찰청법 10조4항) (재정신청) · 근거 : 형사소송법 제260조 · 기간 : 항고기각 결정을 통지받은 날 또는 동법 제260조 제2항 각 호의 사유가 발생한 날부터 10일(형사소송법 제260조 제3항) (헌법소원) · 근거 : 헌법재판소법 68조 · 기간 : 그 사유가 있음을 안 날로부터 90일 이내에, 그 사유가 있은 날로부터 1년 이내에 청구하여야 한다. 다만, 다른 법률에 의한 구제절차를 거친 헌법소원의 심판은 그 최종결정을 통지받은 날로부터 30일 이내에 청구(헌법재판소법 69조)			

※ (1) 고소권자
(형사소송법 225조)
 1. 피해자가 제한능력자인 경우의 법정대리인
 2. 피해자가 사망한 경우의 배우자, 직계친족, 형제, 자매. 단, 피해자의 명시한 의사에 반하여 고소할 수 없음
(형사소송법 224조)
 자기 또는 배우자의 직계존속은 고소할 수 없음[단, 성폭력범죄의 처벌 등에 관한 특례법 제18조에서는 "성폭력범죄에 대하여는 형사소송법 제224조(고소의 제한) 및 군사법원법 제266조에 불구하고 자기 또는 배우자의 직계존속을 고소할 수 있다."고 규정함]

[서식 예] 유인죄

고 소 장

고 소 인 : ○ ○ ○ (주민등록번호 :   -   )
　　　　　주소 : ○○시 ○○구 ○○길 ○○
　　　　　직업 :　　　　사무실 주소 :
　　　　　전화번호 : (휴대폰:) (자택:) (사무실:)
　　　　　이메일 :
피고소인 : △ △ △ (주민등록번호 :   -   )
　　　　　주소 : ○○시 ○○구 ○○길 ○○
　　　　　직업 :　　　　사무실 주소 :
　　　　　전화번호 : (휴대폰:) (자택:) (사무실:)
　　　　　이메일 :

고 소 취 지

피고소인은 고소인의 아들인 미성년자 고소외 □□□(만 ○세)을 유인한 사실이 있습니다.

고 소 사 실

피고소인은 ○○시 ○○구 ○○길 ○○번지에 거주하는 자인데 20○○. ○. ○. ○○:○○경 ○○시 ○○구 ○○길 ○○ 고소인의 집 앞 놀이터에서 친구들과 놀고 있던 고소인의 아들인 미성년자 고소외 □□□(만 ○세)에게 접근하여 "아주머니가 맛있는 과자를 사줄테니 아주머니랑 같이 가자"라고 말하여 위 □□□를 유혹하여 ○○시 ○○구 ○○길 소재 ○○도 한강둔치공원에 데리고 가서 같은 날○○:○○경까지 위 □□□를 보호자인 고소인의 보호상태에서 이탈케 한 후 피고소인의 실력적 지배하에 둔 것이다.
위와 같은 사실을 들어 고소하오니 조사하여 엄벌하여 주시기 바랍니다.

소 명 방 법

　　　1. 사실확인서
　　　2. 세부적인 자료는 추후 제출하겠음

　　　　　20○○년   ○월   ○일
　　　　　위 고소인 ○ ○ ○ (인)
○○경찰서장(또는 ○○지방검찰청 검사장) 귀 중

제출기관	범죄지, 피의자의 주소, 거소 또는 현재지의 경찰서, 검찰청	공소시효	ㅇ년(☞공소시효일람표)
고소권자	피해자(형사소송법 223조)(※ 아래(1)참조)	소추요건	
제출부수	고소장 1부	관련법규	형법 287조
범죄성립요건	미성년자를 약취 또는 유인한 때		
형량	· 10년 이하의 징역		
불기소처분등에대한불복절차및기간	(항고) · 근거 : 검찰청법 10조 · 기간 : 처분결과의 통지를 받은 날부터 30일(검찰청법 10조4항) (재정신청) · 근거 : 형사소송법 제260조 · 기간 : 항고기각 결정을 통지받은 날 또는 동법 제260조 제2항 각 호의 사유가 발생한 날부터 10일(형사소송법 제260조 제3항) (헌법소원) · 근거 : 헌법재판소법 68조 · 기간 : 그 사유가 있음을 안 날로부터 90일 이내에, 그 사유가 있은 날로부터 1년 이내에 청구하여야 한다. 다만, 다른 법률에 의한 구제절차를 거친 헌법소원의 심판은 그 최종결정을 통지받은 날로부터 30일 이내에 청구(헌법재판소법 69조)		

※ (1) 고소권자
(형사소송법 225조)
 1. 피해자가 제한능력자인 경우의 법정대리인
 2. 피해자가 사망한 경우의 배우자, 직계친족, 형제, 자매. 단, 피해자의 명시한 의사에 반하여 고소할 수 없음
(형사소송법 224조)
 자기 또는 배우자의 직계존속은 고소할 수 없음[단, 성폭력범죄의 처벌 등에 관한 특례법 제18조에서는 "성폭력범죄에 대하여는 형사소송법 제224조(고소의 제한) 및 군사법원법 제266조에 불구하고 자기 또는 배우자의 직계존속을 고소할 수 있다."고 규정함]

[서식 예] 인신매매죄

고 소 장

고 소 인 : ○ ○ ○ (주민등록번호 :   -   )
　　　　　주소 : ○○시 ○○구 ○○길 ○○
　　　　　직업 :　　　　사무실 주소 :
　　　　　전화번호 : (휴대폰:　　) (자택:　　) (사무실:　　)
　　　　　이메일 :
피고소인 : △ △ △ (주민등록번호 :   -   )
　　　　　주소 : ○○시 ○○구 ○○길 ○○
　　　　　직업 :　　　　사무실 주소 :
　　　　　전화번호 : (휴대폰:　　) (자택:　　) (사무실:　　)
　　　　　이메일 :

고소인은 피고소인을 형법 제288조 제2항 인신매매죄로 형사 고소하니 엄히 처벌하여 주시기 바랍니다.

고 소 원 인

1. 저는 필리핀 국적의 23세 여성입니다.
2. 저는 노래 부르는 것에 재능이 있어 필리핀에서 가수가 되기 위해 다방면으로 노력을 하고 있었지만, 가수가 되기 위한 여건이 쉽게 마련되지 않았습니다.
3. 그러던 차에 한국에서 가수를 시켜주겠다는 피고소인을 알게 되었습니다. 피고소인이 알려준 방법으로 예술흥행비자(E-6)를 받아 한국에 입국하게 되었습니다.
4. 그런데 피고소인은 고소인이 인천공항에 도착하자마자 고소인의 여권과 외국인등록증을 잠시 보관한다는 명목으로 빼앗아버리고, 고소인을 가수와는 전혀 상관이 없는 동두천에 있는 한 유흥주점에 돈을 받고 팔아버렸습니다.
5. 다행히 고소인은 그런 사실을 알고 몰래 유흥주점을 빠져나오긴 했지만, 피고소인으로 인해 정신적, 경제적으로 극심한 피해를 입었습니다.
6. 이에 고소인은 피고소인을 형법 제289조가 정한 인신매매죄로 고소하오니 피고소인을 엄히 처벌하여 주시기 바랍니다.

20○○년 ○월 ○일
위 　고 소 인 　○ ○ ○(인)

○○경찰서장(또는 ○○지방검찰청 검사장) 귀 중

제출기관	범죄지, 피의자의 주소, 거소 또는 현재지의 경찰서, 검찰청	공 소 시 효	○년(☞공소시효일람표)
고소권자	피해자(형사소송법 223조) (※ 아래(1)참조)	소추요건	
제출부수	고소장 1부	관 련 법 규	형법 289조
범죄성립 요 건	· 사람을 매매한 경우(형법 289조 1항) · 추행, 간음 또는 영리의 목적으로 사람을 매매한 경우(형법 289조 2항) · 노동력 착취, 성매매와 성적 착취, 장기적출을 목적으로 사람을 매매한 경우 및 국외에 이송할 목적으로 사람을 매매하거나 매매된 사람을 국외로 이송한 경우(형법 289조 3항, 4항)		
형 량	· 7년 이하의 유기징역(형법 289조 1항) · 1년 이상 10년 이하의 유기징역(형법 289조 2항) · 2년 이상 15년 이하의 유기징역(형법 289조 3항, 4항)		
불기소처분 등에 대한 불복절차 및 기간	(항고) · 근거 : 검찰청법 10조 · 기간 : 처분결과의 통지를 받은 날부터 30일(검찰청법 10조4항) (재정신청) · 근거 : 형사소송법 제260조 · 기간 : 항고기각 결정을 통지받은 날 또는 동법 제260조 제2항 각 호의 사유가 발생한 날부터 10일(형사소송법 제260조 제3항) (헌법소원) · 근거 : 헌법재판소법 68조 · 기간 : 그 사유가 있음을 안 날로부터 90일 이내에, 그 사유가 있은 날로부터 1년 이내에 청구하여야 한다. 다만, 다른 법률에 의한 구제절차를 거친 헌법소원의 심판은 그 최종결정을 통지받은 날로부터 30일 이내에 청구(헌법재판소법 69조)		

※ (1) 고소권자
(형사소송법 225조)
 1. 피해자가 제한능력자인 경우의 법정대리인
 2. 피해자가 사망한 경우의 배우자, 직계친족, 형제, 자매. 단, 피해자의 명시한 의사에 반하여 고소할 수 없음
(형사소송법 224조)
 자기 또는 배우자의 직계존속은 고소할 수 없음[단, 성폭력범죄의 처벌 등에 관한 특례법 제18조에서는 "성폭력범죄에 대하여는 형사소송법 제224조(고소의 제한) 및 군사법원법 제266조에 불구하고 자기 또는 배우자의 직계존속을 고소할 수 있다."고 규정함]

[서식 예] 인질강요죄

<h1 style="text-align:center">고 소 장</h1>

고 소 인 : ○ ○ ○ (주민등록번호 :   -   )
　　　　　주소 : ○○시 ○○구 ○○길 ○○
　　　　　직업 :   사무실 주소 :
　　　　　전화번호 : (휴대폰:) (자택:) (사무실:)
　　　　　이메일 :
피고소인 : △ △ △ (주민등록번호 :   -   )
　　　　　주소 : ○○시 ○○구 ○○길 ○○
　　　　　직업 :   사무실 주소 :
　　　　　전화번호 : (휴대폰:) (자택:) (사무실:)
　　　　　이메일 :

<h2 style="text-align:center">고 소 취 지</h2>

고소인들은 피고소인들을 형법 제324조의2 인질강요죄로 형사 고소하니 엄히 처벌하여 주시기 바랍니다.

<h2 style="text-align:center">고 소 원 인</h2>

고소인들은 위 주소지에서 조그마한 슈퍼를 경영하면서 무남독녀인 여고 2년생을 슬하에 두고 오로지 딸자식이 잘되기만을 생각하며 열심히 교육도 시키며 단란하고 행복한 가정생활을 하였습니다.
그런데 어느 날 딸의 귀가 시간이 평소와는 달리 많이 늦어 걱정이 된 나머지 대문 밖에서 기다렸으나 결국 자정이 넘도록 집에 돌아오지 않아 노심초사 방에서 기다리고 있던 중, 거친 남자 목소리의 전화가 와 "딸을 잘 보호하고 있으니 현금 3,000만원을 준비하라 그렇지 아니하면 앞으로 딸을 만날 수 없을지도 모른다. 그리고 경찰서에 알리면 가족들을 모두 죽이겠다."고 협박하여 고소인들은 딸을 살릴 목적으로

어쩔 수 없이 돈 3,000만원을 준비하여 피고소인들이 지정한 약속장소에 나가 현금 3,000만원을 건네주고 감금된 딸을 돌려보내 줄 것을 요구하자 현금 2,000만원을 더 요구하여 더 이상 돈이 없다고 하자 피고소인 중 또 다른 1명이 그렇다면 2,000만원을 지불하겠다는 각서라도 작성하라 하여 고소인들은 겁에 질려 고소인들이 원하는 대로 지불각서에 내용을 기재하고 무인까지 날인하여 주었습니다.

딸은 부모의 품안에 돌아 왔으나 고소인들은 위 금 2,000만원을 달라는 협박에 잠도 못 이루고 결국 정신병까지 생겨 현재 병원에 입원까지 하고 있으니 고소인들은 위와 같은 사실을 들어 피고소인들을 인질 강요죄로 형사 고소하니 법률이 허용하는 범위 내에서 엄벌하여 주시기 바랍니다.

20○○년   ○월   ○일

위   고 소 인   김 ○ ○ (인)
이   ○ ○ (인)

○○경찰서장(또는 ○○지방검찰청 검사장) 귀 중

제출기관	범죄지, 피의자의 주소, 거소 또는 현재지의 경찰서, 검찰청	공소시효	○년(☞공소시효일람표)
고소권자	피해자(형사소송법 223조) (※ 아래(1)참조)	소추요건	
제출부수	고소장 1부	관련법규	형법 324조2
범죄성립 요 건	사람을 체포·감금·약취 또는 유인하여 이를 인질로 삼아 제3자에 대하여 권리행사를 방해하거나 의무 없는 일을 하게 한 때		
형 량	· 3년 이상의 유기징역		
불기소처분 등에 대한 불복절차 및 기간	(항고) · 근거 : 검찰청법 10조 · 기간 : 처분결과의 통지를 받은 날부터 30일(검찰청법 10조4항) (재정신청) · 근거 : 형사소송법 제260조 · 기간 : 항고기각 결정을 통지받은 날 또는 동법 제260조 제2항 각 호의 사유가 발생한 날부터 10일(형사소송법 제260조 제3항) (헌법소원) · 근거 : 헌법재판소법 68조 · 기간 : 그 사유가 있음을 안 날로부터 90일 이내에, 그 사유가 있은 날로부터 1년 이내에 청구하여야 한다. 다만, 다른 법률에 의한 구제절차를 거친 헌법소원의 심판은 그 최종결정을 통지받은 날로부터 30일 이내에 청구(헌법재판소법 69조)		

※ (1) 고소권자

(형사소송법 225조)

1. 피해자가 제한능력자인 경우의 법정대리인

2. 피해자가 사망한 경우의 배우자, 직계친족, 형제, 자매. 단, 피해자의 명시한 의사에 반하여 고소할 수 없음

(형사소송법 224조)

자기 또는 배우자의 직계존속은 고소할 수 없음[단, 성폭력범죄의 처벌 등에 관한 특례법 제18조에서는 "성폭력범죄에 대하여는 형사소송법 제224조(고소의 제한) 및 군사법원법 제266조에 불구하고 자기 또는 배우자의 직계존속을 고소할 수 있다."고 규정함]

[서식 예] 일반교통방해죄

고　소　장

고 소 인 : ○ ○ ○ (주민등록번호 :　　　-　　　)
　　　　　주소 : ○○시 ○○구 ○○길 ○○
　　　　　직업 :　　　사무실 주소 :
　　　　　전화번호 : (휴대폰:　) (자택:　) (사무실:　)
　　　　　이메일 :
피고소인 : △ △ △ (주민등록번호 :　　　-　　　)
　　　　　주소 : ○○시 ○○구 ○○길 ○○
　　　　　직업 :　　　사무실 주소 :
　　　　　전화번호 : (휴대폰:　) (자택:　) (사무실:　)
　　　　　이메일 :

고　소　사　실

1. 피고소인은 20○○. ○. ○. ○○도 ○○시 ○○면 ○○리 산 ○의 ○에 있는 도로 양측에 차량등 통행을 막기 위하여 말뚝 10개를 설치하고 통행금지 표지 석을 세웠습니다.

2. 그러나 이 도로는 ○년 전에 마을주민들이 상의하여 폭을 넓혀 ○톤 트럭 및 경운기 등이 다닐 수 있는 도로가 되었습니다.

3. 고소인 김○○, 고소인 이○○ 등은 그 인근에 있는 전답을 경작하면서 이 사건 도로를 주로 사용하였고, 도로 끝에 거주하고 있는 고소인 박○○은 출입을 하면서 포터트럭 및 경운기를 운행하였고, 기타 가스 배달 등 영업용 차량 등이 필요에 따라 이 사건 도로를 통행하며 사용하였습니다.

4. 그런데 피고소인이 위 사실과 같이 차량 등의 통행을 불가능하게 하므로, 이에 교통을 방해하는 피고소인을 엄밀히 조사하여 처벌해 주시길 바라며 본 건 고소에 이른 것입니다.

```
        입 증 방 법
    추후 제출하겠습니다.


    20○○년   ○월   ○일
    위 고소인   김○○ (인)
              이○○ (인)
              박○○ (인)


  ○○경찰서장(또는 ○○지방검찰청 검사장) 귀 중
```

제출기관	범죄지, 피의자의 주소, 거소 또는 현재지의 경찰서, 검찰청	공 소 시 효	○년(☞공소시효일람표)
고소권자	피해자(형사소송법 223조) (※ 아래(1)참조)	소추요건	
제출부수	고소장 1부	관련법규	형법 185조
범죄성립 요 건	육로, 수로 또는 교량을 손괴 또는 불통하게 하거나 기타 방법으로 교통을 방해한 때		
형 량	· 10년 이하의 징역 · 1,500만원 이하의 벌금		
불기소처분 등에 대한 불복절차 및 기간	(항고) · 근거 : 검찰청법 10조 · 기간 : 처분결과의 통지를 받은 날부터 30일(검찰청법 10조4항) (재정신청) · 근거 : 형사소송법 제260조 · 기간 : 항고기각 결정을 통지받은 날 또는 동법 제260조 제2항 각 호의 사유가 발생한 날부터 10일(형사소송법 제260조 제3항) (헌법소원) · 근거 : 헌법재판소법 68조 · 기간 : 그 사유가 있음을 안 날로부터 90일 이내에, 그 사유가 있은 날로부터 1년 이내에 청구하여야 한다. 다만, 다른 법률에 의한 구제절차를 거친 헌법소원의 심판은 그 최종결정을 통지받은 날로부터 30일 이내에 청구(헌법재판소법 69조)		

※ (1) 고소권자

(형사소송법 225조)

  1. 피해자가 제한능력자인 경우의 법정대리인

  2. 피해자가 사망한 경우의 배우자, 직계친족, 형제, 자매. 단, 피해자의
    명시한 의사에 반하여 고소할 수 없음

(형사소송법 224조)

  자기 또는 배우자의 직계존속은 고소할 수 없음[단, 성폭력범죄의 처벌
  등에 관한 특례법 제18조에서는 "성폭력범죄에 대하여는 형사소송법 제
  224조(고소의 제한) 및 군사법원법 제266조에 불구하고 자기 또는 배우
  자의 직계존속을 고소할 수 있다."고 규정함]

[서식 예] 자동차등 불법사용죄

고 소 장

고 소 인 : ○ ○ ○ (주민등록번호 :   -   )

　　　　　주소 : ○○시 ○○구 ○○길 ○○

　　　　　직업 :   사무실 주소 :

　　　　　전화번호 : (휴대폰:) (자택:) (사무실:)

　　　　　이메일 :

피고소인 : △ △ △ (주민등록번호 :   -   )

　　　　　주소 : ○○시 ○○구 ○○길 ○○

　　　　　직업 :   사무실 주소 :

　　　　　전화번호 : (휴대폰:) (자택:) (사무실:)

　　　　　이메일 :

고 소 취 지

피고소인은 고소인 소유의 자동차를 불법 사용하였으므로 자세히 조사하여 의법 처리하여 주시기 바랍니다.

고 소 사 실

1. 고소인은 ○○ 라 ○○○○번 소나타 승용차의 소유자입니다. 20
　○○. ○. ○일 차량 엔진에 이상이 있어 평소 이용하던 ○○○카
　센타에 수리를 부탁하였습니다. 카센타 주인은 이틀후면 차량을 말
　끔히 수리할 수 있다고 하였기에 약속한 날 차량을 찾으려고 카센
　타에 갔으나 카센타 주인은 정밀검사를 하기 위해 정비소에 보냈
　다는 것입니다. 차량을 운행한지 6개월 정도밖에 지나지 않았기에
　중대한 결함이 있을리 없어 해당 정비소를 찾아가 확인해 본 결과
　카센타 주인이 거짓말을 한 것을 알게되었습니다.

2. 카센타 주인에게 자동차의 소재를 추궁해보니 동생인 피고소인이 놀러왔다가 여자 친구를 만나러 간다며 차량을 끌고 나갔다는 것입니다. 카센타 주인이 말하기를 "평소 피고소인이 종종 형 몰래 차량을 운행한 적이 있다." 라고 하며 곧 가지고 올테니 걱정하지 말라하였습니다. 카센타 주인 말대로 그 날 차량반환이 되었다면 그냥 넘어가려고 했으나 이틀이 지나도록 차량반환이 되지 않았습니다.

3. 비록 피고소인은 차량에 대한 불법영득 의사는 없었다 하더라도 소유자의 동의 없이 무단 사용하여 고소인에게 피해를 입혔으므로 고소인은 피고소인을 형법 331조의 2 자동차등 불법사용죄로 고소하고자 합니다.

첨 부 서 류

1. 진술서   1통

20○○년   ○월   ○일

위 고소인   ○   ○   ○ (인)

○○경찰서장(또는 ○○지방검찰청 검사장) 귀 중

제 출 기 관	범죄지, 피의자의 주소, 거소 또는 현재지의 경찰서, 검찰청	공 소 시 효	○년(☞공소시효일람표)
고소권자	피해자(형사소송법 223조) (※ 아래(1)참조)	소추요건	※ 아래(2) 참조 형법 344조,328조
제 출 부 수	고소장 1부	관 련 법 규	형법 331조의 2
범죄성립 요 건	권리자의 동의없이 타인의 자동차, 선박, 항공기 또는 원동기장치 자전차를 일시 사용한 때		
형 량	· 3년 이하의 징역(유기징역에 처할 경우 10년 이하의 자격정지를 병 과할 수 있음 : 형법 345조) · 500만원 이하의 벌금, 구류, 과료		

불기소처분
등에대한
불복절차
및   기간
	(항고)
	· 근거 : 검찰청법 10조
	· 기간 : 처분결과의 통지를 받은 날부터 30일(검찰청법 10조4항)
	
	(재정신청)
	· 근거 : 형사소송법 제260조
	· 기간 : 항고기각 결정을 통지받은 날 또는 동법 제260조
	        제2항 각 호의 사유가 발생한 날부터 10일(형사
	        소송법 제260조 제3항)
	
	(헌법소원)
	· 근거 : 헌법재판소법 68조
	· 기간 : 그 사유가 있음을 안 날로부터 90일 이내에, 그
	        사유가 있은 날로부터 1년 이내에 청구하여야 한
	        다. 다만, 다른 법률에 의한 구제절차를 거친 헌법
	        소원의 심판은 그 최종결정을 통지받은 날로부터 30
	        일 이내에 청구(헌법재판소법 69조)		

※ (1) 고소권자

(형사소송법 225조)

1. 피해자가 제한능력자인 경우의 법정대리인

2. 피해자가 사망한 경우의 배우자, 직계친족, 형제, 자매. 단, 피해자의
   명시한 의사에 반하여 고소할 수 없음

(형사소송법 224조)

자기 또는 배우자의 직계존속은 고소할 수 없음[단, 성폭력범죄의 처벌
등에 관한 특례법 제18조에서는 "성폭력범죄에 대하여는 형사소송법 제
224조(고소의 제한) 및 군사법원법 제266조에 불구하고 자기 또는 배우

자의 직계존속을 고소할 수 있다."고 규정함]

※ (2) 친족간의 범행과 고소
  1. 직계혈족, 배우자, 동거친족, 동거가족 또는 그 배우자간의 제323조의
     죄는 형을 면제
  2. 제1항 이외의 친족간에 제323조의 죄를 범한 때에는 고소가 있어야
     공소를 제기할 수 있음
  3. 전2항의 신분관계가 없는 공범에 대하여는 전2항을 적용하지 아니함.

[서식 예] 장례식등의 방해죄

<pre>
                          고   소   장

고 소 인 : ○ ○ ○ (주민등록번호 :   -   )
         주소 : ○○시 ○○구 ○○길 ○○
         직업 :   사무실 주소 :
         전화번호 : (휴대폰:) (자택:) (사무실:)
         이메일 :
피고소인 : △ △ △ (주민등록번호 :   -   )
         주소 : ○○시 ○○구 ○○길 ○○
         직업 :   사무실 주소 :
         전화번호 : (휴대폰:) (자택:) (사무실:)
         이메일 :
</pre>

고 소 취 지

피고소인은 고소인의 예배를 방해한 사실이 있습니다.

고 소 사 실

1. 고소인은 ○○시 ○○길 ○○번지 소재 ○○교회 담임목사이고, 피고소인은 위 ○○교회의 장로이었던 자입니다. 피고소인은 위 교회의 재정장로로 재직당시 교회의 신축과 관련한 문제로 불화가 있어 재정장로직을 사임하였으나 이후에도 계속적으로 교회의 일에 사사건건 문제를 일으켰습니다.

2. 급기야 피고소인은 20○○. ○. ○. ○○:○○경 일요 예배도중 강단으로 튀어나와 설교중이던 고소인에게 "비리목사는 물러나라"등 소리를 지르고 예배당 마이크를 빼앗아 교회신축과 관련한 문제에 대하여 교인들의 만류를 뿌리치며 일방적으로 얘기를 하는 등 소란을 피워 예배를 방해하였습니다.

3. 따라서 고소인은 피고소인에게 사과를 요구하고 다시는 위와 같은 행위를 중지하도록 엄중히 요청하였으나 피고소인은 막무가내로 대화가 통하지 않고 있습니다. 따라서 이 후에도 계속적인 예배방해 행위가 일어날 소지가 많아 부득이 이렇게 고소에 이르게 된 것입니다.

첨 부 서 류

1. 비디오테이프

1. 목격자진술

1. 현장사진

20○○년   ○월   ○일

고 소 인   ○ ○ ○ (인)

○○경찰서장(또는 ○○지방검찰청 검사장) 귀 중

제출기관	범죄지, 피의자의 주소, 거소 또는 현재지의 경찰서, 검찰청	공소시효	○년(☞공소시효일람표)
고소권자	피해자(형사소송법 223조) (※ 아래(1)참조)	소추요건	
제출부수	고소장 1부	관련법규	형법 158조
범죄성립 요　건	장례식, 제사, 예배 또는 설교를 방해한 때		
형　　량	· 3년 이하의 징역 · 500만원 이하의 벌금		
불기소처분 등에대한 불복절차 및　기간	(항고) · 근거 : 검찰청법 10조 · 기간 : 처분결과의 통지를 받은 날부터 30일(검찰청법 10조4항) (재정신청) · 근거 : 형사소송법 제260조 · 기간 : 항고기각 결정을 통지받은 날 또는 동법 제260조 　　　　제2항 각 호의 사유가 발생한 날부터 10일(형사 　　　　소송법 제260조 제3항) (헌법소원) · 근거 : 헌법재판소법 68조 · 기간 : 그 사유가 있음을 안 날로부터 90일 이내에, 그 사 　　　　유가 있은 날로부터 1년 이내에 청구하여야 한다. 　　　　다만, 다른 법률에 의한 구제절차를 거친 헌법소원의 　　　　심판은 그 최종결정을 통지받은 날로부터 30일 이내 　　　　에 청구(헌법재판소법 69조)		

※ (1) 고소권자

(형사소송법 225조)

1. 피해자가 제한능력자인 경우의 법정대리인
2. 피해자가 사망한 경우의 배우자, 직계친족, 형제, 자매. 단, 피해자의 명시한 의사에 반하여 고소할 수 없음

(형사소송법 224조)

자기 또는 배우자의 직계존속은 고소할 수 없음[단, 성폭력범죄의 처벌 등에 관한 특례법 제18조에서는 "성폭력범죄에 대하여는 형사소송법 제224조(고소의 제한) 및 군사법원법 제266조에 불구하고 자기 또는 배우자의 직계존속을 고소할 수 있다."고 규정함]

[서식 예] 장물취득죄

고 소 장

고 소 인 : ○ ○ ○ (주민등록번호 :   -   )
       주소 : ○○시 ○○구 ○○길 ○○
       직업 :   사무실 주소 :
       전화번호 : (휴대폰:) (자택:) (사무실:)
       이메일 :
피고소인 : △ △ △ (주민등록번호 :   -   )
       주소 : ○○시 ○○구 ○○길 ○○
       직업 :   사무실 주소 :
       전화번호 : (휴대폰:) (자택:) (사무실:)
       이메일 :

고 소 취 지

고소인은 아래 고소내용의 기재와 같은 이유로 피고소인을 고소하오니
법에 의거 처리하여 주시기 바랍니다.

고 소 내 용

1. 고소인은 ○○시 ○○구 ○○길에 소재한 '○○섬유'라는 섬유업체
   를 경영하는 사람이고, 피고소인은 ○○시 ○○구 ○○길에서 '○
   ○○'라는 봉제공장을 경영하는 자로서 고소인과는 섬유원단의 나
   염임가공 건으로 몇 차례 거래를 하여 면식이 있는 사람이며, 고소
   외 김ㅁㅁ는 고소인이 경영하는 위 섬유공장의 나염처리기사로 근
   무했던 사람입니다.

2. 그런데 위 김ㅁㅁ는 20○○. ○. ○. ○○:○○경 그 일행들인 성명
   불상자들과 합동하여, 위 김ㅁㅁ 소유의 승합차를 이용하여 위 고
   소인소유의 섬유공장에서 나염지원단 2,289야드 시가 금 1,900,000
   원 상당을 절취한 것을 비롯하여 고소인소유의 나염지원단은 물론
   이고, 인근에 소재한 섬유공장에서도 동일한 수법으로 수차에 걸쳐
   나염지원단을 절취한 사실이 있고, 위 범행사실이 발각되어 현재 ○
   ○경찰서에서 조사를 받고 있는 중에 있습니다.

3. 한편 고소인은 위와 같이 몇 차례에 걸쳐 원단이 도난 당한 후, 관할경찰서에 피해사실을 신고함은 물론, 나름대로 도난당한 원단의 소재를 수소문하던 끝에 우연히 인근에 소재한 고소 외 이□□이 경영하는 원단 임가공업체에서 도난 당한 고소인 소유의 원단을 발견하게 되었는바, 위 이□□에게 확인해 본 결과, 다름 아닌 20○○. ○. ○.경 피고소인이 위 업체에 위 고소인 소유의 원단에 대한 임가공을 의뢰하였다는 사실을 알게 되었고, 이에 고소인은 피고소인을 찾아가 원단의 출처를 추궁하게 되었습니다.

4. 이에 대해 피고소인은, 다름 아닌 위 김□□가 20○○. ○. ○. ○○:○○경 피고소인의 집으로 찾아와 위와 같이 고소인으로부터 절취한 원단을 매입할 것을 의뢰하였는데 당시 피고소인은 위 원단이 전혀 장물인 점을 알지 못하였으며, 상당한 가액을 지급하고 구입하였다면서 장물취득사실을 부인하고 있습니다.

5. 그러나 위 김□□는 고소인이 경영하는 섬유공장에서 나염처리를 맡고 있었던 기술자에 불과하여, 피고소인으로서도 당시 위 김□□에게 원단을 처분할 수 있는 권한이 없다는 것을 알고 있었던 것으로 보아야 할 것이고, 피고소인이 이 건 원단을 취득한 시기와 장소가 오후 9시경으로 피고소인의 집이며, 이 사건 원단은 거의 정품에 가까운 점에 대하여는 제대로 대답을 하지 못하고 있습니다.

6. 결국 통상적인 원단구입처가 아닌 나염공장 기술자에 불과한 김□□로부터 정품에 가까운 원단을, 야간에 그것도 피고소인의 집에서 시중시세보다 저렴하게 다량 매수한 피고소인의 행위는 도저히 정상적인 거래라 할 수 없는 것으로 보아야 할 것이며, 나아가 원단소지자인 위 김□□의 신분, 원단의 성질, 피고소인이 지급한 원단 거래의 대가 기타 상황을 참작할 때 피고소인은 위 원단에 대하여 장물임을 인식하고 매수를 한 것으로 보아야 할 것입니다.

7. 따라서 고소인은 피고소인의 위와 같은 행위에 대하여 그 진상이 정확히 조사·확인되어 법 위반사실이 밝혀질 경우 그에 상응한 책임을 묻고자 이 건 고소에 이르게 된 것입니다.

첨 부 서 류

1. 확인서(이ㅁㅁ)   1통

20ㅇㅇ년   ㅇ월   ㅇ일
고 소 인   ㅇㅇㅇ (인)

ㅇㅇ경찰서장(또는 ㅇㅇ지방검찰청 검사장) 귀 중

제출기관	범죄지, 피의자의 주소, 거소 또는 현재지의 경찰서, 검찰청	공 소 시 효	7년(☞공소시효일람표)
고소권자	피해자(형사소송법 223조) (※ 아래(1)참조)	소 추 요 건	※ 아래(2) 참조 형법 365조,328조
제출부수	고소장 1부	관 련 법 규	형법 362조
범죄성립 요 건	· 장물을 취득, 양도, 운반 또는 보관한 때 · 위 행위를 알선한 때		
형 량	· 7년 이하의 징역 · 1,500만원 이하의 벌금		
불기소처분등 에대한 불복절차 및 기간	(항고) · 근거 : 검찰청법 10조 · 기간 : 처분결과의 통지를 받은 날부터 30일(검찰청법 10조4항) (재정신청) · 근거 : 형사소송법 제260조 · 기간 : 항고기각 결정을 통지받은 날 또는 동법 제260 조 제2항 각 호의 사유가 발생한 날부터 10일 (형사소송법 제260조 제3항) (헌법소원) · 근거 : 헌법재판소법 68조 · 기간 : 그 사유가 있음을 안 날로부터 90일 이내에, 그 사유가 있은 날로부터 1년 이내에 청구하여야 한 다. 다만, 다른 법률에 의한 구제절차를 거친 헌법 소원의 심판은 그 최종결정을 통지받은 날로부터 30일 이내에 청구(헌법재판소법 69조)		

※ (1) 고소권자

(형사소송법 225조)

1. 피해자가 제한능력자인 경우의 법정대리인
2. 피해자가 사망한 경우의 배우자, 직계친족, 형제, 자매. 단, 피해자의 명시한 의사에 반하여 고소할 수 없음

(형사소송법 224조)

자기 또는 배우자의 직계존속은 고소할 수 없음[단, 성폭력범죄의 처벌 등에 관한 특례법 제18조에서는 "성폭력범죄에 대하여는 형사소송법 제 224조(고소의 제한) 및 군사법원법 제266조에 불구하고 자기 또는 배우 자의 직계존속을 고소할 수 있다."고 규정함]

※ (2) 친족간의 범행과 고소
  <장물범과 피해자간에 친족>
 1. 직계혈족 ,배우자, 동거친족, 동거가족 또는 그 배우자간의 죄는 형을 면제
 2. 제1항이외의 친족간에 제323조의 죄를 범한 때에는 고소가 있어야 공
    소를 제기할 수 있음
 3. 전2항의 신분관계가 없는 공범에 대하여는 전2항을 적용하지 아니함
  <장물범과 본범간에 친족>
   직계혈족 ,배우자, 동거친족, 동거가족 또는 그 배우자간의 죄는 형을 감경 또는
   면제

[서식 예] 절도죄

고 소 장

고 소 인 : ○ ○ ○ (주민등록번호 :   -   )
　　　　　　주소 : ○○시 ○○구 ○○길 ○○
　　　　　　직업 :　　　사무실 주소 :
　　　　　　전화번호 : (휴대폰:) (자택:) (사무실:)
　　　　　　이메일 :
피고소인 : △ △ △ (주민등록번호 :   -   )
　　　　　　주소 : ○○시 ○○구 ○○길 ○○
　　　　　　직업 :　　　사무실 주소 :
　　　　　　전화번호 : (휴대폰:) (자택:) (사무실:)
　　　　　　이메일 :

고 소 취 지

고소인(고발인)은 다음과 같이 피고소인(피고발인)을 고소(고발)하오니, 법에 따라 조사하여 처벌하여 주기바랍니다.

고 소 사 실

피고소인은 ○○건설이라는 상호로 건축업에 종사하고 있는 자인바, 타인의 재물을 절취할 것을 마음먹고 20○○. ○월 중순경 날자 미상일 ○○:○○경 건외 □□□의 건물을 신축하기 위하여 ○○군 ○○면 ○○길 ○○번지 공사현장에 고소인 ○○○가 쌓아놓은 건축 자재를 피고소인 소유의 차량 ○○ ○○고○○○○호 차량에 싣고 가 이를 피고소인이 건축하던 공사 현장에 이를 임의적으로 사용한 사실이 있어 이를 고소하오니 조사하여 엄벌하여 주시기 바랍니다.

입 증 방 법

위와 같은 사실에 대하여 당시의 건축현장에 일용근로자로 고용되어 근로를 제공하던 □□□가 절취현장에 있었으므로 이를 참고인으로 조사하여 주시기 바랍니다.

```
             참고인    □  □  □
        주소 : ○○시 ○○구 ○○길 ○○
        주민등록번호 : 111111 - 1111111


          20○○년   ○월   ○일
            고소인   ○  ○  ○  (인)
       ○○경찰서장(또는 ○○지방검찰청 검사장) 귀 중
```

제출기관	범죄지, 피의자의 주소, 거소 또는 현재지의 경찰서, 검찰청	공소시효	○년(☞공소시효일람표)
고소권자	피해자(형사소송법 223조) (※ 아래(1)참조)	소추요건	※ 아래(2) 참조 형법 344조,328조
제출부수	고소장 1부	관련법규	형법 329조
범죄성립 요 건	타인의 재물을 절취한 때		
형 량	· 6년 이하의 징역(유기징역에 처할 경우 10년 이하의 자격정지를 병과할 수 있음 : 형법 345조) · 1,000만원 이하의 벌금		
불기소처분 등에대한 불복절차 및 기간	(항고) · 근거 : 검찰청법 10조 · 기간 : 처분결과의 통지를 받은 날부터 30일(검찰청법 10조4항) (재정신청) · 근거 : 형사소송법 제260조 · 기간 : 항고기각 결정을 통지받은 날 또는 동법 제260조 제2항 각 호의 사유가 발생한 날부터 10일(형사소송법 제260조 제3항) (헌법소원) · 근거 : 헌법재판소법 68조 · 기간 : 그 사유가 있음을 안 날로부터 90일 이내에, 그 사유가 있은 날로부터 1년 이내에 청구하여야 한다. 다만, 다른 법률에 의한 구제절차를 거친 헌법소원의 심판은 그 최종결정을 통지받은 날로부터 30일 이내에 청구(헌법재판소법 69조)		

※ (1) 고소권자

(형사소송법 225조)
 1. 피해자가 제한능력자인 경우의 법정대리인
 2. 피해자가 사망한 경우의 배우자, 직계친족, 형제, 자매. 단, 피해자의
    명시한 의사에 반하여 고소할 수 없음

(형사소송법 224조)
  자기 또는 배우자의 직계존속은 고소할 수 없음(단, 성폭력범죄의 처벌등
  에관한특례법 제18조에서는 "성폭력범죄에 대하여는 「형사소송법」 제224
  조(고소의 제한) 및 「군사법원법」 제266조에도 불구하고 자기 또는 배우
  자의 직계존속을 고소할 수 있다."고 규정함)

※ (2) 친족간의 범행과 고소
 1. 직계혈족, 배우자, 동거친족, 동거가족 또는 그 배우자간의 제323조의
    죄는 형을 면제
 2. 제1항 이외의 친족간에 제323조의 죄를 범한 때에는 고소가 있어야
    공소를 제기할 수 있음
 3. 전2항의 신분관계가 없는 공범에 대하여는 전2항을 적용하지 아니함.

[서식 예] 점유강취죄

고 소 장

고 소 인 : ○ ○ ○ (주민등록번호 :   -   )
         주소 : ○○시 ○○구 ○○길 ○○
         직업 :   사무실 주소 :
         전화번호 : (휴대폰:) (자택:) (사무실:)
         이메일 :
피고소인 : △ △ △ (주민등록번호 :   -   )
         주소 : ○○시 ○○구 ○○길 ○○
         직업 :   사무실 주소 :
         전화번호 : (휴대폰:) (자택:) (사무실:)
         이메일 :

고 소 사 실

1. 고소인과 피고소인은 동네 친구사이인바, 피고소인은 20○○. ○.경 금 3,000,000원을 이자 월2푼으로 정하여 고소인으로부터 차용하면서, 대여금의 지급을 담보하기 위하여 피고소인 소유의 무쏘 승용차를 고소인이 사용할 수 있도록 점유를 이전하고 그 용법에 따라 사용하도록 허락한 사실이 있습니다. 이와 같은 사실을 증명하기 위하여 피고소인은 고소인에게 이와 같은 사실을 기재한 차용증을 작성하여 주었습니다.

2. 그런데 피고소인은 20○○. ○. ○. 밤 ○○:○○경 부인과 딸과 함께 평온하게 잠을 자고 있는 고소인의 집에 찾아와 "내가 이번에 딸기다방에 티코맨(배달원)으로 취직되었는데, 네가 가지고 있는 내 차가 급히 필요하다. 그러니 그 차를 나에게 돌려다오" 라고 하며 고소인에게 협박을 하였는데, 고소인은 지금까지 원금은커녕 이자한 푼도 지급치 아니한 피고소인에게 돌려줄 수 없다고 거절하자, 이에 격분한 피고소인은 주머니 속의 칼을 들여대며 고소인을 항거불능의 상태에 빠뜨려 고소인의 집 책상 위에 놓인 위 승용차 열쇠를 빼앗아 승용차를 몰고 가 아직까지 돌려주지 않고 있습니다.

3. 이에 고소인은 위와 같은 사실로 피고소인을 고소하오니 철저히 조
   사하여 법에 따라서 처벌하여 주시기 바랍니다.

입 증 서 류

1. 계약서   1부

1. 사실확인서   1부

20○○년   ○월   ○일

위 고소인   ○   ○   ○ (인)

○○경찰서장(또는 ○○지방검찰청 검사장) 귀 중

제출기관	범죄지, 피의자의 주소, 거소 또는 현재지의 경찰서, 검찰청	공 소 시 효	○년(☞공소시효일람표)
고소권자	피해자(형사소송법 223조)(※ 아래(1)참조)	소추요건	
제출부수	고소장 1부	관련법규	형법 325조
범죄성립 요 건	· 폭행 또는 협박으로 타인의 점유에 속하는 자기의 물건을 강취한 때 · 타인의 점유에 속하는 자기의 물건을 취거함에 당하여 그 탈환을 항거하거나 체포를 면탈하거나 죄적을 인멸할 목적으로 폭행 또는 협박을 가한 때		
형 량	· 7년 이하의 징역 · 10년 이하의 자격정지		
불기소처분 등에 대한 불복절차 및 기간	(항고) · 근거 : 검찰청법 10조 · 기간 : 처분결과의 통지를 받은 날부터 30일(검찰청법 10조4항) (재정신청) · 근거 : 형사소송법 제260조 · 기간 : 항고기각 결정을 통지받은 날 또는 동법 제260조 제2항 각 호의 사유가 발생한 날부터 10일(형사소송법 제260조 제3항) (헌법소원) · 근거 : 헌법재판소법 68조 · 기간 : 그 사유가 있음을 안 날로부터 90일 이내에, 그 사유가 있은 날로부터 1년 이내에 청구하여야 한다. 다만, 다른 법률에 의한 구제절차를 거친 헌법소원의 심판은 그 최종결정을 통지받은 날로부터 30일 이내에 청구(헌법재판소법 69조)		

※ (1) 고소권자

(형사소송법 225조)

　1. 피해자가 제한능력자인 경우의 법정대리인

　2. 피해자가 사망한 경우의 배우자, 직계친족, 형제, 자매. 단, 피해자의
　　 명시한 의사에 반하여 고소할 수 없음

(형사소송법 224조)

　자기 또는 배우자의 직계존속은 고소할 수 없음(단, 성폭력범죄의 처벌등
　에관한특례법 제18조에서는 "성폭력범죄에 대하여는 「형사소송법」 제224
　조(고소의 제한) 및 「군사법원법」 제266조에도 불구하고 자기 또는 배우
　자의 직계존속을 고소할 수 있다."고 규정함)

[서식 예] 점유이탈물횡령죄

고 소 장

고 소 인 : ○ ○ ○ (주민등록번호 :   -   )
        주소 : ○○시 ○○구 ○○길 ○○
        직업 :   사무실 주소 :
        전화번호 : (휴대폰:) (자택:) (사무실:)
        이메일 :
피고소인 : △ △ △ (주민등록번호 :   -   )
        주소 : ○○시 ○○구 ○○길 ○○
        직업 :   사무실 주소 :
        전화번호 : (휴대폰:) (자택:) (사무실:)
        이메일 :

고 소 사 실

고소인은 경주시 ○○길 소재 ○○○식당이라는 한식점을 경영하는 자로서 20○○. ○월 ○일 저녁 ○○:○○경 근처 ○○회사에 다니는 피고소인이 친구 5명과 함께 술과 음식을 먹은 사실이 있습니다. 당일 고소인이 운영하는 ○○식당은 저녁손님이 많아 무척 바쁜 상황이었습니다. 이에 피고소인이 당일 저녁 ○○:○○경 식사를 마치고 식사비계산을 할 때 고소인의 종업원인 □□□가 계산서와 함께 식대금 280,000원을 지급 청구하였는데 피고소인은 ○○은행발행의 자기앞수표 10만원권 3장을 지급하여 위 종업원이 거스름돈 20,000원을 주어야 하는데 그만 실수로 80,000원을 지급하였습니다. 이에 피고소인이 가고 난 후 고소인이 거스름돈 지급이 잘못된 것을 알았으나 이미 피고소인은 가고 없어 부득이 그 다음날 피고소인이 근무하는 ○○회사에 전화를 하여 양해의 말씀을 드리고 계산서를 맞추어 본 결과 거스름돈 60,000원이 더 지급되었다는 것을 통지했습니다.

이에 피고소인은 저녁 퇴근 후 돌려주겠다고 말을 하였습니다. 그런데 며칠이 지나도 연락이 없어 다시 ○○회사에 전화를 했더니 피고소인은 오히려 화를 내면서 당신들이 계산을 잘못한 것이니 당신들이 책임져야한다며 그 반환을 거부하여 거듭 사과의 말씀을 드렸으나 이제는 법대로 하라면서 막무가내였습니다. 심지어 "식당문을 닫고 싶으냐."라고까지 하면서 거스름돈의 반환을 거부하였습니다.

따라서 더 지급된 거스름돈의 반환의무가 있음에도 고의적으로 이를 거부하므로 위와 같은 사실을 들어 고소하오니 조사하여 처벌하여 주시기 바랍니다.

소 명 방 법

1. 계산서 영수증   1통
1. 수표사본   1통

20○○년　○월　○일

위　고 소 인　○　○　○ (인)

○○경찰서장(또는 ○○지방검찰청 검사장) 귀 중

제출기관	범죄지, 피의자의 주소, 거소 또는 현재지의 경찰서, 검찰청	공소시효	5년(☞공소시효일람표)
고소권자	피해자(형사소송법 223조) (※ 아래(1)참조)	소추요건	※ 아래(2) 참조 형법 361조,328조
제출부수	고소장 1부	관련법규	형법 360조
범죄성립 요 건	1. 유실, 표류물 또는 타인의 점유를 이탈한 재물을 횡령한 때 2. 매장물을 횡령한 때		
형 량	· 1년 이하의 징역 · 300만원 이하의 벌금 또는 과료		
불기소처분등 에 대한 불복절차 및 기간	(항고) · 근거 : 검찰청법 10조 · 기간 : 처분결과의 통지를 받은 날부터 30일(검찰청법 10조4항) (재정신청) · 근거 : 형사소송법 제260조 · 기간 : 항고기각 결정을 통지받은 날 또는 동법 제260조 제2항 각 호의 사유가 발생한 날부터 10일 (형사소송법 제260조 제3항) (헌법소원) · 근거 : 헌법재판소법 68조 · 기간 : 그 사유가 있음을 안 날로부터 90일 이내에, 그 사유가 있은 날로부터 1년 이내에 청구하여야 한다. 다만, 다른 법률에 의한 구제절차를 거친 헌법소원의 심판은 그 최종결정을 통지받은 날로부터 30일 이내에 청구(헌법재판소법 69조)		

※ (1) 고소권자
(형사소송법 225조)
 1. 피해자가 제한능력자인 경우의 법정대리인
 2. 피해자가 사망한 경우의 배우자, 직계친족, 형제, 자매. 단, 피해자의 명시한 의사에 반하여 고소할 수 없음
(형사소송법 224조)
 자기 또는 배우자의 직계존속은 고소할 수 없음[단, 성폭력범죄의 처벌 등에 관한 특례법 제18조에서는 "성폭력범죄에 대하여는 형사소송법 제224조(고소의 제한) 및 군사법원법 제266조에 불구하고 자기 또는 배우자의 직계존속을 고소할 수 있다."고 규정함]

※ (2) 친족간의 범행과 고소

1. 직계혈족 ,배우자, 동거친족, 동거가족 또는 그 배우자간의 제323조의
   죄는 형을 면제

2. 제1항 이외의 친족간에 제323조의 죄를 범한 때에는 고소가 있어야
   공소를 제기할 수 있음

3. 전2항의 신분관계가 없는 공범에 대하여는 전2항을 적용하지 아니함.

[서식 예] 주거침입죄

고 소 장

고 소 인 : ○ ○ ○ (주민등록번호 :   -   )
　　　　　 주소 : ○○시 ○○구 ○○길 ○○
　　　　　 직업 :　　　 사무실 주소 :
　　　　　 전화번호 : (휴대폰:) (자택:) (사무실:)
　　　　　 이메일 :
피고소인 : △ △ △ (주민등록번호 :   -   )
　　　　　 주소 : ○○시 ○○구 ○○길 ○○
　　　　　 직업 :　　　 사무실 주소 :
　　　　　 전화번호 : (휴대폰:) (자택:) (사무실:)
　　　　　 이메일 :

고 소 사 실

고소인은 직장문제로 서울에서 20○○. ○.경 현재 살고 있는 ○○도 ○○시 ○○길 ○○번지의 단독주택으로 이사를 왔습니다. 이사온 주택은 지은 지 5년밖에 되지 않은 주택으로 대문이나 울타리가 콘크리트나 벽돌로 사람의 키만큼 높이 쌓은 담이 아니고 밖에서 울타리 안을 훤히 볼 수 있게 된 철근식 울타리이며 대문도 늘 개방되어 있는 전원주택입니다. 그런데 고소인이 이사온 지 채 한 달이 되기도 전에 옆집에 사는 중년의 피고소인은 열려진 대문으로 수시로 들어와 창문을 열고 거실을 들여다보고, 가끔은 고소인과 눈이 마주쳐 고소인이 놀라기도 했으며 아이들과 아내는 무서워 다시 이사를 가자고 합니다. 피고소인은 심지어 밤에도 위와 같은 행동을 하는 것입니다. 그래서 고소인은 수차례 주의를 주었는데도 상대방은 이를 그만두지 않아 이 건 고소를 하게 되었으니 의법 조치해 주시기 바랍니다.

입 증 방 법

피고소인은 동네에서 평판이 좋지 않고 전에도 그런 사실이 있다는 반장의 말이 있으므로 필요하시면 참고인으로 반장을 조사해 주시기 바랍니다.

20○○.　 ○.　 ○.
위 고소인 　○ ○ ○ (인)

○○경찰서장(또는 ○○지방검찰청 검사장) 귀 중

제출기관	범죄지, 피의자의 주소, 거소 또는 현재지의 경찰서, 검찰청	공 소 시 효	○년(☞공소시효일람표)
고소권자	피해자(형사소송법 223조) (※ 아래 (1)참조)	소 추 요 건	
제출부수	고소장 1부	관 련 법 규	형법 319조 1항
범죄성립 요 건	사람의 주거, 관리하는 건조물, 선박이나 항공기 또는 점유하는 방실에 침입한 때		
형 량	· 3년 이하의 징역 또는 500만원 이하의 벌금		
불기소처분 등에 대한 불복절차 및 기간	(항고) · 근거 : 검찰청법 10조 · 기간 : 처분결과의 통지를 받은 날부터 30일(검찰청법 10조4항) (재정신청) · 근거 : 형사소송법 제260조 · 기간 : 항고기각 결정을 통지받은 날 또는 동법 제260조 제2항 각 호의 사유가 발생한 날부터 10일(형사소송법 제260조 제3항) (헌법소원) · 근거 : 헌법재판소법 68조 · 기간 : 그 사유가 있음을 안 날로부터 90일 이내에, 그 사유가 있은 날로부터 1년 이내에 청구하여야 한다. 다만, 다른 법률에 의한 구제절차를 거친 헌법소원의 심판은 그 최종결정을 통지받은 날로부터 30일 이내에 청구(헌법재판소법 69조)		

※ (1) 고소권자
(형사소송법 225조)
 1. 피해자가 제한능력자인 경우의 법정대리인
 2. 피해자가 사망한 경우의 배우자, 직계친족, 형제, 자매. 단, 피해자의 명시한 의사에 반하여 고소할 수 없음
(형사소송법 224조)
 자기 또는 배우자의 직계존속은 고소할 수 없음(단, 성폭력범죄의 처벌등에관한특례법 제18조에서는 "성폭력범죄에 대하여는 「형사소송법」 제224조(고소의 제한) 및 「군사법원법」 제266조에도 불구하고 자기 또는 배우자의 직계존속을 고소할 수 있다."고 규정함)

[서식 예] 준강간죄

고 소 장

고 소 인 : ○ ○ ○ (주민등록번호 :   -   )

　　　　주소 : ○○시 ○○구 ○○길 ○○

　　　　직업 :　　　사무실 주소 :

　　　　전화번호 : (휴대폰:　) (자택:　) (사무실:　)

　　　　이메일 :

피고소인 : △ △ △ (주민등록번호 :   -   )

　　　　주소 : ○○시 ○○구 ○○길 ○○

　　　　직업 :　　　사무실 주소 :

　　　　전화번호 : (휴대폰:　) (자택:　) (사무실:　)

　　　　이메일 :

고 소 취 지

고소인은 피고소인을 준강간 등의 혐의로 고소하오니 철저히 조사하여 엄벌하여 주시기를 바랍니다.

고 소 사 실

1. 피고소인은 고소인의 이웃에 거주하는 자인 바, 20○○. ○. ○. 고소인은 직장의 근무를 마치고 ○○도 ○○시 ○○면 ○○길 소재 고소인의 집에서 격무에 세상모르고 자고 있었는데, 피고소인이 잠을 자고 있는 고소인의 옷을 벗기고 자신의 바지를 내린 상태에서 고소인의 음부 등을 만지다가 ○회 간음을 하였습니다.

2. 이 사건 사고로 인하여 고소인은 정신적으로 크나 큰 충격을 입어 아직도 정신병원에서 치료 중에 있는 바 피고소인을 철저하게 조사하여 엄벌하여 주시기를 간곡히 부탁드립니다.

소 명 방 법

　　1. 진단서　　　　　　　　　　　　1 통

　　1. 목격자진술서　　　　　　　　　1 통

　　　　　20○○년　　○월　　○일

　　　　　위 고소인　　○　○　○ (인)

○○경찰서장(또는 ○○지방검찰청 검사장) 귀 중

제출기관	범죄지, 피의자의 주소, 거소 또는 현재지의 경찰서, 검찰청	공소시효	○년(☞공소시효일람표)
고소권자	피해자(형사소송법 223조) (※ 아래(1)참조)	소추요건	
제출부수	고소장 1부	관련법규	형법 299조
범죄성립 요 건	사람의 심신상실 또는 항거불능의 상태를 이용하여 간음한 때		
형 량	· 3년 이상의 유기징역		
불기소처분 등에 대한 불복절차 및 기간	(항고) · 근거 : 검찰청법 10조 · 기간 : 처분결과의 통지를 받은 날부터 30일(검찰청법 10조4항) (재정신청) · 근거 : 형사소송법 제260조 · 기간 : 항고기각 결정을 통지받은 날 또는 동법 제260조 제2항 각 호의 사유가 발생한 날부터 10일(형사소송법 제260조 제3항) (헌법소원) · 근거 : 헌법재판소법 68조 · 기간 : 그 사유가 있음을 안 날로부터 90일 이내에, 그 사유가 있은 날로부터 1년 이내에 청구하여야 한다. 다만, 다른 법률에 의한 구제절차를 거친 헌법소원의 심판은 그 최종결정을 통지받은 날로부터 30일 이내에 청구(헌법재판소법 69조)		

※ (1) 고소권자
(형사소송법 225조)
 1. 피해자가 제한능력자인 경우의 법정대리인
 2. 피해자가 사망한 경우의 배우자, 직계친족, 형제, 자매. 단, 피해자의 명시한 의사에 반하여 고소할 수 없음
(형사소송법 224조)
 자기 또는 배우자의 직계존속은 고소할 수 없음(단, 성폭력범죄의 처벌등에관한특례법 제18조에서는 "성폭력범죄에 대하여는「형사소송법」제224조(고소의 제한) 및「군사법원법」제266조에도 불구하고 자기 또는 배우자의 직계존속을 고소할 수 있다."고 규정함)

[서식 예] 준강제추행죄

고 소 장

고 소 인 : ○ ○ ○ (주민등록번호 :　　　　-　　　　)
　　　　　주소 : ○○시 ○○구 ○○길 ○○
　　　　　직업 :　　　　사무실 주소 :
　　　　　전화번호 : (휴대폰:　) (자택:　) (사무실:　)
　　　　　이메일 :
피고소인 : △ △ △ (주민등록번호 :　　　　-　　　　)
　　　　　주소 : ○○시 ○○구 ○○길 ○○
　　　　　직업 :　　　　사무실 주소 :
　　　　　전화번호 : (휴대폰:　) (자택:　) (사무실:　)
　　　　　이메일 :

고소인은 다음과 같이 피고소인을 고소하오니, 법에 따라 조사하여 처벌하여 주시기 바랍니다.

고 소 사 실

피고소인은 20○○. ○. ○. ○○:○○경 ○○시 ○○구 ○○길 소재 고소인이 경영하는 술집에서 고소인이 피고소인의 억지로 권하는 술에 취하여 쓰러져 잠이 들어 항거할 수 없게 되자 피고소인은 고소인이 술에 취해 인사불성이 되어 항거불능상태에 있던 사실을 이용하여 고소인의 의사에 반하여 유방을 만지고 손가락을 질내에 삽입하는 등 추행한 사실이 있습니다.

　　　　　　　　　　20○○년　○월　○일
　　　　　　　　　　　위 고소인　○　○　○ (인)

○○경찰서장(또는 ○○지방검찰청 검사장) 귀 중

제출기관	범죄지, 피의자의 주소, 거소 또는 현재지의 경찰서, 검찰청	공소시효	○년(☞공소시효일람표)
고소권자	피해자(형사소송법 223조) (※ 아래(1)참조)	소추요건	
제출부수	고소장 1부	관련법규	형법 299조
범죄성립 요 건	사람의 심신상실 또는 항거불능의 상태를 이용하여 추행한 때		
형 량	· 10년 이하의 징역 · 1,500만원 이하의 벌금		
불기소처분 등에대한 불복절차 및 기간	(항고) · 근거 : 검찰청법 10조 · 기간 : 처분결과의 통지를 받은 날부터 30일(검찰청법 10조4항) (재정신청) · 근거 : 형사소송법 제260조 · 기간 : 항고기각 결정을 통지받은 날 또는 동법 제260조 제2항 각 호의 사유가 발생한 날부터 10일(형사소송법 제260조 제3항) (헌법소원) · 근거 : 헌법재판소법 68조 · 기간 : 그 사유가 있음을 안 날로부터 90일 이내에, 그 사유가 있은 날로부터 1년 이내에 청구하여야 한다. 다만, 다른 법률에 의한 구제절차를 거친 헌법소원의 심판은 그 최종결정을 통지받은 날로부터 30일 이내에 청구(헌법재판소법 69조)		

※ (1) 고소권자
(형사소송법 225조)
 1. 피해자가 제한능력자인 경우의 법정대리인
 2. 피해자가 사망한 경우의 배우자, 직계친족, 형제, 자매. 단, 피해자의 명시한 의사에 반하여 고소할 수 없음
(형사소송법 224조)
 자기 또는 배우자의 직계존속은 고소할 수 없음(단, 성폭력범죄의 처벌등에관한특례법 제18조에서는 "성폭력범죄에 대하여는 「형사소송법」 제224조(고소의 제한) 및 「군사법원법」 제266조에도 불구하고 자기 또는 배우자의 직계존속을 고소할 수 있다."고 규정함)

[서식 예] 준사기죄

고　소　장

　고 소 인 :　○ ○ ○ (주민등록번호 :　　　　-　　　　)
　　　　　　주소 :　○○시 ○○구 ○○길 ○○
　　　　　　직업 :　　　사무실 주소 :
　　　　　　전화번호 :　(휴대폰:　) (자택:　) (사무실:　)
　　　　　　이메일 :
　피고소인 :　△ △ △ (주민등록번호 :　　　　-　　　　)
　　　　　　주소 :　○○시 ○○구 ○○길 ○○
　　　　　　직업 :　　　사무실 주소 :
　　　　　　전화번호 :　(휴대폰:　) (자택:　) (사무실:　)
　　　　　　이메일 :

고　소　사　실

피고소인은 일정한 직업이 없는 자로 20○○. ○. ○. ○○:○○경 ○○시 ○○길 ○○번지 소재 ○○공원에서 자전거를 타고 놀고 있던 고소인의 자 ㅁㅁㅁ(11세)에게 접근하여 미리 준비한 과자를 주면서 환심을 산 후 "너 힘이 세어 야구를 잘 할 것 같은데 테스트 해보고 잘하면 선수로 등록시켜 주겠다."고 하고는 자전거를 빌려주면 내가 집에 가서 야구글러브 가지고 올테니 기다리라고 하고는 시가 20만원 상당의 자전거를 사취한 것입니다.

20○○. ○. ○.

위 고소인은 미성년자이므로 법정대리인
친권자 부 ㅁㅁㅁ (인)

○○경찰서장(또는 ○○지방검찰청 검사장) 귀 중

제출기관	범죄지, 피의자의 주소, 거소 또는 현재지의 경찰서, 검찰청	공소시효	○년(☞공소시효일람표)
고소권자	피해자(형사소송법 223조) (※ 아래(1)참조)	소추요건	※ 아래(2) 참조 (형법 354조, 328조)
제출부수	고소장 1부	관련법규	형법 348조
범죄성립 요　건	· 미성년자의 지려천박 또는 사람의 심신장애를 이용하여 재물의 교부를 받거나 재산상의 이익을 취득한 때 · 미성년자의 지려천박 또는 사람의 심신장애를 이용하여 제3자로 하여금 재물의 교부를 받거나 재산상의 이득을 취득하게 한 때		
형　량	· 10년 이하의 징역 · 2,000만원 이하의 벌금(10년 이하의 자격정지를 병과할 수 있음 : 형법 353조)		
불기소처분등 에대한 불복절차 및　기간	(항고) · 근거 : 검찰청법 10조 · 기간 : 처분결과의 통지를 받은 날부터 30일(검찰청법 10조4항) (재정신청) · 근거 : 형사소송법 제260조 · 기간 : 항고기각 결정을 통지받은 날 또는 동법 제260조 제2항 각 호의 사유가 발생한 날부터 10일 (형사소송법 제260조 제3항) (헌법소원) · 근거 : 헌법재판소법 68조 · 기간 : 그 사유가 있음을 안 날로부터 90일 이내에, 그 사유가 있은 날로부터 1년 이내에 청구하여야 한다. 다만, 다른 법률에 의한 구제절차를 거친 헌법소원의 심판은 그 최종결정을 통지받은 날로부터 30일 이내에 청구(헌법재판소법 69조)		

※ (1) 고소권자
(형사소송법 225조)
 1. 피해자가 제한능력자인 경우의 법정대리인
 2. 피해자가 사망한 경우의 배우자, 직계친족, 형제, 자매. 단, 피해자의
　　명시한 의사에 반하여 고소할 수 없음
(형사소송법 224조)
　　자기 또는 배우자의 직계존속은 고소할 수 없음[단, 성폭력범죄의 처벌

등에 관한 특례법 제18조에서는 "성폭력범죄에 대하여는 형사소송법 제224조(고소의 제한) 및 군사법원법 제266조에 불구하고 자기 또는 배우자의 직계존속을 고소할 수 있다."고 규정함]

※ (2) 친족간의 범행과 고소
1. 직계혈족 ,배우자, 동거친족, 동거가족 또는 그 배우자간의 제323조의 죄는 형을 면제
2. 제1항 이외의 친족간에 제323조의 죄를 범한 때에는 고소가 있어야 공소를 제기할 수 있음
3. 전2항의 신분관계가 없는 공범에 대하여는 전2항을 적용하지 아니함

[서식 예] 직권남용죄

고 소 장

고 소 인 : ○ ○ ○ (주민등록번호 :   -   )
　　　　　주소 : ○○시 ○○구 ○○길 ○○
　　　　　직업 :   사무실 주소 :
　　　　　전화번호 : (휴대폰:) (자택:) (사무실:)
　　　　　이메일 :
피고소인 : △ △ △ (주민등록번호 :   -   )
　　　　　주소 : ○○시 ○○구 ○○길 ○○
　　　　　직업 :   사무실 주소 :
　　　　　전화번호 : (휴대폰:) (자택:) (사무실:)
　　　　　이메일 :

위 피고소인을 직권남용죄로 고소하오니 철저히 수사하여 엄벌하여 주
시기 바랍니다.

고 소 사 실

1. 고소인은 택시운전을 하고 있고, 피고소인은 ○○경찰서 수사과
   에 순경으로 재직하고 있는 자입니다.

2. 그런데 고소인은 고소외 □□□로부터 20○○. ○. ○. 한달 기한으
   로 금 ○○,○○○,○○○원을 차용한 적이 있고 고소인의 경제사
   정으로 변제기에 변제치 못한 사실이 있어 위 □□□로부터 계속적
   으로 심한 모욕과 협박을 당하여 오고 있었습니다.

3. 위 □□□는 절친한 친구인 피고소인을 통하여 고소인으로부터 금
   원을 변제 받기로 마음먹고, 피고소인에게 위와 같은 사실을 고지
   하고 금원을 받아줄 것을 부탁하였고, 고소인의 고소가 없음에도
   피고소인은 20○○. ○. ○. ○○:○○경 전화상으로 고소인에게
   "○○경찰서 수사과 형사인데 당신을 사기혐의로 입건하여 조사

할 것이 있으니 주민등록등본과 재산관계서류 등을 가지고 내일 중으로 ○○경찰서 수사과로 출두하라"는 출두통지를 하였습니다.

4. 그러나 고소인이 경찰서에 출두하자 피고소인은 경찰서 조사실이 아닌 당직실로 데리고 가 주민등록등본과 재산관계서류를 잠깐 본 후 주머니에 넣더니 다짜고짜 "당신 우리 친구 돈을 갚지 않으면 즉시 구속하겠다"고 하면서 갑자기 고소인의 손목에 수갑을 채우면서 "언제까지 금원을 변제해줄 수 있느냐"고 하여 고소인은 "친척들로부터 급전을 하여 내일 중으로 변제하겠다"하였더니 수갑을 풀어주면서 "좋게 말할 때 들어"라고 하여 "알았습니다"고 귀가한 사실이 있습니다.

5. 귀가 후 알아보니 피고소인은 상사로부터 구체적인 사건을 특정하여 수사명령 받은 적이 없고 고소인이 입건되지 아니하였음에도 범죄수사를 빙자하여 고소인으로 하여금 의무 없는 서류를 제출케 하고 불법 체포하는 등 정식적인 절차를 따르지 않았다는 것을 인지하여 피고소인을 형법 제123조 소정의 직권남용죄로 고소하오니 조사하여 엄벌에 처해주시기 바랍니다.

20○○년   ○월   ○일

위 고 소 인   ○○○ (인)

○○경찰서장(또는 ○○지방검찰청 검사장) 귀 중

제출기관	범죄지, 피의자의 주소, 거소 또는 현재지의 경찰서, 검찰청	공소시효	○년(☞공소시효일람표)
고소권자	피해자(형사소송법 223조) (※ 아래(1)참조)	소추요건	
제출부수	고소장 1부	관련법규	형법 123조
범죄성립 요 건	공무원이 직권을 남용하여 사람으로 하여금 의무없는 일을 하게 하거나 사람의 권리행사를 방해한 때		
형 량	· 5년이하의 징역 · 10년이하의 자격정지 · 1천만원이하의 벌금		
불기소처분 등에 대한 불복절차 및 기간	(항고) · 근거 : 검찰청법 10조 · 기간 : 처분결과의 통지를 받은 날부터 30일(검찰청법 10조4항) (재정신청) · 근거 : 형사소송법 제260조 · 기간 : 항고기각 결정을 통지받은 날 또는 동법 제260조 제2항 각 호의 사유가 발생한 날부터 10일(형사소송법 제260조 제3항) (헌법소원) · 근거 : 헌법재판소법 68조 · 기간 : 그 사유가 있음을 안 날로부터 90일 이내에, 그 사유가 있은 날로부터 1년 이내에 청구하여야 한다. 다만, 다른 법률에 의한 구제절차를 거친 헌법소원의 심판은 그 최종결정을 통지받은 날로부터 30일 이내에 청구(헌법재판소법 69조)		

※ (1) 고소권자
(형사소송법 225조)
 1. 피해자가 제한능력자인 경우의 법정대리인
 2. 피해자가 사망한 경우의 배우자, 직계친족, 형제, 자매. 단, 피해자의 명시한 의사에 반하여 고소할 수 없음
(형사소송법 224조)
 자기 또는 배우자의 직계존속은 고소할 수 없음(단, 성폭력범죄의 처벌등에관한특례법 제18조에서는 "성폭력범죄에 대하여는 「형사소송법」 제224조(고소의 제한) 및 「군사법원법」 제266조에도 불구하고 자기 또는 배우자의 직계존속을 고소할 수 있다."고 규정함)

[서식 예] 직무유기죄

고　소　장

고 소 인 : ○ ○ ○ (주민등록번호 :　　　　-　　　　)
　　　　　주소 : ○○시 ○○구 ○○길 ○○
　　　　　직업 :　　　　사무실 주소 :
　　　　　전화번호 : (휴대폰:　) (자택:　) (사무실:　)
　　　　　이메일 :

피고소인 : △ △ △ (주민등록번호 :　　　　-　　　　)
　　　　　주소 : ○○시 ○○구 ○○길 ○○
　　　　　직업 :　　　　사무실 주소 :
　　　　　전화번호 : (휴대폰:　) (자택:　) (사무실:　)
　　　　　이메일 :

위 피고소인을 직무유기죄로 고소하오니 철저히 수사하여 엄벌하여 주시기 바랍니다.

고　소　사　실

1. 고소인은 택시운전을 업으로 하고 있고, 피고소인은 이건 사고발생지를 관할하는 ○○경찰서 ○○파출소 순경으로 재직하고 있는 자입니다.

2. 그런데 고소인은 20○○. ○. ○. ○○:○○경 ○○시 ○○구 ○○길 ○○○에서 택시승객인 고소 외 □□□로부터 택시요금문제로 사소한 시비 끝에 폭행을 당하여 전치 4주의 상해를 입었습니다.

3. 이에 고소인은 위 □□□를 붙잡고 즉시 관할파출소에 신고를 하였고 피고소인이 출동하였으나 위 □□□와 이웃지간으로 평소 친분관계에 있던 피고소인은 위 □□□의 계속된 폭력행사를 제지하기는 커녕 "당신이 부당한 요금을 징수하여 발생한 문제이니 당신이 알아서 해라, 별 문제도 아닌데 귀찮게 112신고를 한다. 바쁜 일이 있다"하면서 범죄현장을 일탈하였습니다.

4. 피고소인은 사회질서와 안정을 책임지는 막중한 임무를 부여받고 있는 경찰관으로서 범법자인 위 ㅁㅁㅁ를 적극 검거하여 정식 입건 절차를 밟거나 상사에 게 보고하지 아니하고, 폭력현장을 일탈하여 무고한 고소인으로 하여금 정신적·육체적 고통을 당하게 하였습니다. 위와 같은 정황으로 보아 결국 피고소인은 주관적으로 직무를 버린다는 인식을 하면서, 객관적으로 직무를 벗어나는 행위를 하였음이 명백하므로 이는 형법 제122조 소정의 직무유기죄를 구성한다 하겠습니다. 철저히 수사하여 엄벌에 처해주시기 바랍니다.

20ㅇㅇ년   ㅇ월   ㅇ일

고 소 인   ㅇㅇㅇ (인)

ㅇㅇ경찰서장(또는 ㅇㅇ지방검찰청 검사장) 귀 중

제출기관	범죄지, 피의자의 주소, 거소 또는 현재지의 경찰서, 검찰청	공소시효	○년(☞공소시효일람표)
고소권자	피해자(형사소송법 223조) (※ 아래(1)참조)	소추요건	
제출부수	고소장 1부	관련법규	형법 122조
범죄성립 요 건	공무원이 정당한 이유없이 그 직무수행을 거부하거나 그 직무를 유기한 때		
형 량	· 1년이하의 징역이나 금고 · 3년이하의 자격정지		
불기소처분 등에대한 불복절차 및 기간	(항고) · 근거 : 검찰청법 10조 · 기간 : 처분결과의 통지를 받은 날부터 30일(검찰청법 10조4항) (재정신청) · 근거 : 형사소송법 제260조 · 기간 : 항고기각 결정을 통지받은 날 또는 동법 제260조 제2항 각 호의 사유가 발생한 날부터 10일(형사소송법 제260조 제3항) (헌법소원) · 근거 : 헌법재판소법 68조 · 기간 : 그 사유가 있음을 안 날로부터 90일 이내에, 그 사유가 있은 날로부터 1년 이내에 청구하여야 한다. 다만, 다른 법률에 의한 구제절차를 거친 헌법소원의 심판은 그 최종결정을 통지받은 날로부터 30일 이내에 청구(헌법재판소법 69조)		

※ (1) 고소권자
(형사소송법 225조)
 1. 피해자가 제한능력자인 경우의 법정대리인
 2. 피해자가 사망한 경우의 배우자, 직계친족, 형제, 자매. 단, 피해자의 명시한 의사에 반하여 고소할 수 없음
(형사소송법 224조)
 자기 또는 배우자의 직계존속은 고소할 수 없음(단, 성폭력범죄의 처벌등에관한특례법 제18조에서는 "성폭력범죄에 대하여는 「형사소송법」 제224조(고소의 제한) 및 「군사법원법」 제266조에도 불구하고 자기 또는 배우자의 직계존속을 고소할 수 있다."고 규정함)

[서식 예] 출판물등에 의한 명예훼손죄

고 소 장

고 소 인 : ○ ○ ○ (주민등록번호 :   -   )
　　　　　　주소 : ○○시 ○○구 ○○길 ○○
　　　　　　직업 :   사무실 주소 :
　　　　　　전화번호 : (휴대폰:) (자택:) (사무실:)
　　　　　　이메일 :
피고소인 : △ △ △ (주민등록번호 :   -   )
　　　　　　주소 : ○○시 ○○구 ○○길 ○○
　　　　　　직업 :   사무실 주소 :
　　　　　　전화번호 : (휴대폰:) (자택:) (사무실:)
　　　　　　이메일 :

고소인은 피고소인에 대하여 다음과 같이 고소하오니 철저히 조사하여 법에 따라서 처벌하여 주시기 바랍니다.

다 　 음

1. 고소인은 K기업의 신기술개발 연구팀에서 근무하고 있는 자이며, 피고소인 △△△은 K기업과 경쟁사인 S기업의 다른 연구팀에 근무하는 자입니다.
2. 고소인이 소속된 연구팀에서 혁신적인 기술을 개발하여서 이를 발표하자, 피고소인은 자신들이 개발한 기술내용을 고소인이 빼돌려서 발표를 한 것이라며 "기업의 양심을 팔아먹은 자"라는 등의 내용을 주간잡지에 실은 적이 있습니다.
3. 그러나 고소인이 개발한 기술은 고소인이 ○년에 걸쳐서 연구원들과 머리를 맞대고 개발한 기술로서 신생기업인 S기업이 쉽게 개발할 수 없는 기술임에도 불구하고 단지 고소인을 비방할 목적으로 주간지에 기사화한 사실이 있으므로 조사하여 엄벌하여 주시기 바랍니다.

첨 부 서 류

　　　1. 주 간 지　　　　　　　　　　　1부

20○○.　○.　○.
위 고소인 ○　○　○ (인)

○○경찰서장(또는 ○○지방검찰청 검사장) 귀 중

제출기관	범죄지, 피의자의 주소, 거소 또는 현재지의 경찰서, 검찰청	공 소 시 효	○년(☞공소시효일람표)
고소권자	피해자(형사소송법 223조) (※ 아래(1)참조)	소추요건	반의사불벌죄 (형법 312조2항)
제출부수	고소장 1부	관련법규	형법 309조
범죄성립 요 건	1. 사람을 비방할 목적으로 신문, 잡지 또는 라디오 기타 출판물에 의하여 공연히 사실을 적시하여 사람의 명예를 훼손한 때(형법 309조1항) 2. 사람을 비방할 목적으로 신문, 잡지 또는 라디오 기타 출판물에 의하여 공연히 허위의 사실을 적시하여 사람의 명예를 훼손한 때(형법 309조2항)		
형 량	· 3년 이하의 징역이나 금고 또는 700만원 이하의 벌금(형법 309조 1항) · 7년 이하의 징역, 10년 이하의 자격정지 또는 1,500만원 이하의 벌금(형법 307조2항)		
불기소처분 등에대한 불복절차 및 기간	(항고) · 근거 : 검찰청법 10조 · 기간 : 처분결과의 통지를 받은 날부터 30일(검찰청법 10조4항) (재정신청) · 근거 : 형사소송법 제260조 · 기간 : 항고기각 결정을 통지받은 날 또는 동법 제260조 제2항 각 호의 사유가 발생한 날부터 10일(형사소송법 제260조 제3항) (헌법소원) · 근거 : 헌법재판소법 68조 · 기간 : 그 사유가 있음을 안 날로부터 90일 이내에, 그 사유가 있은 날로부터 1년 이내에 청구하여야 한다. 다만, 다른 법률에 의한 구제절차를 거친 헌법소원의 심판은 그 최종결정을 통지받은 날로부터 30일 이내에 청구(헌법재판소법 69조)		

※ (1) 고소권자

(형사소송법 225조)

1. 피해자가 제한능력자인 경우의 법정대리인
2. 피해자가 사망한 경우의 배우자, 직계친족, 형제, 자매. 단, 피해자의

명시한 의사에 반하여 고소할 수 없음

(형사소송법 224조)

자기 또는 배우자의 직계존속은 고소할 수 없음(단, 성폭력범죄의 처벌등에관한특례법 제18조에서는 "성폭력범죄에 대하여는 「형사소송법」 제224조(고소의 제한) 및 「군사법원법」 제266조에도 불구하고 자기 또는 배우자의 직계존속을 고소할 수 있다."고 규정함)

[서식 예] 컴퓨터등 사용사기죄

고 소 장

고 소 인 : ○ ○ ○ (주민등록번호 :   -   )

　　　　주소 : ○○시 ○○구 ○○길 ○○

　　　　직업 :　　　사무실 주소 :

　　　　전화번호 : (휴대폰:) (자택:) (사무실:)

　　　　이메일 :

피고소인 : △ △ △ (주민등록번호 :   -   )

　　　　주소 : ○○시 ○○구 ○○길 ○○

　　　　직업 :　　　사무실 주소 :

　　　　전화번호 : (휴대폰:) (자택:) (사무실:)

　　　　이메일 :

고 소 취 지

피고소인은 컴퓨터를 사용하여 피고소인의 예금계좌로부터 금 1,500만 원을 인출하여 간 자이므로 이를 고소하니 철저히 조사하여 법에 따라 처벌하여 주시기 바랍니다.

고 소 이 유

1. 고소인은 피고소인과는 아무런 친·인척관계가 없습니다.
   피고소인은 고소인이 운영하던 ○○레스토랑의 종업원으로 일하던 사람인데 피고소인은 평소 위 레스토랑의 운영에 바빠서 20○○년 ○월 ○일경부터는 고소인도 인터넷으로 은행거래(인터넷 뱅킹)를 하고자 이러한 거래경험이 많던 피고소인의 도움을 받아 처음 몇 차례 인터넷 뱅킹을 했습니다.

2. 그런데 피고소인은 고소인의 인터넷 뱅킹을 도와주면서 고소인의 계좌번호와 비밀번호를 알게 되었음을 기화로 인터넷 뱅킹을 이용하여 고소인 모르게 고소인의 ○○은행 계좌로부터 20○○년 ○월 ○일 ○○:○○경 금 900만원, 다음날 ○○:○○경 600만원 등 합계 금 1,500만원을 자신의 통장으로 계좌이체를 한 후 이를 인출하여 소비함으로써 고소인에게 위 금액만큼의 손해를 입힌 것입니다.

3. 그럼에도 불구하고 피고소인은 자신이 한 것이 아니라고 변명하면서 고소인의 변제독촉에도 차일피일 미루기만 하고 있으므로 위와 같은 사실을 조사하여 범법사실이 드러날 경우 법에 따라 처벌해 주시기 바랍니다.

```
            첨 부 서 류
  1. 통장사본                              1통
  1. 거래내역사본                          1통

        20○○년   ○월   ○일
        고 소 인   ○   ○   ○ (인)
  ○○경찰서장(또는 ○○지방검찰청 검사장) 귀 중
```

제출기관	범죄지, 피의자의 주소, 거소 또는 현재지의 경찰서, 검찰청	공 소 시 효	○년(☞공소시효일람표)
고소권자	피해자(형사소송법 223조) (※ 아래(1)참조)	소추요건	※ 아래(2) 참조 형법 354조,328조
제출부수	고소장 1부	관 련 법 규	형법 347조의 2
범죄성립 요 건	컴퓨터등 정보처리장치에 허위의 정보 또는 부정한 명령을 입력하여 정보처리를 하게 함으로써 재산상의 이익을 취득하거나 제3자로 하여금 취득하게 한 때		
형 량	· 10년 이하의 징역 · 2,000만원 이하의 벌금 (10년 이하의 자격정지를 병과할 수 있음 : 형법 353조)		
불기소처분 등에대한 불복절차 및 기간	(항고) · 근거 : 검찰청법 10조 · 기간 : 처분결과의 통지를 받은 날부터 30일(검찰청법 10조4항) (재정신청) · 근거 : 형사소송법 제260조 · 기간 : 항고기각 결정을 통지받은 날 또는 동법 제260조 제2항 각 호의 사유가 발생한 날부터 10일(형사소송법 제260조 제3항) (헌법소원) · 근거 : 헌법재판소법 68조 · 기간 : 그 사유가 있음을 안 날로부터 90일 이내에, 그 사유가 있은 날로부터 1년 이내에 청구하여야 한다. 다만, 다른 법률에 의한 구제절차를 거친 헌법소원의 심판은 그 최종결정을 통지받은 날로부터 30일 이내에 청구(헌법재판소법 69조)		

※ (1) 고소권자

(형사소송법 225조)

1. 피해자가 제한능력자인 경우의 법정대리인

2. 피해자가 사망한 경우의 배우자, 직계친족, 형제, 자매. 단, 피해자의 명시한 의사에 반하여 고소할 수 없음

(형사소송법 224조)

자기 또는 배우자의 직계존속은 고소할 수 없음[단, 성폭력범죄의 처벌 등에 관한 특례법 제18조에서는 "성폭력범죄에 대하여는 형사소송법 제 224조(고소의 제한) 및 군사법원법 제266조에 불구하고 자기 또는 배우자의 직계존속을 고소할 수 있다."고 규정함]

※ (2) 친족간의 범행과 고소

1. 직계혈족, 배우자, 동거친족, 동거가족 또는 그 배우자간의 제323조의 죄는 형을 면제

2. 제1항 이외의 친족간에 제323조의 죄를 범한 때에는 고소가 있어야 공소를 제기할 수 있음

3. 전2항의 신분관계가 없는 공범에 대하여는 전2항을 적용하지 아니함.

[서식 예] 퇴거불응죄

고 소 장

고 소 인 : ○ ○ ○ (주민등록번호 :   -   )
　　　　　주소 : ○○시 ○○구 ○○길 ○○
　　　　　직업 :   사무실 주소 :
　　　　　전화번호 : (휴대폰:) (자택:) (사무실:)
　　　　　이메일 :
피고소인 : △ △ △ (주민등록번호 :   -   )
　　　　　주소 : ○○시 ○○구 ○○길 ○○
　　　　　직업 :   사무실 주소 :
　　　　　전화번호 : (휴대폰:) (자택:) (사무실:)
　　　　　이메일 :

고 소 취 지

고소인은 피고소인을 상대로 아래와 같이 퇴거불응죄로 고소를 제기하오니 철저히 조사하시어 엄벌하여 주시기 바랍니다.

고 소 사 실

1. 고소인은 ○○교회 당회장이며 피고소인은 속칭 ○○왕국회관(일명 여호아증인)의 신도입니다.
2. 피고소인은 20○○. ○. ○. 예배의 목적이 아니라 ○○교회의 예배를 방해하여 교회의 평온을 해할 목적으로 ○○교회에 출입하여 진정한 하느님의 자식은 자신들 뿐이다는 고함을 지르며 ○○교회의 예배를 방해하여 위 교회 건물의 관리주체라고 할 수 있는 ○○교회 교회당회에서 피고소인에 대한 교회출입금지의결을 하고, 이에 따라 위 교회의 관리인인 위 고소인이 피고소인에게 퇴거를 요구하였으나 약 1시간 이상 위와 같은 고함을 지르며 퇴거 요구에 불응한 사실이 있습니다.

3. 위 사실과 같이 피고소인의 교회출입을 막으려는 위 ○○교회의 의
   사는 명백히 나타난 것이기 때문에 이에 기하여 퇴거요구를 한 것은
   정당하고 이에 불응하여 퇴거를 하지 아니한 행위는 퇴거불응죄에
   해당되며 교회는 교인들의 총유에 속하는 것으로서 교인들 모두가
   사용수익권을 갖고 있고, 출입이 묵시적으로 승낙되어 있는 장소이
   나 이 같은 일반적으로 개방되어 있는 장소라도 필요한 때는 관리
   자가 그 출입을 금지 내지 제한할 수 있으므로 피고소인을 철저히
   조사하여 법에 따라 엄벌해 주시기 바랍니다.

첨 부 서 류

    1. 주민 확인서   1통

20○○년   ○월   ○일

고 소 인   ○○○ (인)

○○경찰서장(또는 ○○지방검찰청 검사장) 귀 중

제출기관	범죄지, 피의자의 주소, 거소 또는 현재지의 경찰서, 검찰청	공소시효	○년(☞공소시효일람표)
고소권자	피해자(형사소송법 223조) (※ 아래(1)참조)	소추요건	
제출부수	고소장 1부	관련법규	형법 319조2항
범죄성립 요 건	사람의 주거, 관리하는 건조물, 선박이나 항공기 또는 점유하는 방실에 서 퇴거요구를 받고 응하지 아니한 때		
형 량	· 3년 이하의 징역 또는 500만원 이하의 벌금		
불기소처분 등에대한 불복절차 및 기간	((항고) · 근거 : 검찰청법 10조 · 기간 : 처분결과의 통지를 받은 날부터 30일(검찰청법 10조4항) (재정신청) · 근거 : 형사소송법 제260조 · 기간 : 항고기각 결정을 통지받은 날 또는 동법 제260조 제2항 각 호의 사유가 발생한 날부터 10일(형사소송법 제260조 제3항) (헌법소원) · 근거 : 헌법재판소법 68조 · 기간 : 그 사유가 있음을 안 날로부터 90일 이내에, 그 사유가 있은 날로부터 1년 이내에 청구하여야 한다. 다만, 다른 법률에 의한 구제절차를 거친 헌법소원의 심판은 그 최종결정을 통지받은 날로부터 30일 이내에 청구(헌법재판소법 69조)		

※ (1) 고소권자

(형사소송법 225조)

 1. 피해자가 제한능력자인 경우의 법정대리인

 2. 피해자가 사망한 경우의 배우자, 직계친족, 형제, 자매. 단, 피해자의 명시한 의사에 반하여 고소할 수 없음

(형사소송법 224조)

 자기 또는 배우자의 직계존속은 고소할 수 없음(단, 성폭력범죄의 처벌등에관한특례법 제18조에서는 "성폭력범죄에 대하여는 「형사소송법」 제224조(고소의 제한) 및 「군사법원법」 제266조에도 불구하고 자기 또는 배우자의 직계존속을 고소할 수 있다."고 규정함)

고　　소　　장

고 소 인 :　○　○　○ (주민등록번호 :　　　　　　-　　　　　)
　　　　　　주소 :　○○시 ○○구 ○○길 ○○
　　　　　　직업 :　　　　사무실 주소 :
　　　　　　전화번호 : (휴대폰:　　) (자택:　　) (사무실:　　)
　　　　　　이메일 :
피고소인 :　△　△　△ (주민등록번호 :　　　　　　-　　　　　)
　　　　　　주소 :　○○시 ○○구 ○○길 ○○
　　　　　　직업 :　　　　사무실 주소 :
　　　　　　전화번호 : (휴대폰:　　) (자택:　　) (사무실:　　)
　　　　　　이메일 :

고소인은 피고소인을 다음과 같이 고소하오니 철저히 조사하여 법에 따라서 처벌하여 주시기 바랍니다.

다　　　음

　고소인은 ○○시 ○○로 ○가 ○○에서 ○○식당이라는 상호로 음식판매업을 하고 있으며 본인의 가게 앞에 커피자판기를 설치해 놓았습니다.

　이 자판기는 100원 및 500원짜리 동전과 1000원 지폐를 이용하여 사용할 수 있는데 20○○년 ○월 초순경부터 커피자판기에서 500원짜리 동전과 비슷한 무게와 크기의 물체가 자주 나오고, 간혹 자판기고장을 일으키곤 하여 커피자판기를 누군가 부정하게 사용하고 있다는 생각이 들었습니다.

고소인은 자판기를 부정하게 사용하는 사람이 있는지를 유심히 살펴보았으나 범인을 잡지 못하고, 20○○년 ○월부터는 동전이 아닌 물체가 상당히 많이 나와 자판기 영업을 하지 못할 지경이 되어 20○○년 ○월 ○일에 자판기 주변에 무인카메라를 설치하였는데 그날밤 주위를 살피며 자판기를 이용하는 사람이 비디오카메라에 잡혀 얼굴을 확인한 결과 ○○시 ○○로 ○가 ○○에 사는 △△△이었습니다. △△△이 부정한 방법으로 커피자판기를 이용하는 바람에 고소인은 자판기영업에 막대한 손실을 보았으므로 형법 제348조의 2에 따라 피고소인을 엄벌에 처해 주시기 바랍니다.

20○○.   ○.   ○.

고 소 인   ○   ○   ○ (인)

○○경찰서장(또는 ○○지방검찰청 검사장) 귀 중

제출기관	범죄지, 피의자의 주소, 거소 또는 현재지의 경찰서, 검찰청	공 소 시 효	○년(☞공소시효일람표)
고소권자	피해자(형사소송법 223조) (※ 아래(1)참조)	소추요건	※ 아래(2) 참조 형법 354조,328조
제출부수	고소장 1부	관련법규	형법 348조의 2
범죄성립 요 건	부정한 방법으로 대가를 지급하지 아니하고 자동판매기, 공중전화 기타 유료자동설비를 이용하여 재물 또는 재산상의 이익을 취득한 때		
형 량	· 3년 이하의 징역 · 500만원 이하의 벌금, 구류 또는 과료 　(10년 이하의 자격정지를 병과할 수 있음 : 형법 353조)		
불기소처분 등에대한 불복절차 및 기간	(항고) · 근거 : 검찰청법 10조 · 기간 : 처분결과의 통지를 받은 날부터 30일(검찰청법 10조4항) (재정신청) · 근거 : 형사소송법 제260조 · 기간 : 항고기각 결정을 통지받은 날 또는 동법 제260조 제2항 각 호의 사유가 발생한 날부터 10일(형사소송법 제260조 제3항) (헌법소원) · 근거 : 헌법재판소법 68조 · 기간 : 그 사유가 있음을 안 날로부터 90일 이내에, 그 사유가 있은 날부터 1년 이내에 청구하여야 한다. 다만, 다른 법률에 의한 구제절차를 거친 헌법소원의 심판은 그 최종결정을 통지받은 날로부터 30일 이내에 청구(헌법재판소법 69조)		

※ (1) 고소권자

(형사소송법 225조)

1. 피해자가 제한능력자인 경우의 법정대리인
2. 피해자가 사망한 경우의 배우자, 직계친족, 형제, 자매. 단, 피해자의 명시한 의사에 반하여 고소할 수 없음

(형사소송법 224조)

　자기 또는 배우자의 직계존속은 고소할 수 없음[단, 성폭력범죄의 처벌 등에 관한 특례법 제18조에서는 "성폭력범죄에 대하여는 형사소송법 제224조(고소의 제한) 및 군사법원법 제266조에 불구하고 자기 또는 배우

자의 직계존속을 고소할 수 있다."고 규정함]

※ (2) 친족간의 범행과 고소
1. 직계혈족, 배우자, 동거친족, 동거가족 또는 그 배우자간의 제323조의 죄는 형을 면제
2. 제1항 이외의 친족간에 제323조의 죄를 범한 때에는 고소가 있어야 공소를 제기할 수 있음
3. 전2항의 신분관계가 없는 공범에 대하여는 전2항을 적용하지 아니함.

[서식 예] 폭력행위등처벌에관한법률위반(상해)

고   소   장

고 소 인 : ○ ○ ○ (주민등록번호 :   -   )
　　　　　주소 : ○○시 ○○구 ○○길 ○○
　　　　　직업 :   사무실 주소 :
　　　　　전화번호 : (휴대폰:) (자택:) (사무실:)
　　　　　이메일 :
피고소인 : △ △ △ (주민등록번호 :   -   )
　　　　　주소 : ○○시 ○○구 ○○길 ○○
　　　　　직업 :   사무실 주소 :
　　　　　전화번호 : (휴대폰:) (자택:) (사무실:)
　　　　　이메일 :

위 피고소인을 아래와 같이 상해의 죄 등으로 고소하오니 철저히 조사하여 엄중 처벌하여주시기 바랍니다.

- 아 래 -

1. 고소인과 피고소인은 동네에서 각각 동종의 영세한 점포를 운영하는 자 들로서 이웃에 거주하는 사실로 평소 안면이 있는 사이입니다.

2. 고소인과 피고소인은 일전에 점포의 간판이 돌출되어 영업에 지장이 있는 관계로 말다툼한 사실이 있는데 그 후 별 일없이 지내오던 중, 20○○. ○. ○. 아침 ○○:○○경 고소인은 평소 다니던 약수터에 가기 위해 집을 나서서 ○○길의 뒷산으로 향하던 중 등산로의 초입에서 피고소인을 만났는데, 피고소인이 고소인에게 고소인이 피고소인의 험담을 하고 다닌다는 말을 들었다고 하며 어찌된 일인가 하고 물어와 고소인은 "그런 사실이 없다"고 대답하였는데 "아니 땐 굴뚝에 연기 나느냐"며 재차 따져 고소인이 "그런 사실 없고 누가 그런 소리를 하고 다니는지 알아보고 혼을 내겠다. 그런 사실 없으니 오해 말아라"하며 헤어졌습니다.

3. 그런데 그 날 오후 고소인이 시장에서 물건을 받아 점포에 도착하여 물건을 내리는데 피고소인이 찾아와 "내가 동네사람들에게 다 물어봤다" "네가 험담을 하고 내가 손님들에게 바가지를 씌운다고 소문을 내서 장사가 안되고 있다"라며 트집을 잡아 고소인은 "그런 사실 전혀 없으니 일하는데 방해하지 말고 가라"고 대답하였고 피고소인이 계속안가고 사실무근인 일로 트집을 잡고 욕을 하여 말도 되지 않는 소리라 들은 체도 안하고 물건을 정리하기 바빴는데 피고소인이 "사람의 말이 말 같지 않느냐? 맛을 봐야 하겠느냐?"며 갑자기 고소인의 점포에 쓰레기를 치우기 위해 두었던 철제 쓰레받기를 들고 허리를 숙이고 물건을 정리하던 고소인의 뒷머리를 철제 쓰레받기의 모서리로 내리쳐 고소인은 충격으로 쓰러지고 주변사람들이 와서 피고소인으로부터 철제 쓰레받기를 빼앗고 피고소인이 더 이상 고소인을 내리칠 수 없도록 말렸습니다.

4. 이에 고소인이 겨우 정신을 차리고 일어나 보니 뒷머리가 온통 피로 범벅이 되었고 피가 계속 흘러내리고 정신이 혼미하여 주변사람의 부축을 받아 근처에 있는 외과병원에 가서 치료를 받는데 뒷머리가 5㎝정도 찢어지고 피를 많이 흘려 X-ray를 찍어보았으나 뼈에는 다행히 문제가 없어 12바늘의 봉합수술을 하였고 흘린 피가 많아 링거주사를 2시간에 걸쳐 맞았습니다. 담당의사는 경과를 두고 봐야 한다면서 며칠 입원하라고 하였으나 고소인은 일이 바빠 그럴 수 없다고 하자 담당의사는 환자가 원해서 퇴원한다는 각서를 고소인이 써주자 퇴원을 허락하였고 당시 어느 정도의 치료기간이 걸리겠는가의 고소인의 물음에 달리 다른 증세가 없다면 최소한 ○주 정도는 치료를 받아야 완치 될 것이며 계속적으로 병원에 와서 치료를 받고 약을 받아가야 한다고 하였습니다.

5. 그리하여 4시간에 걸친 응급처치 후에 고소인은 집으로 돌아와 쉬었는데 피고소인은 바로 옆에서 영업을 하면서도 찾아와서 용서를

구하던가, 또는 치료비를 물어주겠다는 소리도 한마디 없이 현재까지 오히려 자기가 잘 한 것이고, 고소인이 험담을 하여 천벌을 준 것이라는 등의 거짓말만 하고 다니며 잘못을 뉘우치지 않고 있습니다.

6. 이에 고소인은 피고소인을 상해죄로 고소하는 바이고, 피고소인의 고소인에 대한 행위는 단순히 폭행을 하여 상해의 결과를 야기한 폭행 치상의 죄가 아니고 고의적으로 고소인에게 상해를 가할 의도로 위험한 물건인 철제 쓰레받기의 모서리로 내리친 것으로서 상해의 죄로 엄중히 처벌받아야 마땅할 것인바, 조사하시어 엄히 처벌하여주시기 바랍니다.

첨 부 서 류

상해진단서   1통

20○○년   ○월   ○일

고 소 인   ○   ○   ○ (인)

○○경찰서장(또는 ○○지방검찰청 검사장) 귀 중

제출기관	범죄지, 피의자의 주소, 거소 또는 현재지의 경찰서, 검찰청	공소시효	○년(☞공소시효일람표)
고소권자	피해자(형사소송법 223조) (※ 아래(1)참조)	소추요건	
제출부수	고소장 1부	관련법규	형법 257조, 폭력행위등처벌에 관한법률 3조1항, 2조1항
범죄성립 요건	흉기 기타 위험한 물건을 휴대하여 사람의 신체를 상해한 때		
형량	· 3년 이상의 유기징역		
불기소처분 등에대한 불복절차 및 기간	(항고) · 근거 : 검찰청법 10조 · 기간 : 처분결과의 통지를 받은 날부터 30일(검찰청법 10조4항) (재정신청) · 근거 : 형사소송법 제260조 · 기간 : 항고기각 결정을 통지받은 날 또는 동법 제260조 제2항 각 호의 사유가 발생한 날부터 10일(형사소송법 제260조 제3항) (헌법소원) · 근거 : 헌법재판소법 68조 · 기간 : 그 사유가 있음을 안 날로부터 90일 이내에, 그 사유가 있은 날로부터 1년 이내에 청구하여야 한다. 다만, 다른 법률에 의한 구제절차를 거친 헌법소원의 심판은 그 최종결정을 통지받은 날로부터 30일 이내에 청구(헌법재판소법 69조)		

※ (1) 고소권자
(형사소송법 225조)
 1. 피해자가 제한능력자인 경우의 법정대리인
 2. 피해자가 사망한 경우의 배우자, 직계친족, 형제, 자매. 단, 피해자의 명시한 의사에 반하여 고소할 수 없음
(형사소송법 224조)
 자기 또는 배우자의 직계존속은 고소할 수 없음(단, 성폭력범죄의 처벌등에관한특례법 제18조에서는 "성폭력범죄에 대하여는 「형사소송법」 제224조(고소의 제한) 및 「군사법원법」 제266조에도 불구하고 자기 또는 배우자의 직계존속을 고소할 수 있다."고 규정함)

[서식 예] 폭력행위등처벌에관한법률위반(체포)

고   소   장

고 소 인 : ○ ○ ○ (주민등록번호 :   -   )
           주소 : ○○시 ○○구 ○○길 ○○
           직업 :   사무실 주소 :
           전화번호 : (휴대폰:) (자택:) (사무실:)
           이메일 :
피고소인 : △ △ △ (주민등록번호 :   -   )
           주소 : ○○시 ○○구 ○○길 ○○
           직업 :   사무실 주소 :
           전화번호 : (휴대폰:) (자택:) (사무실:)
           이메일 :

위 고소인은 다음과 같이 피고소인을 고소하오니 철저히 조사하여 법에 따라서 처벌하여 주시기 바랍니다.

- 다   음 -

1. 고소사실

   고소인은 ○○년 ○월 ○일 저녁 ○○시에 "A"나이트 클럽에서 우연히 피고소인을 알게되어 함께 술을 마셨습니다. 술을 마시다가 밤이 깊은 관계로 집에 가려고 하자, 피고소인이 "밤도 늦은 시간에 어떻게 연약한 여자를 혼자 보낼 수 있느냐고" 하면서 집까지 바래준다고 하여, 피고소인과 함께 고소인 집으로 가게 되었습니다. 그리하여 고소인 집 부근까지 피고소인과 함께 오게 되었습니다. 집에 다온 고소인은 피고소인에게 이제 집에 다 왔으니 그만 가라고 하자 피고소인은 알았다고 하면서 할말이 있으니 잠깐만 있어 주라고 하였고, 이에 고소인은 시간이 늦었으니 다음에 이야기하라고 한 후 집으로 들어 갈려고 하자 피고소인이 갑자기 고소인의 손목을 잡고서 집에 들어가는 것을 막는 것이었습니다. 고소인의 손목을 잡은 피고소인은 처음에는 애원 조로 잠깐만 이야기하고 가라고 하더니 나중에는 험한 말을 하면서 고소인으로 하여금 집에 못 들어가게 하는 것이었습니다. 무려 한시간 가까이 피고소인으로부터 행동의 자유를 침해당한 고소인은 마침 지나가던 행인의 도움으로 피고소인으로부터 풀려나 집에 들어갈 수 있었던 것입니다.

2. 피고소인의 위법사실

위 고소사실과 같이 피고소인은 연약한 여자인 고소인을 늦은 밤에 완력으로 고소인의 행동의 자유를 제압한 채 근 한 시간동안 피고소인의 지배하에 두었는바, 이는 형법상 체포죄에 해당한다 할 것이므로 조사하여 엄벌에 처해 주시길 바랍니다.

20○○년 ○월 ○일

고 소 인 ○ ○ ○ (인)

○○경찰서장(또는 ○○지방검찰청 검사장) 귀 중

제출기관	범죄지, 피의자의 주소, 거소 또는 현재지의 경찰서, 검찰청	공 소 시 효	○년(☞공소시효일람표)
고소권자	피해자(형사소송법 223조) (※ 아래(1)참조)	소 추 요 건	
제출부수	고소장 1부	관 련 법 규	폭력행위등처벌에관한법률 2조,형법 276조
범죄성립 요 건	야간 또는 2인 이상이 공동하여 사람을 체포한 때		
형 량	· 5년 이하의 징역 · 700만원 이하의 벌금 (10년 이하의 자격정지를 병과할 수 있음:형법 282조) · 위 형에 2분의 1까지 가중처벌함(폭력행위등처벌에관한법률 2조2항)		
불기소처분 등에 대한 불복절차 및 기간	(항고) · 근거 : 검찰청법 10조 · 기간 : 처분결과의 통지를 받은 날부터 30일(검찰청법 10조4항) (재정신청) · 근거 : 형사소송법 제260조 · 기간 : 항고기각 결정을 통지받은 날 또는 동법 제260조 제2항 각 호의 사유가 발생한 날부터 10일(형사소송법 제260조 제3항) (헌법소원) · 근거 : 헌법재판소법 68조 · 기간 : 그 사유가 있음을 안 날로부터 90일 이내에, 그 사유가 있은 날로부터 1년 이내에 청구하여야 한다. 다만, 다른 법률에 의한 구제절차를 거친 헌법소원의 심판은 그 최종결정을 통지받은 날로부터 30일 이내에 청구(헌법재판소법 69조)		

※ (1) 고소권자

(형사소송법 225조)

  1. 피해자가 제한능력자인 경우의 법정대리인

  2. 피해자가 사망한 경우의 배우자, 직계친족, 형제, 자매. 단, 피해자의
     명시한 의사에 반하여 고소할 수 없음

(형사소송법 224조)

  자기 또는 배우자의 직계존속은 고소할 수 없음(단, 성폭력범죄의 처벌등
에관한특례법 제18조에서는 "성폭력범죄에 대하여는 「형사소송법」 제224
조(고소의 제한) 및 「군사법원법」 제266조에도 불구하고 자기 또는 배우
자의 직계존속을 고소할 수 있다."고 규정함)

[서식 예] 폭행가혹행위죄

고 소 장

고 소 인 : ○ ○ ○ (주민등록번호 :   -   )
　　　　　 주소 : ○○시 ○○구 ○○길 ○○
　　　　　 직업 :   사무실 주소 :
　　　　　 전화번호 : (휴대폰:) (자택:) (사무실:)
　　　　　 이메일 :
피고소인 : △ △ △ (주민등록번호 :   -   )
　　　　　 주소 : ○○시 ○○구 ○○길 ○○
　　　　　 직업 :   사무실 주소 :
　　　　　 전화번호 : (휴대폰:) (자택:) (사무실:)
　　　　　 이메일 :

고 소 취 지

고소인은 피고소인을 상대로 아래와 같이 폭행가혹행위죄로 고소하고자 하오니 철저히 조사하여 엄벌에 처해주시기 바랍니다.

고 소 사 실

1. 피고소인은 ○○경찰서 소속 사법경찰관인 자이고, 고소인은 ○○경찰서 관할구역내 야채장사를 하는 상인입니다.

2. 20○○년 ○월 ○일경 오후 ○○시경 ○○시장내에서 고소인이 영업을 하고 있던 중 ○○시장내 주변 상인인 고소외 ㅁㅁㅁ와 시비가 붙어 몸싸움을 벌이고 있었는데, 마침 순찰중인 ○○경찰서 소속 피고소인을 포함한 경찰관 2인에 의해 경찰서로 연행되었습니다.

3. 20○○. ○. ○. 오후 ○○시까지 조사를 받고, 유치장에 구금되었는데, 고소인이 빨리 풀어달라고 요구하자, 피고소인이 갑자기 유치장 안에 있던 고소인을 끌어내더니 복부와 허벅지를 구타하고 얼굴을 수십차례 주먹으로 가격하는 등 폭행을 하였습니다.

4. 고소인은 다음날 풀려났지만 그 날의 폭행으로 육체적은 물론이고 정신적인   피해를 입었는바, 위 피고소인의 행위는 자신의 직위를 남용하여 힘없는 일반시민에 대해 가혹행위를 한것이므로 피고소인을 폭행.가혹 행위죄로 고소하고자 하오니엄중히 조사하여 주시기 바랍니다.

입 증 방 법

1. 진술서
2. 진단서

20○○년   ○월   ○일

위 고소인   ○○○ (인)

○○경찰서장(또는 ○○지방검찰청 검사장) 귀 중

제출기관	범죄지, 피의자의 주소, 거소 또는 현재지의 경찰서, 검찰청	공소시효	○년(☞공소시효일람표)
고소권자	피해자(형사소송법 223조) (※ 아래(1)참조)	소추요건	
제출부수	고소장 1부	관련법규	형법 125조
범죄성립 요 건	재판, 검찰, 경찰 기타 인신구속에 관한 직무를 행하는 자 또는 이를 보조하는 자가 그 직무를 행함에 당하여 형사피의자 또는 기타 사람에 대하여 폭행 또는 가혹한 행위를 가한 때		
형 량	· 5년 이하의 징역과 10년 이하의 자격정지		
불기소처분 등에대한 불복절차 및 기간	(항고) · 근거 : 검찰청법 10조 · 기간 : 처분결과의 통지를 받은 날부터 30일(검찰청법 10조4항) (재정신청) · 근거 : 형사소송법 제260조 · 기간 : 항고기각 결정을 통지받은 날 또는 동법 제260조 제2항 각 호의 사유가 발생한 날부터 10일(형사소송법 제260조 제3항) (헌법소원) · 근거 : 헌법재판소법 68조 · 기간 : 그 사유가 있음을 안 날로부터 90일 이내에, 그 사유가 있은 날로부터 1년 이내에 청구하여야 한다. 다만, 다른 법률에 의한 구제절차를 거친 헌법소원의 심판은 그 최종결정을 통지받은 날로부터 30일 이내에 청구(헌법재판소법 69조)		

※ (1) 고소권자

(형사소송법 225조)

1. 피해자가 제한능력자인 경우의 법정대리인
2. 피해자가 사망한 경우의 배우자, 직계친족, 형제, 자매. 단, 피해자의 명시한 의사에 반하여 고소할 수 없음

(형사소송법 224조)

자기 또는 배우자의 직계존속은 고소할 수 없음(단, 성폭력범죄의 처벌등에관한특례법 제18조에서는 "성폭력범죄에 대하여는 「형사소송법」 제224조(고소의 제한) 및 「군사법원법」 제266조에도 불구하고 자기 또는 배우자의 직계존속을 고소할 수 있다."고 규정함)

[서식 예] 폭행죄

고　소　장

고 소 인 : ○ ○ ○ (주민등록번호 :　　　　-　　　　)
　　　　　주소 :　○○시 ○○구 ○○길 ○○
　　　　　직업 :　　　사무실 주소 :
　　　　　전화번호 : (휴대폰:　) (자택:　) (사무실:　)
　　　　　이메일 :
피고소인 : △ △ △ (주민등록번호 :　　　　-　　　　)
　　　　　주소 :　○○시 ○○구 ○○길 ○○
　　　　　직업 :　　　사무실 주소 :
　　　　　전화번호 : (휴대폰:　) (자택:　) (사무실:　)
　　　　　이메일 :

고소인은 피고소인에 대하여 다음과 같이 고소하오니 철저히 조사하여 법에 따라서 처벌하여 주시기 바랍니다.

다　　음

피고소인은 일정한 직업이 없는 자로서 20○○. ○. ○. ○○:○○경 ○○시 ○○구 ○○길 ○○번지 소재 고소인이 경영하는 '○○음식점'에 들어와서 공연히 종업원에게 시비를 걸어 욕설을 하면서 행패를 부리는 것을 고소인이 말리자 피고소인은 고소인에게 너도 똑같은 놈이라며 뺨을 때리고 머리채를 잡아 흔드는 등 폭행을 가한 사실이 있어 고소하오니 조사하여 엄벌하여 주시기 바랍니다.

첨 부 서 류

　　1. 진단서　　　　　　　　　　　　　　1통
　　2. 목격자 진술서　　　　　　　　　　1통

　　　　　20○○년　　○월　　○일
　　　　　위 고소인　○　○　○ (인)

○○경찰서장(또는 ○○지방검찰청 검사장) 귀 중

제출기관	범죄지, 피의자의 주소, 거소 또는 현재지의 경찰서, 검찰청	공소시효	○년(☞공소시효일람표)
고소권자	피해자(형사소송법 223조) (※ 아래(1)참조)	소추요건	반의사불벌죄
제출부수	고소장 1부	관련법규	형법 260조
범죄성립 요 건	사람의 신체에 대하여 폭행을 가한 때		
형 량	· 2년 이하의 징역 · 500만원 이하의 벌금, 구류, 과료		
불기소처분 등에 대한 불복절차 및 기간	(항고) · 근거 : 검찰청법 10조 · 기간 : 처분결과의 통지를 받은 날부터 30일(검찰청법 10조4항) (재정신청) · 근거 : 형사소송법 제260조 · 기간 : 항고기각 결정을 통지받은 날 또는 동법 제260조 　　　　제2항 각 호의 사유가 발생한 날부터 10일(형사 　　　　소송법 제260조 제3항) (헌법소원) · 근거 : 헌법재판소법 68조 · 기간 : 그 사유가 있음을 안 날로부터 90일 이내에, 그 사 　　　　유가 있은 날로부터 1년 이내에 청구하여야 한다. 　　　　다만, 다른 법률에 의한 구제절차를 거친 헌법소원의 　　　　심판은 그 최종결정을 통지받은 날로부터 30일 이내 　　　　에 청구(헌법재판소법 69조)		

※ (1) 고소권자
(형사소송법 225조)
　1. 피해자가 제한능력자인 경우의 법정대리인
　2. 피해자가 사망한 경우의 배우자, 직계친족, 형제, 자매. 단, 피해자의
　　명시한 의사에 반하여 고소할 수 없음
(형사소송법 224조)
　자기 또는 배우자의 직계존속은 고소할 수 없음(단, 성폭력범죄의 처벌등
에관한특례법 제18조에서는 "성폭력범죄에 대하여는 「형사소송법」 제224
조(고소의 제한) 및 「군사법원법」 제266조에도 불구하고 자기 또는 배우
자의 직계존속을 고소할 수 있다."고 규정함)

[서식 예] 피의사실공표죄

고　소　장

고 소 인 ： ○ ○ ○ (주민등록번호 ：　　　-　　　)
　　　　　주소 ： ○○시 ○○구 ○○길 ○○
　　　　　직업 ：　　사무실 주소 ：
　　　　　전화번호 ： (휴대폰：　) (자택：　) (사무실：　)
　　　　　이메일 ：
피고소인 ： △ △ △ (주민등록번호 ：　　　-　　　)
　　　　　주소 ： ○○시 ○○구 ○○길 ○○
　　　　　직업 ：　　사무실 주소 ：
　　　　　전화번호 ： (휴대폰：　) (자택：　) (사무실：　)
　　　　　이메일 ：

고　소　내　용

1. 고소인은 20○○. ○. ○. 고소인이 근무하였던 A주식회사의 대표이사 □□□으로부터 A주식회사의 기밀서류로 전세계의 관심을 끌고 있던 신개발약품의 제조공정도면 및 사업계획서를 경쟁사인 B주식회사 기술기획실 실장인 □□□에게 건네주는 등 회사의 기밀을 누설하였다는 이유로 고소를 당하여 관할 경찰서인 ○○경찰서에서 조사를 받은 사실이 있습니다.

2. 고소인이 관할 경찰서에서 조사를 받을 당시 범죄사실을 강력히 부인하며 고소인이 A주식회사의 기밀서류를 넘겨주었다고 하는 시점을 전후하여 약 ○개월 동안을 해외에 있었으므로 A주식회사의 신제품제조공정도면이나 사업계획서를 접할 수가 없었음을 진술하고, 해외에 있었다는 사실을 증명하기 위하여 출입국에 관한 사실 증명서까지 제출한 사실이 있습니다.

3. 그러나 관할경찰서의 수사담당과장인 △△△는 20○○. ○. ○. A 주식회사의 신개발약품에 대하여 각 언론기관 등이 많은 관심을 가지고 있자 참고인들의 진술이 명백하지 않으며, 참고인들 간에도 진술이 일치하지 않고 있음에도 중간 수사결과에 대한 보도자료를 작성하여 K일보의 ㅁㅁㅁ 등 각 언론사의 기자들에게 배포한 사실이 있는 바, 동 보도자료에 의하면 고소인이 B회사에 스카우트되기 위하여 기밀서류를 유출하였음이 밝혀졌다고 발표하면서, 향후의 수사계획까지 발표한 사실이 있습니다.

4. 위와 같이 수사담당경찰관인 피고소인 △△△는 고소인의 비밀누설 혐의가 불확실한 상태에서 공소제기전에 고소인의 피의사실을 각 언론기관 등에 발표를 하였으므로 이에 대하여 피고소인의 위법 여부를 철저히 조사하여 죄가 인정될 경우 엄히 처벌하여 주시기 바랍니다.

첨 부 서 류

1. 보도자료사본   1부
1. 신문기사사본   5부
1. 출입국에관한 사실증명   1부

20○○년   ○월   ○일

위 고소인   ○○○ (인)

○○경찰서장(또는 ○○지방검찰청 검사장) 귀 중

제출기관	범죄지, 피의자의 주소, 거소 또는 현재지의 경찰서, 검찰청	공소시효	○년(☞공소시효일람표)
고소권자	피해자(형사소송법 223조) (※ 아래(1)참조)	소추요건	
제출부수	고소장 1부	관련법규	형법 126조
범죄성립 요건	검찰, 경찰 기타 범죄수사에 관한 직무를 행하는 자 또는 이를 감독하거나 보조하는 자가 그 직무를 행함에 당하여 지득한 피의사실을 공판청구전에 공표한 때		
형량	· 3년 이하의 징역 · 5년 이하의 자격정지		
불기소처분 등에 대한 불복절차 및 기간	(항고) · 근거 : 검찰청법 10조 · 기간 : 처분결과의 통지를 받은 날부터 30일(검찰청법 10조4항) (헌법소원) · 근거 : 헌법재판소법 68조 · 기간 : 그 사유가 있음을 안 날로부터 90일 이내에, 그 사유가 있은 날로부터 1년 이내에 청구하여야 한다. 다만, 다른 법률에 의한 구제절차를 거친 헌법소원의 심판은 그 최종결정을 통지받은 날로부터 30일 이내에 청구(헌법재판소법 69조)		

※ (1) 고소권자

(형사소송법 225조)

1. 피해자가 제한능력자인 경우의 법정대리인
2. 피해자가 사망한 경우의 배우자, 직계친족, 형제, 자매. 단, 피해자의 명시한 의사에 반하여 고소할 수 없음

(형사소송법 224조)

자기 또는 배우자의 직계존속은 고소할 수 없음(단, 성폭력범죄의 처벌등에관한특례법 제18조에서는 "성폭력범죄에 대하여는「형사소송법」제224조(고소의 제한) 및「군사법원법」제266조에도 불구하고 자기 또는 배우자의 직계존속을 고소할 수 있다."고 규정함)

[서식 예] 학대죄

고　　소　　장

고 소 인 : ○ ○ ○ (주민등록번호 :　　　　　-　　　　　)
　　　　　주소 : ○○시 ○○구 ○○길 ○○
　　　　　직업 :　　　　사무실 주소 :
　　　　　전화번호 : (휴대폰:　　) (자택:　　　) (사무실:　　)
　　　　　이메일 :
피고소인 : △ △ △ (주민등록번호 :　　　　　-　　　　　)
　　　　　주소 : ○○시 ○○구 ○○길 ○○
　　　　　직업 :　　　　사무실 주소 :
　　　　　전화번호 : (휴대폰:　　) (자택:　　　) (사무실:　　)
　　　　　이메일 :

고소인은 다음과 같이 피고소인을 고소하오니, 법에 따라 조사하여 처벌하여 주시기 바랍니다.

고　소　사　실

1. 신분관계

　피고소인은 ○○시 ○○구 ○○길 ○○에서 봉제공장을 운영하는 자이고, 고소인은 피고소인에게 고용되어 그의 보호와 감독하에 공장에서 기숙하며 근로를 제공하고 있는 근로자입니다.

2. 고소내용

　고소인은 20○○. ○. ○.부터 피고소인의 ○○봉제공장에서 기숙하며 일을 하고 있는데, 고소인이 처음 해보는 일이라 잘하지 못하는 경우가 많았는데 이를 이유로 피고소인이 20○○. ○. ○. ○○:○○경부터 식사도 못하게 하고 동일 ○○:○○경까지 무릎을 꿇려놓는 등의 징벌을 준바 있고, 또한 동년 ○. ○.에도 저녁식사를 못하게 하고 징벌을 주는 등 그 후에도 비슷한 처벌을 여러 차례 준바 있고, 20○○. ○. ○.부터는 고소인의 가슴부위와 다리부위 등에 폭행을 행사하기도 하여 최근까지 계속 이루어져 왔습니다.

3. 결 론

위의 사실과 같이 피고소인은 자기의 보호·감독을 받고 있는 고소인에게 식사를 자주 주지 않고, 필요한 휴식을 불허한 경우가 많으며, 또한 지나치게 빈번한 징계행위로 고소인에게 피해를 주었는바 이에 피고소인을 법에 따라 철저히 조사하여 엄벌에 처해 주시기 바랍니다.

20○○년 ○월 ○일

위 고 소 인 ○ ○ ○ (인)

○○경찰서장(또는 ○○지방검찰청 검사장) 귀 중

제출기관	범죄지, 피의자의 주소, 거소 또는 현재지의 경찰서, 검찰청	공소시효	○년(☞공소시효일람표)
고소권자	피해자(형사소송법 223조) (※ 아래(1)참조)	소추요건	
제출부수	고소장 1부	관련법규	형법 273조
범죄성립 요 건	자기의 보호 또는 감독을 받는 사람을 학대한 때		
형 량	· 2년 이하의 징역 · 500만원 이하의 벌금		
불기소처분등 에 대한 불복절차 및 기간	(항고) · 근거 : 검찰청법 10조 · 기간 : 처분결과의 통지를 받은 날부터 30일(검찰청법 10조4항) (재정신청) · 근거 : 형사소송법 제260조 · 기간 : 항고기각 결정을 통지받은 날 또는 동법 제260조 제2항 각 호의 사유가 발생한 날부터 10일 (형사소송법 제260조 제3항) (헌법소원) · 근거 : 헌법재판소법 68조 · 기간 : 그 사유가 있음을 안 날로부터 90일 이내에, 그 사유가 있은 날로부터 1년 이내에 청구하여야 한다. 다만, 다른 법률에 의한 구제절차를 거친 헌법소원의 심판은 그 최종결정을 통지받은 날로부터 30일 이내에 청구(헌법재판소법 69조)		

※ (1) 고소권자

(형사소송법 225조)

1. 피해자가 제한능력자인 경우의 법정대리인
2. 피해자가 사망한 경우의 배우자, 직계친족, 형제, 자매. 단, 피해자의 명시한 의사에 반하여 고소할 수 없음

(형사소송법 224조)

자기 또는 배우자의 직계존속은 고소할 수 없음(단, 성폭력범죄의 처벌등에관한특례법 제18조에서는 "성폭력범죄에 대하여는 「형사소송법」 제224조(고소의 제한) 및 「군사법원법」 제266조에도 불구하고 자기 또는 배우자의 직계존속을 고소할 수 있다."고 규정함)

[서식 예] 허위감정등죄

고 소 장

고 소 인 : ○ ○ ○ (주민등록번호 :   -   )

　　　　주소 : ○○시 ○○구 ○○길 ○○

　　　　직업 :   사무실 주소 :

　　　　전화번호 : (휴대폰:) (자택:) (사무실:)

　　　　이메일 :

피고소인 : △ △ △ (주민등록번호 :   -   )

　　　　주소 : ○○시 ○○구 ○○길 ○○

　　　　직업 :   사무실 주소 :

　　　　전화번호 : (휴대폰:) (자택:) (사무실:)

　　　　이메일 :

고 소 사 실

1. ○○시 ○○군 ○○면 ○○리 산 ○○번지에 위치한 감정대상 광산은 장석, 운모 등의 수반광물이 없는 석영의 단일광물로 구성되어 있고, 석영맥 광상은 백색으로 쉽게 감별할 수 있는 것임에도 불구하고, 피고소인 △△△는 시료를 이용하여 분석실험도 거치지 아니한 채 신빙할 수 있는 근거 없이 페그마타이트 광상이라고 감정하였습니다.

2. 또한 가채광량을 산출하기 위하여는 최소한 광상의 2면 이상이 갱도 또는 시추에 의하여 확인되어야 하는 등 적절한 신빙성 있는 자료를 수집, 참고하여야 함에도 불구하고 피고소인 △△△은 뚜렷한 근거를 제시함이 없이 광산의 한 부분만 실측하고는 대부분을 추정으로 가채광량을 산출하였으며, 광물의 성분품위는 가격결정에 중요한 영향을 미치는 요소이므로 피고소인 자신이 직접 시료를 합리적인 방법으로 채취하여 전문기관에 시험분석을 의뢰하여야 함에도 불구하고, 피고소인은 그 자신이 시험분석을 하지 아니하였을 뿐만 아니라 19○○. ○. ○. 기준의 평가조서를 작성하면서 경매신청 채권자인 ㅁㅁㅁ이 가져다 주는 19○○. ○. ○.일자의 수출검사증에 기재된 시험분석결과를 자료로 받고 그 중 Sio2:99.72%(A급임)라고 기재 된 자료를 첨부하면서 평가조서에 그 첨부된 자료가 아닌 다른 자료에 따라Sio2:99.68%(B급임)라고 기재하는 등 이 사건 광물의 성분품위에 관하여 평가조서에 자의적으로 기술하였습니다.

3. 이에 더해 판매단가 또한 광물의 성분품위에 맞추어 광업전문기관에 마련된 객관적 자료에 의하여 판매단가를 결정, 산출하여야 함에도 불구하고, 피고소인은 성분품위에 상응하는 등급사정도 없이 규석광산을 운영한다는 피고소인의 친구에게 규석의 가격을 물어 톤당 단가를 막연히 22,000원이라고 기재함으로써 피고소인은 광업권의 시가에 관한 분쟁에 있어 신빙할 수 있는 자료가 없음에도 불구하고 고의로 광산평가조서에 감정가격을 허위 기재함으로써 허위감정을 하였습니다.

20ㅇㅇ년   ㅇ월   ㅇ일

위 고소인 ㅇ ㅇ ㅇ (인)

ㅇㅇ경찰서장(또는 ㅇㅇ지방검찰청 검사장) 귀 중

제출기관	범죄지, 피의자의 주소, 거소 또는 현재지의 경찰서, 검찰청	공소시효	○년(☞공소시효일람표)
고소권자	피해자(형사소송법 223조) (※ 아래(1)참조)	소추요건	
제출부수	고소장 1부	관련법규	형법 154조
범죄성립요 건	법률에 의하여 선서한 감정인, 통역인 또는 번역인이 허위의 감정, 통역 또는 번역을 한 때		
형 량	· 5년 이하의 징역 · 1000만원 이하의 벌금		
불기소처분등에대한 불복절차 및 기간	(항고) · 근거 : 검찰청법 10조 · 기간 : 처분결과의 통지를 받은 날부터 30일(검찰청법 10조4항) (재정신청) · 근거 : 형사소송법 제260조 · 기간 : 항고기각 결정을 통지받은 날 또는 동법 제260조 제2항 각 호의 사유가 발생한 날부터 10일 (형사소송법 제260조 제3항) (헌법소원) · 근거 : 헌법재판소법 68조 · 기간 : 그 사유가 있음을 안 날로부터 90일 이내에, 그 사유가 있은 날로부터 1년 이내에 청구하여야 한다. 다만, 다른 법률에 의한 구제절차를 거친 헌법소원의 심판은 그 최종결정을 통지받은 날로부터 30일 이내에 청구(헌법재판소법 69조)		

※ (1) 고소권자

(형사소송법 225조)

1. 피해자가 제한능력자인 경우의 법정대리인
2. 피해자가 사망한 경우의 배우자, 직계친족, 형제, 자매. 단, 피해자의 명시한 의사에 반하여 고소할 수 없음

(형사소송법 224조)

자기 또는 배우자의 직계존속은 고소할 수 없음[단, 성폭력범죄의 처벌 등에 관한 특례법 제18조에서는 "성폭력범죄에 대하여는 형사소송법 제224조(고소의 제한) 및 군사법원법 제266조에 불구하고 자기 또는 배우자의 직계존속을 고소할 수 있다."고 규정함]

[서식 예] 협박죄

고　소　장

고 소 인 : ○ ○ ○ (주민등록번호 :　　　-　　　)
　　　　　주소 :　○○시 ○○구 ○○길 ○○
　　　　　직업 :　　　사무실 주소 :
　　　　　전화번호 : (휴대폰:)(자택:)(사무실:)
　　　　　이메일 :
피고소인 : △ △ △ (주민등록번호 :　　　-　　　)
　　　　　주소 :　○○시 ○○구 ○○길 ○○
　　　　　직업 :　　　사무실 주소 :
　　　　　전화번호 : (휴대폰:)(자택:)(사무실:)
　　　　　이메일 :

고　소　취　지

피고소인은 20○○. ○. ○. ○○:○○경 ○○시 ○○구 ○○길 ○○
번지 소재 '○○○'식당에서 고소인에게 '집을 비워주지 않으면 고소인
및 고소인의 가족을 죽여버리겠다'라는 내용의 협박을 하였으니 피고소
인을 엄벌에 처하여 주십시오.

고　소　내　용

1. 사건의 경위
　가. 고소인은 20○○. ○. ○. 피고소인 소유의 위 ○○길 ○○번지
지상 상가를 보증금 ○○○원, 월세 ○○원, 임차기간 20○○. ○.
○.까지로 정하여 임차하여 지금까지 식당업을 하고 있습니다.
　나. 피고소인은 자신이 위 상가에서 식당업을 하겠다며, 임대차 기간
이 만료되기 전임에도 수차에 걸쳐 고소인에게 상가를 명도하여 줄 것
을 요구하여 오다가, 20○○. ○. ○. ○○:○○경 고소인이 운영하는
위 '○○○'식당에 찾아와서 '일주일 내로 상가를 비워주지 않으면 고
소인 및 고소인의 가족을 죽여버리겠다'는 내용의 협박을 하여 고소인
은 심한 공포를 느꼈습니다.

2. 피고소인의 범죄행위로 인한 피해상황

 피고소인의 위 협박행위 이 후, 피고소인이 고소인이나 고소인의 아이들에 대하여 신체적 가해를 하지 않나 하는 두려움에 아이들이 학교를 가거나 외출할 때에는 꼭 고소인이 따라 다니고 있는 실정이며, 극심한 정신적인 고통을 겪다가 결국 신경 쇠약으로 정신과적 치료를 받기도 하였습니다.

3. 결론

 이상의 이유로 피고소인을 협박죄로 고소하오니, 부디 고소인 및 고소인 가족의 안전을 위해서라도 피고소인을 엄벌에 처하여 주시기를 바랍니다.

첨 부 서 류

1. 상가임대차계약서 사본　　　　　1통
2. 내용증명　　　　　　　　　　　각 1통
3. 국립정신병원 진단서　　　　　　1통

20○○년　　○월　　○일

위　고소인　　○　○　○　(인)

○○경찰서장(또는 ○○지방검찰청 검사장) 귀 중

제출기관	범죄지, 피의자의 주소, 거소 또는 현재지의 경찰서, 검찰청	공소시효	○년(☞공소시효일람표)
고소권자	피해자(형사소송법 223조) (※ 아래(1)참조)	소추요건	반의사 불벌죄
제출부수	고소장 1부	관련법규	형법 283조
범죄성립 요 건	사람을 협박한 때		
형 량	· 3년 이하의 징역 · 500만원 이하의 벌금, 구류, 과료		
불기소처분 등에 대한 불복절차 및 기간	(항고) · 근거 : 검찰청법 10조 · 기간 : 처분결과의 통지를 받은 날부터 30일(검찰청법 10조4항) (재정신청) · 근거 : 형사소송법 제260조 · 기간 : 항고기각 결정을 통지받은 날 또는 동법 제260조 　　　　제2항 각 호의 사유가 발생한 날부터 10일(형사 　　　　소송법 제260조 제3항) (헌법소원) · 근거 : 헌법재판소법 68조 · 기간 : 그 사유가 있음을 안 날로부터 90일 이내에, 그 사 　　　　유가 있은 날로부터 1년 이내에 청구하여야 한다. 　　　　다만, 다른 법률에 의한 구제절차를 거친 헌법소원의 　　　　심판은 그 최종결정을 통지받은 날로부터 30일 이내 　　　　에 청구(헌법재판소법 69조)		

※ (1) 고소권자

(형사소송법 225조)

1. 피해자가 제한능력자인 경우의 법정대리인

2. 피해자가 사망한 경우의 배우자, 직계친족, 형제, 자매. 단, 피해자의
   명시한 의사에 반하여 고소할 수 없음

(형사소송법 224조)

자기 또는 배우자의 직계존속은 고소할 수 없음[단, 성폭력범죄의 처벌
등에 관한 특례법 제18조에서는 "성폭력범죄에 대하여는 형사소송법 제
224조(고소의 제한) 및 군사법원법 제266조에 불구하고 자기 또는 배우
자의 직계존속을 고소할 수 있다."고 규정함]

[서식 예] 횡령죄

고 소 장

고 소 인 : ○ ○ ○ (주민등록번호 :   -   )
　　　　　주소 : ○○시 ○○구 ○○길 ○○
　　　　　직업 :　　　사무실 주소 :
　　　　　전화번호 : (휴대폰:　　) (자택:　　) (사무실:　　)
　　　　　이메일 :
피고소인 : △ △ △ (주민등록번호 :   -   )
　　　　　주소 : ○○시 ○○구 ○○길 ○○
　　　　　직업 :　　　사무실 주소 :
　　　　　전화번호 : (휴대폰:　　) (자택:　　) (사무실:　　)
　　　　　이메일 :

고 소 취 지

고소인은 피고소인을 상대로 아래와 같이 횡령죄로 고소를 제기하오니
철저히 조사하시어 엄벌하여 주시기 바랍니다.

고 소 사 실

피고소인은 20○○. ○. ○. ○○:○○경 ○○시 ○○구 ○○길 ○○
에 있는 고소인의 집에서 고소인으로부터 "발행일 20○○. ○. ○. 지
급기일 같은 해 ○. ○, 액면금 1,000만원"의 약속어음 1장에 대한 할
인의뢰를 받아 고소인을 위하여 보관중, 20○○. ○. ○.경 고소인의
허락 없이 임의로 위 어음을 고소외 □□□에 대한 외상물품대금 명목
으로 동인에게 교부하여 이를 횡령하였기에 본 고소에 이른 것입니다.

입 증 방 법

추후 조사시에 제출하겠습니다.

20○○년　○월　○일
위 고소인　○ ○ ○ (인)

○○경찰서장(또는 ○○지방검찰청 검사장) 귀 중

제출기관	범죄지, 피의자의 주소, 거소 또는 현재지의 경찰서, 검찰청	공소시효	○년(☞공소시효일람표)
고소권자	피해자(형사소송법 223조) (※아래(1)참조)	소추요건	※ 아래(2) 참조 형법 361조,328조
제출부수	고소장 1부	관련법규	형법 355조1항
범죄성립 요 건	타인의 재물을 보관하는 자가 그 재물을 횡령하거나 그 반환을 거부한 때		
형 량	· 5년 이하의 징역 · 1,500만원 이하의 벌금 (10년 이하의 자격정지를 병과할 수 있음 : 형법 358조)		

불기소처분 등에 대한 불복절차 및 기간	(항고)
	· 근거 : 검찰청법 10조
	· 기간 : 처분결과의 통지를 받은 날부터 30일(검찰청법 10조4항)
	
	(재정신청)
	· 근거 : 형사소송법 제260조
	· 기간 : 항고기각 결정을 통지받은 날 또는 동법 제260조
	      제2항 각 호의 사유가 발생한 날부터 10일(형사
	      소송법 제260조 제3항)
	
	(헌법소원)
	· 근거 : 헌법재판소법 68조
	· 기간 : 그 사유가 있음을 안 날로부터 90일 이내에, 그
	      사유가 있은 날로부터 1년 이내에 청구하여야 한
	      다. 다만, 다른 법률에 의한 구제절차를 거친 헌법
	      소원의 심판은 그 최종결정을 통지받은 날로부터 30
	      일 이내에 청구(헌법재판소법 69조)		

※ (1) 고소권자

(형사소송법 225조)

 1. 피해자가 제한능력자인 경우의 법정대리인

 2. 피해자가 사망한 경우의 배우자, 직계친족, 형제, 자매. 단, 피해자의
   명시한 의사에 반하여 고소할 수 없음

(형사소송법 224조)

 자기 또는 배우자의 직계존속은 고소할 수 없음[단, 성폭력범죄의 처벌
등에 관한 특례법 제18조에서는 "성폭력범죄에 대하여는 형사소송법 제
224조(고소의 제한) 및 군사법원법 제266조에 불구하고 자기 또는 배우

자의 직계존속을 고소할 수 있다."고 규정함]

※ (2) 친족간의 범행과 고소
  1. 직계혈족 ,배우자, 동거친족, 동거가족 또는 그 배우자간의 제323조의
     죄는 형을 면제
  2. 제1항이외의 친족간에 제323조의 죄를 범한 때에는 고소가 있어야 공
     소를 제기할 수 있음
  3. 전2항의 신분관계가 없는 공범에 대하여는 전2항을 적용하지 아니함.

[서식 예] 고소취하서

<h2 style="text-align:center;">고 소 취 하 서</h2>

고 소 인   ○ ○ ○
피고소인   △ △ △

고소인이 20○○. ○. ○. 피고소인을 ◎◎혐의로 고소한 사건에 관하
여 당사자는 원만히 합의하였기에 고소인은 그 고소를 취하합니다.

　　　　　　　　20○○. ○. ○.

　　　　　　　　　　　　　고 소 인   ○ ○ ○ (인)

○○경찰서장(또는 ○○지방검찰청 검사장) 귀 중

(관련판례)

형사소송법 제232조에 의하면 고소는 제1심판결 선고 전까지 취소할 수
있되 고소를 취소한 자는 다시 고소할 수 없으며, 한편 고소취소는 범인
의 처벌을 구하는 의사를 철회하는 수사기관 또는 법원에 대한 고소권자
의 의사표시로서 형사소송법 제239조, 제237조에 의하여 서면 또는 구술
로써 하면 족한 것이므로, 고소권자가 서면 또는 구술로써 수사기관 또는
법원에 고소를 취소하는 의사표시를 하였다고 보여지는 이상 그 고소는
적법하게 취소되었다고 할 것이고, 그 후 고소취소를 철회하는 의사표시
를 다시 하였다고 하여도 그것은 효력이 없다 할 것이다(대법원 2007. 4.
13. 선고 2007도425 판결 등 참조).

고 소 취 소 장

고소인   홍 길 동 (600000 - 1000000)
          주소 : 서울시 종로구 내자동 201-11 (우 110-798)
피고소인 : 임 꺽 정 (500000 - 1000000)
          주소 : 서울 서대문구 미근동 224

          위 고소인은 피고소인 임꺽정을 사기 혐의로 ○○경찰서
에 고소한 사실이 있는데, 어떤 사유로(예 : '피고소인으로부터 피해액
전액을 변제 받아서', 또는 '이후 변제받기로 하고' 등) 피고소인에 대
한 처벌을 원하지 않으므로 고소 내용 전체를 취소하고자 합니다

                    20○○년 ○월 ○○일

                    위 고소인 : 홍 길 동 ㉑

          ○ ○ 경 찰 서 장 귀하

※ 조사계에서 취급중인 사건을 당사자 및 피위임자가 고소취소를 하실 경
우 사건취급담당자에게 제출하시고 피위임자는 고소취소 장과 위임장 및 인
감(개인), 법인등기부등본(법인)이 필요합니다.

[서식 예] 합의서

합   의   서

피해자 홍 길 동 (600000 - 1000000)
      주소 : 서울시 종로구 내자동 201-11 (⑨ 110-798)
가해자 임 꺽 정 (500000 - 1000000)
          주소 : 서울 서대문구 미근동 224

      피해자 홍길동은 1999. 12. 10. 10:00경 서울 ○○구 ○
○동 ○번지 앞 노상에서 가해자 임꺽정으로부터 8주간의 치료를 요하
는 왼팔 골절상의 폭행을 당하고 가해자 임꺽정을 ○○경찰서에 신고
한 사실이 있는데, 1999. 12. 13. 21:00경 ○○에서 가해자의 형 임길
동으로부터 치료비 명목으로 7,000,000원을 받아 가해자의 처벌을 원
치 않으며 피해자는 차후로 이 사건으로 민·형사상의 이의를 제기하지
않겠습니다.

          200○년 ○월 ○○일
              위 고 소 인 : 홍 길 동 ㊞

     ○ ○ 경 찰 서 장 귀하

※ 취급중인 사건을 당사자 및 피위임자가 합의를 하실 경우 사건취급 담당
자에게 제출하시고 피위임자는 합의서와 위임장 및 인감(개인)이 필요합니
다.

제3장
고발(告發)

제3장 고발(告發)

1. 고발

① 「고발」이란 고소와 마찬가지로 범죄사실을 수사기관에 신고하여 범인의 소추를 구하는 의사표시입니다. 고소와 달리 범인 및 고소권자 이외의 제3자는 누구든지 할 수 있습니다. 공무원은 그 직무를 행함에 있어서 범죄가 있다고 사료하는 때에는 고발의 의무가 있습니다.

② 고발은 고소권자가 아닌 자의 의사표시라는 점에서 고소와 구별되며 범인 본인의 의사표시가 아니라는 점에서 자수(自首)와 구별됩니다. 고발은 일반적으로 수사의 단서에 불과하나 예외적으로 관세법 또는 조세범처벌법 위반과 같이 고발이 있어야 죄를 논하게 되는 사건(필요적 고발사건)의 경우 소송조건이 됩니다.

2. 고발할 수 있는 사람

① 누구든지 범죄가 있다고 사료하는 때에는 고발할 수 있습니다(형사소송법 제234조제1항).

② 공무원은 그 직무를 행함에 있어 범죄가 있다고 사료하는 때에는 고발하여야 합니다(형사소송법 제234조제2항).

3. 고발의 제한

자기 또는 배우자의 직계존속을 고발하지 못합니다(형사소송법 제235조 및 제224조).

4. 고발의 방식

① 고발은 서면 또는 구술로써 검사 또는 사법경찰관에게 하여야 합니다(형사소송법 제237조제1항).
② 검사 또는 사법경찰관이 구술에 의한 고발을 받은 때에는 조서를 작성하여야 합니다(형사소송법 제237조제2항).

5. 고발과 사법경찰관의 조치

사법경찰관이 고발을 받은 때에는 신속히 조사하여 관계서류와 증거물을 검사에게 송부해야 합니다(형사소송법 제238조).

6. 고발의 취소

6-1. 고발 취소의 방식
① 고발 취소는 서면 또는 구술로써 검사 또는 사법경찰관에게 하여야 합니다(형사소송법 제239조 및 제237조제1항).
② 검사 또는 사법경찰관이 구술에 의한 고발 취소를 받은 때에는 조서를 작성하여야 합니다(형사소송법」 제239조 및 제237조제2항).

6-2. 고발의 취소와 사법경찰관의 조치
사법경찰관이 고발 취소를 받은 때에는 신속히 조사하여 관계서류와 증거물을 검사에게 송부하여야 합니다(형사소송법 제239조 및 제238조).

■ 고발장 작성 사례

[서식 예] 공무상비밀누설죄

고 발 장

고 발 인 : ○ ○ ○ (주민등록번호 :   -   )
　　　　　주소 : ○○시 ○○구 ○○길 ○○
　　　　　직업 :　　　　사무실 주소 :
　　　　　전화번호 : (휴대폰:) (자택:) (사무실:)
　　　　　이메일 :
피고발인 : △ △ △ (주민등록번호 :   -   )
　　　　　주소 : ○○시 ○○구 ○○길 ○○
　　　　　직업 :　　　　사무실 주소 :
　　　　　전화번호 : (휴대폰:) (자택:) (사무실:)
　　　　　이메일 :

고 발 내 용

1. 고발인은 20○○. ○. ○. ◎◎시에서 주관하는 8급공개경쟁채용 시험에 응시하였으며, 고발인은 100점만점 중 92.5점을 득점하였으나 합격점인 92.6점에 미달하여 불합격된 사실이 있습니다.

2. 그런데 공무원인 피고발인은 위 시험의 출제위원으로서 출제위원의 조카이며 응시자인 고발 외 □□□에게 피고발인이 출제를 담당하였던 영어문제지를 시험실시 하루 전에 건네준 사실이 있으며, 위 고발 외 □□□은 영어 과목에서 95점을 득점하여 100점 만점 중 92.6점으로 합격점에 달하여 합격처리 된 사실이 있으며, 고발인은 고발 외 □□□이 피고발인으로부터 문제지를 사전 입수한 사실을 위 □□□의 친구인 ◎◎◎로부터 우연히 알게 되었습니다.

3. 이에 고발인은 위 ㅁㅁㅁ의 친구인 ◎◎◎로부터 ㅁㅁㅁ이 시험문
   제지를 피고발인으로부터 사전 입수한 사실에 대하여 증인확인서를
   받고, 이를 녹음하여 속기사사무실에서 녹취록으로 작성을 하고,
   위 ㅁㅁㅁ에게 사실을 확인한 바, 위 ㅁㅁㅁ은 처음에는 사실을
   부인하였으나 고발인이 준비한 증인확인서와 녹취록을 보고는 사
   실을 시인하였으며, 위 ㅁㅁㅁ이 사실을 시인하는 자리에는 고발
   외 ⊙⊙⊙도 동석하고 있었습니다.

4. 위의 사실에 의하면 피고발인은 공무상의 비밀인 시험 문제지를 사
   전에 유출함으로써 공무상의 비밀을 누설하였으므로 사실관계를
   조사하여 엄중 처벌하여 주시기 바랍니다.

첨 부 서 류

1. 증인확인서 사본   1부
1. 녹취록   사본   1부

20○○년   ○월   ○일

위 고 발 인   ○ ○ ○ (인)

○○경찰서장(또는 ○○지방검찰청 검사장) 귀 중

제출기관	범죄지, 피의자의 주소, 거소 또는 현재지의 경찰서, 검찰청	공소시효	O년(☞공소시효일람표)
고발권자	모든 사람(형사소송법 224조)	소추요건	
제출부수	고발장 1부	관련법규	형법 127조
범죄성립 요 건	공무원 또는 공무원이었던 자가 법령에 의한 직무상 비밀을 누설한 때		
형 량	· 2년이하의 징역이나 금고 · 5년이하의 자격정지		
불기소처분 등에 대한 불복절차 및 기간	(항고) · 근거 : 검찰청법 10조 · 기간 : 처분결과의 통지를 받은 날부터 30일(검찰청법 10조4항) (헌법소원) · 근거 : 헌법재판소법 68조 · 기간 : 그 사유가 있음을 안 날로부터 90일 이내에, 그 사유가 있은 날로부터 1년 이내에 청구하여야 한다. 다만, 다른 법률에 의한 구제절차를 거친 헌법소원의 심판은 그 최종결정을 통지받은 날로부터 30일 이내에 청구(헌법재판소법 69조)		

[서식 예] 낙태죄

고 발 장

고 발 인 : ○ ○ ○ (주민등록번호 :   -   )
　　　　　주소 :   ○○시 ○○구 ○○길 ○○
　　　　　직업 :   사무실 주소 :
　　　　　전화번호 : (휴대폰:) (자택:) (사무실:)
　　　　　이메일 :
피고발인 : △ △ △ (주민등록번호 :   -   )
　　　　　주소 :   ○○시 ○○구 ○○길 ○○
　　　　　직업 :   사무실 주소 :
　　　　　전화번호 : (휴대폰:) (자택:) (사무실:)
　　　　　이메일 :

고 발 사 실

1. 고발인 ○○○과 피고발인 김△△은 20○○년 ○월 ○일 동거에 들어간 사실혼 관계에 있었던 사람들입니다.
2. 고발인은 고발인의 친구인 고발외 ㅁㅁㅁ에 대한 상해사건에 의해 19○○년 ○월 ○일부터 20○○년 ○월 ○일까지 ○○교도소에 수감된 바 있습니다.
3. 고발인이 ○○교도소에 수감되기 전 피고발인 김△△는 임신 ○주의 임부였는 바, 고발인은 고발인이 수감생활을 하던 20○○년 ○월 ○일 고발인의 수감생활에 따른 생활고와 육아에 대한 부담에 의해 ○○시 ○○구 ○○길 ○○번지 소재 ○○병원 산부인과전문의인 피고발인 이△△에게 임신중의 태아를 낙태하여줄 것을 요청하였고, 피고발인 이△△은 피고발인 김△△의 촉탁을 받아 동 병원 산부인과 수술실에서 임신 ○주의 태아를 낙태하였습니다.
4. 피고발인들은 모자보건법상의 낙태에 대한 규정에 따르지 않고 낙태시술에 이른 것이므로 이들을 모두 의법 조치하여 주시기 바랍니다.

```
┌─────────────────────────────────────────────────────┐
│                  입  증  방  법                        │
│                                                       │
│   1. 진단서                                            │
│   1. 자술서(피고발인 김△△작성)                         │
│                                                       │
│              20○○년   ○월   ○일                      │
│              위 고 발 인   ○   ○   ○ (인)            │
│                                                       │
│   ○○경찰서장(또는  ○○지방검찰청 검사장) 귀 중         │
└─────────────────────────────────────────────────────┘
```

제출기관	범죄지, 피의자의 주소, 거소 또는 현재지의 경찰서, 검찰청	공소시효	○년(☞공소시효일람표)
고소권자	모든 사람(형사소송법 224조)	소추요건	
제출부수	고발장 1부	관련법규	형법 269조
범죄성립 요 건	· 부녀가 약물 기타 방법으로 낙태한 때 · 부녀의 촉탁 또는 승낙을 받아 낙태한 때		
형 량	· 1년이하의 징역 · 200만원이하의 벌금		
불기소처분 등에 대한 불복절차 및 기간	(항고) · 근거 : 검찰청법 10조 · 기간 : 처분결과의 통지를 받은 날부터 30일(검찰청법 10조4항) (헌법소원) · 근거 : 헌법재판소법 68조 · 기간 : 그 사유가 있음을 안 날로부터 90일 이내에, 그 사유가 있는 날로부터 1년 이내에 청구하여야 한다. 다만, 다른 법률에 의한 구제절차를 거친 헌법소원의 심판은 그 최종결정을 통지받은 날로부터 30일 이내에 청구(헌법재판소법 69조)		

[서식 예] 도박죄

고 발 장

고 발 인   ○ ○ ○
                  ○○시 ○○구 ○○길 ○○

피고발인   김 △ △
                  ○○시 ○○구 ○○길 ○○
            이 △ △
                  ○○시 ○○구 ○○길 ○○
            박 △ △
                  ○○시 ○○구 ○○길 ○○
            최 △ △
                  ○○시 ○○구 ○○길 ○○

고 발 사 실

1. 피고발인들은 20○○. ○.경 각자 친구들을 통하여 서로 알게 되어 20○○. ○. ○. ○○시 ○○구 ○○길 ○○모텔에서 ○○:○○경부터 ○○:○○까지 1점당 ○○원씩 수십 회에 걸쳐 금 ○,○○○,○○○원을 걸고 고스톱을 친 사실이 있습니다.

2. 며칠 후인 20○○. ○. ○. 저녁 그들은 ○○시 ○○구 ○○호텔에서 다시 만나 이번에는 기왕 치는 것 화끈하게 치자며 점당 ○,○○○원씩 당일 ○○:○○부터 그 다음날 ○○:○○까지 수십회에 걸쳐 도합 ○○,○○○,○○○원을 걸고 고스톱을 치고,

3. 그 다음날 같은 장소에서 같은 방법으로 점당 ○○,○○○원씩 ○○
여회에 걸쳐 도합 금 ○○,○○○,○○○원을 걸고 도박행위를 한 사
실이 있는 자들이기에 고발조치 하오니 엄밀히 조사하여 법에 따라
엄격하게 처벌하시기 바랍니다.

입 증 방 법

추후 제출하겠습니다.

20○○년   ○월   ○일

위   고 발 인   ○ ○ ○ (인)

○○경찰서장(또는 ○○지방검찰청 검사장) 귀 중

제출기관	범죄지, 피의자의 주소, 거소 또는 현재지의 경찰서, 검찰청	공 소 시 효	○년(☞공소시효일람표)
고발권자	모든사람(형사소송법 234조)	소추요건	
제출부수	고발장 1부	관련법규	형법 246조
범죄성립 요 건	재물로서 도박한 때		
형 량	· 500만원 이하의 벌금 또는 과료 · 상습범 : 3년 이하의 징역 또는 2천만원 이하의 벌금(500만원 이하의 벌금 병과)		
불기소처분 등에 대한 불복절차 및 기간	(항고) · 근거 : 검찰청법 10조 · 기간 : 처분결과의 통지를 받은 날부터 30일(검찰청법 10조4항) (헌법소원) · 근거 : 헌법재판소법 68조 · 기간 : 그 사유가 있음을 안 날로부터 90일 이내에, 그 사유가 있은 날로부터 1년 이내에 청구하여야 한다. 다만, 다른 법률에 의한 구제절차를 거친 헌법소원의 심판은 그 최종결정을 통지받은 날로부터 30일 이내에 청구(헌법재판소법 69조)		

[서식 예] 수뢰죄

고　　발　　장

고 발 인 : ○ ○ ○ (주민등록번호 : 　　　　-　　　　)
　　　　주소 : ○○시 ○○구 ○○길 ○○
　　　　직업 : 　　　사무실 주소 :
　　　　전화번호 : (휴대폰:　　) (자택:　　) (사무실:　　)
　　　　이메일 :
피고발인 : △ △ △ (주민등록번호 : 　　　　-　　　　)
　　　　주소 : ○○시 ○○구 ○○길 ○○
　　　　직업 : 　　　사무실 주소 :
　　　　전화번호 : (휴대폰:　) (자택:　　) (사무실:　　)
　　　　이메일 :

고　소　취　지

피고발인은 고발인의 딸 □□□의 취직과 관련하여 고발인으로부터 금 ○○○만원을 수수한 사실이 있습니다.

고　소　사　실

1. 피고발인은 서울 ○○구청 인사계장으로 근무하는 공무원이고, 고발인은 용역업체에 소속되어 ○○구청 주변의 상가건물을 청소하는 근로자입니다.
2. 고발인은 고등학교를 졸업하고 집에서 쉬고있는 딸 □□□의 어머니로서 딸의 취직을 걱정하고 있던 중 같이 일하는 동료의 소개로 피고발인을 알게되었습니다. 고발인은 20○○년 ○월 ○일경 ○○구청부근의 ○○다방에서 피고발인을 만나 딸의 취직을 부탁하였는바, 피고발인은 자신이 근무하는 ○○구청에서 행정보조원을 채용하고 있으니 딸이 채용되도록 해주겠다고 하였습니다. 이에 고발인은 그 자리에서 금 ○○○만원을 피고발인에게 건네주었고 피고발인은 딸의 취직을 약속했던 사실이 있습니다.
3. 그런데 2년이 지난 현재까지 딸은 채용이 되지 않고 있으며 피고발인은 아무런 대책도 없이 기다리라고만 할 뿐 약속을 지키지 않고 있습니다.
4. 위와 같은 사실을 고발하오니 조사하여 엄벌하여 주시기 바랍니다.

20○○년　○월　○일
위 고 발 인 　○ ○ ○ (인)

○○경찰서장(또는 ○○지방검찰청 검사장) 귀 중

제출기관	범죄지, 피의자의 주소, 거소 또는 현재지의 경찰서, 검찰청	공소시효	○년(☞공소시효일람표)
고발권자	모든 사람(형사소송법 224조)	소추요건	
제출부수	고발장 1부	관련법규	형법 129조
범죄성립 요 건	공무원 또는 중재인이 그 직무에 관하여 뇌물을 수수, 요구 또는 약속을 한 때		
형 량	· 5년 이하의 징역 · 10년 이하의 자격정지		
불기소처분 등에 대한 불복절차 및 기간	(항고) · 근거 : 검찰청법 10조 · 기간 : 처분결과의 통지를 받은 날부터 30일(검찰청법 10조4항) (헌법소원) · 근거 : 헌법재판소법 68조 · 기간 : 그 사유가 있음을 안 날로부터 90일 이내에, 그 사유가 있은 날로부터 1년 이내에 청구하여야 한다. 다만, 다른 법률에 의한 구제절차를 거친 헌법소원의 심판은 그 최종결정을 통지받은 날로부터 30일 이내에 청구(헌법재판소법 69조)		

제4장

탄원서

탄   원   서

사 건 번 호 :　○○○○고단○○○○호　강제추행

피　고　인 :　○　　○　　○

안양지원 형사2단독귀중

탄 원 서

1.피고인

성 명	○ ○ ○	주민등록번호	생략
주 소	경기도 안양시 ○○구 ○○로 ○○, ○○○호		
직 업	회사원	사무실 주 소	생략
전 화	(휴대폰) 010 - 1279 - 0000		
사건번호	안양지원 ○○○○고단○○○○호 강제추행		

상기 피고인은 수원지방법원 안양지원 ○○○○고단○○○○호 강제추행 피고사건에 대하여 아래와 같은 사유로 재판장님께 탄원서를 제출하오니 부디 선처해 주시기 바랍니다.

(1) 존경하는 재판장님께 올립니다!

저는 재판장님께 재판을 앞두고 있는 위 사건의 피고인 ○○○입니다.

일단 저도 감히 상상조차 하지 못했던 일이 벌어져 너무나도 떨리고 무섭습니다.

저 자신이 너무 밉고 후회하고 있습니다.
피해자님께 입이 열 개라도 할 말이 없고 백번 사죄드려도 시원치 않을 거라고 생각합니다.

말로써는 소용없다는 것을 알지만 진심으로 사죄드립니다. 저는 이 사건 이후로 매일 새벽에 절에 나가 불경을 드리고 기도하며 저의 실수로 인하여 피해를 입으신 피해자님께 사죄드리고 용서를 빕니다.

(2) 자비로우신 우리 재판장님!

그분의 부모님과 가족에게 방법이 있다면 어떤 방법으로든지 사죄드리며 용서를 빌고 싶습니다.

저는 지금까지 남들보다 더 뛰어나지도 않고 모자라지도 않게 아주 평범하게 살아왔습니다. 성격은 약간 내성적이지만 언제나 긍정적으로 생각하고 어떻게 하는 것이 올바른 삶을 사는 것인지 고민하며 성장했습니다.

중고등학교 시절에는 공부는 다른 친구들보다 썩 잘하지는 못했지만, 왕따를 없애려고 노력하기도 하고 약하고 힘없는 친구들 편에 서려고 노력했습니다.

언제나 저는 행동하기에 앞서 제가 어떻게 하는 것이 올바르고 타인에게 도움이 되는지를 생각해서 결정하곤 했습니다. 그래서 학교 생활 때는 선생님으로부터 칭찬을 받기도 하고 친구들도 저를 그런 아이라고 기억하고 있습니다.

부모님께서 가훈으로 정하신 '배려와 존중'이라는 가르침 덕분이라 생각하여 저는 부모님을 어느 누구보다도 존경하고 있습니다. 하지만, 이번 사건으로 인하여 부모님의 가르침을 배신한 것 같아 부모님과 형에게 너무나도 죄스럽고 부끄럽습니다.

죄송하고 죽을죄를 졌습니다.

(3) 존경하는 우리 재판장님!
저는 육군에 지원하여 입대하여 최전방에서 근무하였습니다.

군 생활도 힘든 부분이 있었지만 긍정적으로 열심히 생활하였으며 보통 힘들어서 기피하기 쉬운 유격훈련도 정말 열심히 받았습니다.

만기 전역 후 다시 한국호텔관광전문학교에 수시 합격하여 요리사의 길로 접어들었습니다. 하나밖에 없는 저의 형과 저는 훌륭한 요리사가 되어 힘을 합쳐 세상에 요리로 행복을 선사하자는 약속을 하였습니다.

저의 목표가 있었기에 열과 성의를 다하여 1학기 중에 요리경연대회에서 금상을 수상하였고 1학기 성적도 평균 A학점을 받는 결실을 볼 수 있었습니다.

담당 교수님의 추천으로 내년 졸업 후 중국의 제남대학교 요리 과에 유학을 가기로 되었으며, 그 후 대학원에 진학하여 경영마케팅도 공부할 계획입니다.

(4) 자비로우신 우리 재판장님!

한 순간의 방심과 실수가 저의 꿈을 산산조각 내는 것 같아 재판장님께 탄원서를 작성하는 지금 저는 눈물을 흘리면서 진심으로 뉘우치고 있습니다.

저를 가르치신 스승님, 할아버지 할머니, 부모님, 형, 친척, 친구들 모든 분들에게 너무나도 죄스럽고 부끄럽습니다.

재판장님께 모든 마음을 모아 간절히, 간절히 빕니다.

쉽지 않은 결정이겠지만 이번 한 번만 저를 용서해 주시고 선처해 주셔서, 저의 작은 꿈이 이루어 져서 많은 세상 사람들에게 행복감을 줄 수 있는 요리사가 될 수 있도록 도와주시기를 두 손 모아 빕니다.

재판장님의 은혜를 세상사람 들에게 갚을 수 있도록 선처해 주시기를 빕니다.

앞으로 어느 누구보다도 더 의롭고 올바르게 살아가겠습니다. 배려와 존중이라는 가훈을 평생 마음에 새기고 어려운 사람들을 도우면서 살겠습니다.

(5) 자비로우신 재판장님!

피해 여성분을 찾아가 직접 용서를 구하려 했으나 저를 만나지 않겠다고 하여 아버지께서 이 못난 자식을 대신하여 피해자분을 만나 사죄를 드리고 마음으로 용서를 구하셨습니다.

피해자분도 진심으로 용서한다는 말씀을 하였다는 말을 아버지로부터 전해 들었지만, 제 마음의 죄는 앞으로 평생 살면서 지워지지 않을 것입니다.
더더욱 죄를 갚는 마음으로 평생 낮은 곳을 찾으며 봉사하고 살 각오입니다.

이번 한번만, 용서해 주시고 기회를 주시면 절대 이런 일 없도록 하겠습니다.

2.소명자료 및 첨부서류

(1) 가족관계증명서   1통

(2) 피고인에 대한 인감증명서   1통

○○○○ 년 ○○ 월 ○○ 일

위 피고인 : ○ ○ ○   (인)

안양지원 형사2단독귀중

탄 원 서

사 건 번 호 : ○○○○고단○○○○호 강제추행

피 고 인 : ○   ○   ○

고양지원 형사2단독귀중

탄 원 서

1.피고인

성 명	○ ○ ○	주민등록번호	생략
주 소	경기도 고양시 일산구 ○○로 ○○, ○○○호		
직 업	상업	사무실 주 소	생략
전 화	(휴대폰) 010 - 9877 - 0000		
사건번호	고양지원 ○○○○고단○○○○호 강제추행		

상기 피고인는 의정부지방법원 고양지원 ○○○○고단○○○○호 강제
추행 피고사건에 대하여 아래와 같은 사유로 재판장님께 탄원서를 제
출하오니 부디 선처해 주시기 바랍니다.

(1) 존경하는 재판장님께 올립니다!

저는 이번 사건에 대해서 참회의 눈물을 흘리고 있는 피고인 ○○
○입니다.

제가 지은 죄로 인하여 결례를 범하게 되어 진심으로 죄송스럽습니
다. 저는 제가 지은 죄책감으로 밥 한 숟가락 들지 못하고 물 한
모금 입에 댈 수 없는 고통의 생활이 계속되어가고 있습니다.

모든 일상의 생활을 제대로 할 수도 없으며 하루하루를 참회하는
마음으로 후회하고 있습니다.

이렇게 탄원서를 쓰는 지금이 가장 힘들고 어렵고 손이 떨리고 있지
만 제가 지은 죄이기에 이마저도 당연하다고 생각하고 있습니다.

(2) 자비로우신 우리 재판장님!

저는 오랜만에 친구를 만나 저녁식사와 함께 술을 마시게 되었습니다. 친구와 헤어진 후로는 전혀 기억이 나지 않는 상황이지만, 술을 많이 먹어 만취상태에서 그만 이성을 잃고 지나가는 피해여성분의 양팔을 잡아 끌어안는 방법으로 강제추행을 하게 되었습니다.

저도 모르게 우발적으로 술에 너무 취한 나머지 발생한 사건이지만, 이후 피해여성분의 고소에 따라 검찰조사를 받게 되었고 검찰에서 조사를 받는 과정에서도 너무나 힘들었고 정신이 혼미하였기에 죄송하다는 말씀도 제대로 못 드렸습니다.

성폭력범죄의 전과가 남게 되면 제가 앞으로 살아가는 것에 커다란 걸림돌이 됨은 물론, 피해여성분에게 용서받을 수 있는 기회를 놓치고 싶지 않기 때문에 어떻게든 피해 여성분으로부터 용서를 받고자, 또한 제가 할 수 있는 만큼의 손해배상금을 지급해 드림으로 금전으로나마 그분께서 겪으셨을 고통과 충격을 위로해 드리고 싶은 마음 굴뚝같습니다.

(3) 존경하는 우리 재판장님!

제가 잘못한 죄에 대한 대가를 어떻게 금전으로 환산할 수 있겠습니까마는, 제가 이 순간 할 수 있는 것은 상대방 여성분에게 용서를 구하는 것과, 이렇게 장황하게나마 제 잘못에 대한 반성문을 쓰는 것밖에 없는 상황입니다.

정말 죄송하고 죽을죄를 졌습니다.
그 사건이후 현재까지, 제가 지은 죄로 인하여 모든 생활이 엉망이 되어 버렸습니다. 현재까지도, 아무것도 먹지도 못하고 잠을 제대로 잘 수도 없으며, 직장에서 일도 손에 잡히지 않고 앞으로 이 사건으로 인한 형벌이 내려질 것을 생각하니 죽고 싶은 마음까지 드는데, 이러한 죽음의 공포 속에서 저는 아무것도 할 수 없기에 모든 것을 포기하며, 이 모든 것을 제가 지은 죄에 대한 대가라고 생각하고 받아들이고 있습니다.

길을 가다가도 고개조차 들 수 없어서 땅만 쳐다보게 되었고, 책상 앞에 앉아도 벽을 바라보며 참회하고 저도 모르게 눈물만 흘리고 있습니다.

(4) 자비로우신 재판장님!

제가 커다란 죄를 범했다는 사실을 알고 난 후, 그 누구에게도 차마 말씀을 드릴 수 없었던 저는 너무나 절박한 마음에 처해 있습니다.

죄를 지었으면 응당 그에 맞는 벌을 받음으로 책임을 지는 것이 당연하다고 생각합니다.

더불어 다시는 이러한 잘못을 하지 않도록 예방하는 것이 법률이라고 배웠습니다.

하지만 이번에 제가 지은 죄로 인하여, 젊은 나이인데 성범죄자로 낙인찍혀 앞으로의 인생과 제 주변의 지인과 가족들 모두에게 마음의 짐이 되는 돌이킬 수 없는 상황이 됩니다. 피해자분께 저의 죄에 대해서 선처를 호소하기에 너무 부끄러운 마음만 듭니다만, 진심으로 용서를 구하고 용서를 받고 싶은 마음뿐입니다.

저는 하루하루를 아무것도 못한 채 지옥 같은 생활을 보내고 있습니다. 먹지도 못했던 술을, 이제는 술을 먹지 않으면 머릿속이 복잡해져서 마시지 않을 수가 없게 되었습니다.

하루하루가 지나가는 것이 너무 무섭습니다. 제가 재판장님 앞에서 처벌받게 되는 날 선고를 받는 날이 하루하루 다가오는 것이 두렵습니다.

의욕이 없고 아무것도 할 수 없는 채, 이렇게 모든 것을 잃어버린 채로 하루하루 재판날짜만 기다리고 있습니다.

(5) 존경하는 재판장님1

제가 전과자가 된다는 것이 너무 무섭습니다. 아마 제가 전과자가 된다면, 한순간의 마음을 주체 못하고 죄를 지은 제 자신을 용서할 수 없을 것입니다.

이 사건으로 인하여 유죄가 되었을 때에는, 제가 꿈꿔오던 소박하지만 평온한 생활은 성범죄자의 낙인으로 인해서 물거품이 되고 말 것이고 또한 가족들에게 미안한 마음에 가족들 품으로 다시 돌아갈 수도 없을 것 같습니다.

제 잘못에 대하여는 당연한 책임을 지겠습니다.

하지만 제가 지은 죄에 대해서 한번만 선처를 해주신다면 새로운 인생을 주신 것으로 생각하고, 그 은혜를 다 갚을 수는 없겠지만 선처해 주심에 누가 되지 않도록 두 번 다시 죄를 범하지 않으며 사회에 헌신하며 살고 싶습니다.

이 사건에 대하여 재판장님께서 내리시는 처분에 대하여는 달게 받겠습니다.

재판장님께서 내리시는 처벌이 어떠하시든 저는 진심으로 반성하며 참회하고 있으며 앞으로도 이 마음 변치 않을 것입니다.

저의 잘못을 진심으로 후회하며 지금 이 순간도, 앞으로도 제 자신만의 참회를 하고 미안하고 죄송한 마음으로 살 것입니다.

(6) 자비로우신 재판장님!

제 자신이 살아 있다는 것이 추악하며 밉고 한심해서 부끄럽습니다. 제가 조금이라도 용서를 구하고자 하는 심정을 이렇게 반성문으로나마 제출하는 길 밖에 없습니다.

제 마음속에 담겨있는 진심이 재판장님께 어떻게 전달되었는지 모르겠지만 앞으로 두 번 다시 제 모든 것을 걸고 이러한 일은 없을 것입니다. 맹세합니다.

제가 원하는 꿈을 이루게 된다면 사회의 일부로서 사회에 봉사하고 남에게 베풀며 살고 싶습니다.

두서없이 쓴 미천한 저의 반성문을 끝까지 읽어주셔서 감사합니다.

이렇게 날마다 눈물로써 반성하고 있으니 제 잘못에 대하여 선처를 바라오며, 바르게 살아갈 수 있도록 앞으로의 제 모습을 지켜봐 주시길 간청 드립니다.

(7) 존경하는 우리 재판장님!

다시는 이런 일 없도록 하겠습니다.

정말 죄송합니다.
죽을죄를 졌습니다.
앞으로는 절대 이런 일이 생기지 않도록 하겠습니다.

부디 저에게 한 번만 기회를 주시면 다시는 이런 짓 하지 않고 아예 술도 끊고 앞만 바라보고 열심히 살겠습니다.

2. 소명자료 및 첨부서류

(1) 가족관계증명서   1통

(2) 피의자에 대한 인감증명서   1통

ㅇㅇㅇㅇ 년 ㅇㅇ 월 ㅇㅇ 일

위 피고인 : ㅇ ㅇ ㅇ   (인)

고양지원 형사2단독귀중

탄 원 서

사 건 번 호 : ○○○○형제○○○○호 강제추행

피 의 자 : ○   ○   ○

청주지검 000검사님 귀중

탄 원 서

1.피의자

성 명	○ ○ ○	주민등록번호	생략
주 소	청주시 ○○구 ○○로 ○○, ○○○-○○○호		
직 업	상업	사무실 주 소	생략
전 화	(휴대폰) 010 - 8768 - 0000		
기타사항	○○○○형제○○○○호 강제추행		

상기 피의자는 청주지방검찰청 ○○○○형제○○○○호(청주경찰서 ○
○○○형제○○○○호) 강제추행 피의사건의 피의자로서 담당 검사님께
아래와 같이 탄원하오니 피의자에게 무혐의처분을 해 주시기 바랍니다.

(1) 존경하는 검사님께 호소합니다.

먼저 존경하는 검사님께서 항상 사법적 정의구현 노력에 깊은 감사
의 말씀을 드립니다.

저는 ○○○○. ○○. ○○. ○○:○○시에 청주경찰서에서 강제추
행혐의로 조사를 받고 청주지방검찰청으로 송치된 피의사건에 대하
여 감히 고명하신 검사님께 사건의 경위를 말씀드리고 무혐의처분을
해달라고 호소하게 되어 죄송하게 생각합니다.

제가 검사님께 탄원서를 작성해 피의자에 대한 무혐의처분을 해달라
고 호소하게 된 것은 누구로부터 부탁을 받거나 타의적으로 작성한
것이 절대 아니며 이 탄원서는 사실 그대로 숨김과 보탬이 없는 전
적으로 저의 내면에서 우러나오는 자발성에서 이뤄진 것임을 아울러
말씀드립니다.

(2) 존경하는 우리 검사님!

저는 올해 67세 된 손자도 둘이나 있는 할아버지로 5년 전에 ○○은행 지점장으로 근무하던 중 정년퇴직하고 지금은 집에서 손주들과 지내고 있습니다.

피의자가 살고 있는 아파트는 약 700세대가 되고 저는 ○○○동에 살고 있는데 평소에 엘리베이터를 타고 올라가거나 길에서나 입구에서나 어른들을 보면 늘 인사를 잘하고 정말 예쁜 초등학생 3학년학생과 그 부모와 여러 사람이 엘리베이터를 같이 타고 올라가는데 그 초등학생이 저를 보고 인사를 예쁘게 하는 바람에 저는 감동을 받아 그만 초등학생의 엉덩이를 살짝 건드렸습니다.

그랬더니 바로 부모님들이 저에게 강제추행이라며 고소를 하겠다고 해서 저는 하도 어이가 없는 일이라 죄송하다는 말도 하지 못하고 그만 어떻게 이게 강제추행이냐며 고소를 하던지 알아서 하라고 하여 문제가 화근이 되었습니다.

이유야 어찌되었건 저는 손주 같은 생각에 인사를 너무나 예쁘게 잘하여 순간 옆에 서있던 초등학생의 엉덩이를 살짝 건드린 것뿐인데 이것을 강제추행범으로 몰라가는 것은 너무나 억울합니다.

저는 이번 일 때문에 아파트주민들에게 소문은 소문대로 널리 퍼져 모르는 사람이 없을 정도로 비아 되는 바람에 정말 창피해서 더 이상 살수 없을 지경입니다.

지금 저의 심정으로는 쥐구멍이라도 들어가고 싶은 심정입니다.

(3) 존경하는 우리 검사님!

제가 한 행동이 그렇게 비난받아야 할 행동은 아니었습니다.

당시의 엘리베이터에는 초등학생의 부모도 같이 타고 있었고 같은 동 주민들도 타고 있었고 손주 같은 초등학생에게 무슨 성적 충동을 느끼고 그런 짓을 할 사람은 아닙니다.

상대가 초등학생입니다.
초등학생의 엉덩이를 귀엽다는 취지에서 그것도 살짝 부모들이 보는 과정에서 손으로 건드린 것을 성적 도덕관념에 반한 행위로 피의자를 매도하고 강제주행으로 몰아가는 그 부모의 심정은 이해는 가나 너무나 지나친 면이 대단히 많습니다.

피의자의 정도가 미미하고 초등학생인 피해자도 아무렇지도 않았다고 하고 있는데 그 부모가 사과를 하지 않았다며 앙심을 품고 피의자를 파렴치한으로 몰고 고소를 하여 피의자는 완전 생매장이 되어 손주들도 집사람도 가족들의 얼굴을 바라보지 못하는 신세가 되고 말았습니다.

정말 죽고 싶습니다.
추호도 저는 성적 충동을 일으키지 않았습니다.

더구나 엘리베이터 안에는 많은 사람들이 타고 있었고, 특히 그 아이의 부모도 함께 타고 있었는데 피의자의 행동을 성적 도덕관념에 반한 행위로 매도하는 것은 도가 지나친 처사라고 생각이 됩니다.

이유를 불문하고 인사를 잘해 고마움의 표시를 하면서 다소 오해를 받을 수는 있는 행동이기는 하지만 그 정도가 지탄받아 마땅한 것은 아니었습니다.

저는 검사님의 처분과는 상관없이 지금 살고 있는 아파트에서 살 수도 없습니다.

가족들을 볼 수도 없고 손주들의 얼굴을 어떻게 볼 것이며 무슨 낯으로 대하겠습니까.

저는 두고두고 후회하는 마음으로 견디고 싶습니다.
저 좀 도와주세요.

저에 대한 여러 정상참작사항들을 헤아려 주시고 무혐의처분을 내려 주시어 다시 한 번 사회 구성원으로 성실히 살아갈 수 있는 기회를 갖게 해 주시기 바랍니다.

법 이전에 한 인간을 불쌍히 여기고 자비로우신 검사님의 판단이 피의자로 하여금 다시금 기회를 주시고 평생 동안 허드렛일도 마다하지 않고 피의자를 내조한 집사람에게 격려와 위안이 될 것이라고 믿어 의심치 않습니다.

저는 검사님의 소중한 뜻이 무엇인지를 되새기고, 다시는 이런 일이 생기지 않도록 하겠습니다.

부디 검사님의 현명하신 판단으로 무혐의처분을 앙망합니다.
간곡히 호소합니다.
죄송합니다.

2.소명자료 및 첨부서류

(1) 피의자의 인감증명서   1통

(2) 피의자의 가족관계증명서   1통

○○○○ 년 ○○ 월 ○○ 일

위 피의자 : ○ ○ ○   (인)

청주지검 000검사님 귀중

탄　　원　　서

사 건 번 호 :　○○○○형제○○○○호　강제추행

피　의　자 :　○　　　○　　　○

수원지검 000검사님 귀중

탄　원　서

1.피의자

성　　명	○ ○ ○	주민등록번호	생략
주　　소	수원시 ○○구 ○○로 ○○,○○○-○○○호		
직　　업	회사원	사무실 주　소	생략
전　　화	(휴대폰) 010 - 1345 - 0000		
기타사항	○○○○형제○○○○호 강제추행		

상기 피의자는 수원지방검찰청 ○○○○형제○○○○호(수원경찰서 ○
○○○형제○○○○호) 강제추행 피의사건의 피의자로서 담당 검사님께
아래와 같이 탄원하오니 피의자에게 무혐의처분을 해 주시기 바랍니다.

(1) 존경하는 검사님께 호소합니다.

　　먼저 존경하는 검사님께서 항상 사법적 정의구현 노력에 깊은 감사
의 말씀부터 드립니다.

　　저는 ○○○○. ○○. ○○. ○○:○○시에 수원경찰서에서 강제추
행혐의로 조사를 받고 수원지방검찰청으로 송치된 피의사건에 대하
여 감히 고명하신 검사님께 사건의 경위를 말씀드리고 무혐의처분을
해달라고 호소하게 되어 정말 죄송하게 생각합니다.

　　제가 검사님께 탄원서를 작성해 무혐의처분을 해달라고 호소하게 된
것은 누구로부터 부탁을 받거나 타의적으로 작성한 것이 절대 아니
며 이 탄원서는 사실 그대로 숨김과 보탬이 없는 전적으로 저의 내
면에서 우러나오는 자발성에서 이뤄진 것임을 아울러 말씀드리겠습
니다.

(2) 존경하는 우리 검사님!

피의자는 회사에서 업무관계로 늦게까지 업무를 마치고 직장동료들과 너무 늦은 시간대라 포장마차에 들러 우동을 한 그릇씩 먹고 제가 거주하고 있는 회사 근처 오피스텔로 가기위해 골목길을 지나고 있던 중 마주오던 여성을 멀리서 확인하고 우측으로 붙어 가던 길을 걸어가고 있었습니다.

하지만 아무렇지 않게 지나친 여성이 갑자기 뒤돌아서서 저의 멱살을 잡으며 자신의 엉덩이를 추행하였냐며 소리를 질렀고 인근 것을 안에 있던 사람들이 나와 저를 붙잡고 112로 신고를 하여 저는 꼼짝 없이 경찰서 지구대로 끌려갔습니다.

지구대로 끌려간 저는 밤늦게까지 일을 하느라 술을 마시지도 않았고 억울함을 밝히면서 결백을 상세히 털어놓았습니다.

그러나 조사관은 저의 진신을 아랑곳하지 않고 그 여성이 둘러대는 거짓말을 의존한 채 제가 길을 걸어가던 중 마주오던 여성이 보여 충동적으로 여성을 추행한 것이 아니냐며 온갖 추측성 말과 강압적인 분위기에서 저를 몰아 새웠고 또 조사관은 저에게 아무것도 아니니 그만 인정하고 합의하면 아무 일도 없을 것이라고 회유하기도 했습니다.

(3) 정의롭고 현명하신 검사님!

저는 처음 당해보는 일이라 담당 경찰관이 하는 말에 흔들리기는 하였으나 없었던 것처럼 조사를 꾸며 덮으려는 조사관이 너무나도 괘씸하여 혐의사실에 대하여 완강히 부인한 후 구체적인 진술을 마치고 나왔습니다.

저는 집으로 돌아와서도 억울하고 분해서 밤새도록 한잠도 못자고 뜬눈으로 보내고 직장으로 오는 길에 현장주변에서 증거를 찾아 저의 무고함을 주장하려고 하였으나 너무 늦은 시각에 발생한 사건이기 때문에 목격자가 존재하지 않았을 뿐더러 주변에는 CCTV 조차 설치되어 있지 않아 이대로 진행하다간 결국 혐의사실을 인정하고 피해를 받지도 않은 여성과 울며 겨자 먹기로 합의까지 보고 최대한의 선처를 구하는 방법으로 사건을 진행해야 할 수도 있었습니다.

직장에서 동료들과 어제 저녁에 생긴 일에 대해 의논을 하였는데 한 직장동료가 하는 말이 CCTV가 설치되어 있지 않다면 현장주변에 주차한 차량들이 있었는지 그 차량에 설치된 블랙박스 영상을 확인하면 밝혀질 수 있다는 말을 듣고 저는 곧바로 현장주변으로 달려갔는데 그곳에서 모션감지녹화기능이 설치되어 있는 차량을 찾아 녹화되어 있던 당시의 현장영상을 확인하게 되었는데 약간 거리가 있어 명확하게 저와 인상착의는 구분이 되지 않지만 저의 진술과 같이 한 남성이 여성이 걸어오자 우측으로 붙어서 걸어가는 모습과 이후 여성이 갑자기 남성을 낚아채는 장면이 고스란히 촬영되어 있었습니다.

(4) 존경하는 우리 검사님!

그렇다면 피의자는 아무런 혐의가 없음에도 그 여성이 저를 처벌받게 할 목적으로 허위의 사실을 적시하여 신고한 것이 분명한 이상 그 여성을 무고죄로 처벌해 주시기 바랍니다.

이에 대한 블랙박스영상자료를 증거자료로 제출하오니 면밀히 검토하시어 피의자에게 무혐의처분을 내려 주시어 피의자에 대한 명의회복을 해 주시기 바랍니다.

저는 이런 일로 직장에서나 심적으로나 정신적으로 엄청난 고통을 받아야 했습니다.

다시는 저에게 이런 일이 생기지 않았으면 하는 마음으로 검사님께 현명하신 판단을 호소하오니 저에게 무혐의처분을 내려주시고, 그 여성에게는 무고죄로 엄벌에 처하여 법에 준엄함을 깨달을 수 있도록 해 주시기 바랍니다.

소명자료 및 첨부서류

   (1) 증 제1호증   블랙박스영상자료
   (2) 증 제2호증   인감증명서
   (3) 증 제3호증   재직증명서

○○○○ 년 ○○ 월 ○○ 일

위 피의자(탄원인) : ○ ○ ○   (인)

수원지검 000검사님 귀중

탄　　　원　　　서

사 건 번 호 :　○○○○형제○○○○호　강제추행미수

피　의　자 :　○　　　○　　　　○

부산지검 000검사님 귀중

탄 원 서

1.피의자

성 명	○ ○ ○	주민등록번호	생략
주 소	부산시 ○○구 ○○로 ○○, ○○○-○○○호		
직 업	회사원	사무실 주 소	생략
전 화	(휴대폰) 010 - 1345 - 0000		
기타사항	○○○○형제○○○○호 강제추행미수		

상기 피의자는 부산지방검찰청 ○○○○형제○○○○호(부산진 경찰서 ○○○○형제○○○○호) 강제추행미수 피의사건의 피의자로서 담당 검사님께 아래와 같이 탄원하오니 피의자에게 무혐의처분을 해 주시기 바랍니다.

(1) 존경하는 검사님께 호소합니다.

먼저 존경하는 검사님께서 항상 사법적 정의구현 노력에 깊은 감사의 말씀을 드립니다.

저는 ○○○○. ○○. ○○. ○○:○○시에 부산진 경찰서에서 강제추행미수혐의로 조사를 받고 부산지방검찰청으로 기소의견으로 송치된 피의사건에 대하여 감히 고명하신 검사님께 사건의 경위를 말씀드리고 무혐의처분을 해달라고 호소하게 되어 정말 죄송하게 생각합니다.

제가 검사님께 탄원서를 작성해 피의자에 대한 무혐의를 해달라고 호소하게 된 것은 누구로부터 부탁을 받거나 타의적으로 작성한 것이 절대 아니며 이 탄원서는 사실 그대로 숨김과 보탬이 없는 전적으로 저의 내면에서 우러나오는 자발성에서 이뤄진 것임을 아울러 말씀드립니다.

(2) 존경하는 우리 검사님!

피의자는 회사 앞에 있는 ○○카페에서 직장동료와 1차로 마시고 2차로 고향친구 몇 명을 만나 밤새도록 많이 마셨습니다.

저는 이렇게 평소보다 지나칠 정도로 만취상태에서 혼자 집으로 가기 위해서 걸어가고 있는데 피해자를 발견하고 뒤쫓아 가다가 외진 곳에서 피해자를 안으려는 심산이었습니다.

그런데 인기척을 느낀 피해자는 뒤돌아보면서 대뜸 큰소리로 왜 그러느냐고 해서 저는 순간 술이 번쩍 깰 정도로 놀라서 그만 피해자를 멍하니 바라보다가 그만 자리를 떠났습니다.

당시 저는 양팔을 뒤로 벌린 상태로 피해자만 빤히 처다 보다가 그냥 돌아왔으므로 절대 폭행이나 협박은 없었습니다.

더구나 이러한 상황에서 피해자가 성적 수치심이나 혐오감을 느꼈을 가능성이 없습니다. 따라서 피의자가 성적 만족을 얻기 위한 목적으로 행위를 한 것으로 보기가 어렵습니다.

물론 술을 많이 마신상태로 잠시 이성을 잃고 뒤에서 피해자를 안으려던 심산으로 따라간 것은 맞습니다.

이내 피해자가 큰소리로 왜 그러느냐고 하는 바람에 아무런 일도 없이 자리를 떠났고 폭행도 협박도 없었는데 이를 가지고 강제추행미수로 처벌을 한다는 것은 부당합니다.
뒤에서 피해자를 안으려했지만 3미터 근처에서 피해자가 알아차리는 바람에 아무런 일이 없었습니다.

(3) 존경하는 우리 검사님!

만취상태에서 잠시 성적충동을 억제하지 못했지만 아무런 일도 없이 자리를 떠난 피의자에게 강제추행미수범으로 몰아가는 것은 너무나

가혹합니다.

저에 대한 여러 정상참작사항들을 헤아려 주시고 무혐의처분을 내려 주시어 다시 한 번 사회 구성원으로 성실히 살아갈 수 있는 기회를 갖게 해 주시기 바랍니다.

저는 경찰서에서 조사를 받고 나오는 즉시 술을 아예 끊었습니다.

술도 끊었으니 다시는 이러한 일도 없을 것입니다.
용서를 구합니다.
검사님께 하늘을 두고 맹세하겠습니다.

법 이전에 한 인간을 불쌍히 여기고 자비로우신 검사님의 판단이 피의자로 하여금 다시금 기회를 주시고 평생 동안 허드렛일도 마다하지 않으시고 뒷바라지 해 오신 우리 노모님께 격려와 위안이 될 것이라고 믿어 의심치 않습니다.

저는 검사님의 소중한 뜻이 무엇인지를 되새기고, 다시는 이런 일이 생기지 않도록 하겠습니다.

부디 검사님의 현명하신 판단으로 무혐의처분을 앙망합니다.
간곡히 호소합니다.
죄송합니다.

소명자료 및 첨부서류

(1) 피의자의 인감증명서   1통
(2) 피의자의 가족관계증명서   1통

○○○○ 년 ○○ 월 ○○ 일

위 피의자 : ○ ○ ○   (인)

부산지검 ○○○검사님 귀중

탄　　원　　서

사 건 번 호 : ○○○○형제○○○○호　강제추행

피 의 자 : ○　　　○　　　○

탄 원 인 : ○　　　○　　　○

수원지검 000검사님 귀중

탄 원 서

1.탄원인

성 명	○ ○ ○	주민등록번호	생략
주 소	경기도 오산시 ○○로 ○○, ○○○-○○○호		
직 업	주부	사무실 주 소	생략
전 화	(휴대폰) 010 - 9879 - 0000		
기타사항	오산경찰서에서 수원지방검찰청으로 송치된 건		

상기 탄원인은 오산경찰서에서 조사를 마치고 수원지방검찰청으로 송치되어 조사를 앞두고 있는 피의자 ○○○의 처로서 아래와 같은 사유로 검사님께 탄원서를 제출하오니 부디 피의자를 선처해 주시기 바랍니다.

(1) 존경하는 우리 검사님께 호소합니다.

먼저 존경하는 검사님께서 항상 사법적 정의구현 노력에 깊은 감사의 말씀부터 올립니다.

제가 감히 고명하신 검사님께 사건의 경위를 소상하게 밝히고 피의자에 대하여 진심을 호소하기 위해 탄원서를 쓰게 된 것은 누구로부터 부탁을 받거나 타의적으로 작성한 것이 절대 아니며 이 탄원서는 사실 그대로를 숨김과 보탬이 없는 전적으로 저의 내면에서 우러나오는 자발성에서 이뤄진 것임을 분명히 말씀드립니다.

(2) 정의롭고 자비로우신 검사님!

피의자는 ○○○○. ○○. ○○. ○○:○○경 경기도 오산시 ○○

로 ○○, ○○에 있는 폐 공장 내부에서 피해자 ○○○(여, 당시 33세 ○○다방 종업원)이 커피배달을 온 것을 보고 욕정을 일으켜 피해자의 바지를 벗기고 손으로 음부를 만지고 혀로 핥아 애무하여 강제추행혐의로 경찰서에 조사를 받고 검찰청으로 기소의견으로 송치되었습니다.

남편이 피해자에게 한 행동 아무리 다방에 근무하는 종업원이라 하더라도 그분의 인격을 존중하여야 할 사람이 이러한 행동을 하였다는 것에 대하여 마누라이면서 아내로서 먼저 피해자에게 용서를 빌고 검사님께 용서를 빌고 남편을 대신해 무릎을 꿇고 빌고 싶은 생각뿐입니다.

정말 죄송하고 부끄럽습니다.
저는 우리 남편이 이런 짓을 할 사람이 아닌데 이유여하를 불문하고 우리 남편이 못쓸 짓을 한 것은 맞습니다.
우리 남편의 잘못은 용서가 안 되고 엄벌로 다스려져야 합니다.

피의자가 우리 남편이 이런 사람인 줄 몰랐습니다.
꿈에서도 몰랐습니다.

(3) 은혜롭고 자비로우신 우리 검사님!

제가 하도 어이가 없고 남편의 행동이 이해가 되지 않아 남편에 게 사건 당일에 대해 알아보았는데 우리 남편은 어떤 업무와 관련하여 속이 상한 나머지 잘 마시지도 못하는 술을 점심도 먹지 않고 아마 빈속으로 소주와 막걸리를 썩어가며 많이 마신 바람에 그만 취기가 올라 평소에도 가끔 다방에서 커피를 주문해 마셨던 기억으로 다방에 커피를 주문하였고 그 종업원인 피해자께서 커피를 기지고 우리 남편이 일을 하는 곳으로 배달되어 한잔은 남편이 마시고 또 한잔은 여성분이 같이 마시면서 이런 저런 이야기를 하다가 그만 피해자가 농담을 하여 욕정을 억누르지 못하고 이 같은 행동을 한 것 같습니다.

저도 처음에는 남자들의 세계를 이해하지 못하고 술을 마신 사람을 이상하게만 보았던 경향이 없지는 않았습니다.

술을 많이 마신 우리 남편도 문제지만 술에 취한 사람 앞에서 농담으로 취기가 어느 정도 올라 예민한 상태에 있던 남편에게 요즈음 부인하고 매일하느냐, 나는 사장님 같은 타입을 좋아한다, 원한다면 줄 수도 있다는 성적충동을 유발시키는 농담을 한 피해자의 말을 듣는 순간 우리 남편은 그만 욕정을 억제하지 못하고 피해여성이 성관계를 허락한 것으로 착각하고 이러한 범행을 저지른 우리 남편을 두둔하고 잘했다는 것은 아니라 이해를 했습니다.

(4) 자비로우신 우리 검사님!

옛날에 우리 부모님들은 남녀를 유별하게 엄하게 가르치셨고 다 큰 남자여자를 한곳에 두고 잠을 재우지 않았던 기억이 납니다.

아무리 우리 남편이 술을 많이 마셨던 많이 마시지 않았던 우리 남편이 다방에 커피를 시켜 배달한 여성과 단둘이 있는데 여기서 여성분이 지금도 부인하고 관계를 하느냐, 나는 사장님 같은 분을 좋아한다, 원하면 줄 수도 있다는 농담을 하는데 욕정을 느끼지 않는다면 그 사람이 바보가 아니겠습니까.

우리 남편은 당시 술에 만취되어 피해자의 자극적인 농담을 진정으로 믿을 수도 있고 허락하는 것으로 알고 남편의 행동은 있을 수 있는 것이라고 생각이 듭니다.

물론 우리 남편이 절제하지 못하고 아이들과 가족을 생각해서 욕정을 억누르지 못한 것은 나쁘고 저 또한 남편을 원망할 수 있지만 남편은 다른 일로 기분이 많이 상해 술을 많이 마신 상태에서 피해자가 하는 농담을 듣는 순간 욕정으로 이어져 이러한 행동을 한 것을 처벌로서만 단죄할 것이 아니라 너그럽게 용서할 수 있는 일이라고 생각이 듭니다.

(5) 존경하는 우리 검사님!

이러한 우리 남편의 행동은 피해여성에게 용서를 빌고 사죄를 하는 것도 중요하겠지만 저는 평생을 함께 살고 아이들을 키우고 가르쳐야 하는 제가 먼저 용서를 해야 한다고 생각이 들었습니다.

저는 착한 우리 남편을 이미 용서했습니다.
남편의 부끄럽고 창피한 행동을 이해하고 검사님께 용서해 달라고 말씀을 올리고 나니 저는 악한 감정도 미웠던 감정도 서운했던 마음도 모두 잊을 수 있어 지금은 홀가분합니다.
정말 여자의 마음으로 남편의 행동 이해하기가 그리 쉽지는 않았습니다.

저는 우리 어린 아이들을 생각해서 우리 가족을 위해 불쌍한 우리 남편을 용서하기로 마음먹었습니다.

사회생활 하다보면 술을 먹고 해서는 안 되는 실수려니 생각하고 우리 가족을 위해 용서했습니다.

이제는 우리 아이들도 생각해야 하고 아이들의 아빠도 저도 생각해야 하는데 무슨 복이 없어서 우리 가족에게 이런 일을 겪어야 하는지 원망스럽습니다.

남자들이 주먹질하고 싸움을 했다면 용서할 수 있지만 수치스러운 짓을 한 남편을 용서하고 아내로서 진심으로 받아들인다는 것은 정말 쉬운 것은 아니라고 생각합니다.

(6) 자비로우신 우리 검사님!

물불 안 가리고 온 정열을 다 바쳐 바삐 뛰어다니지만 정작 자기 가슴의 소리를 놓치고 사는 데 문제의 원인이 있기 때문입니다.

일이 잘되고 못되고는 우리 부부가 얼마만큼 가슴으로 소리를 듣고 따르느냐에 달려있습니다.

남들이 알아주는 엄청난 일을 해냈다 하더라도 우리 부부의 가슴 깊은 곳에서 하찮게 느끼고 있다면 세상에 그보다 허망한 일도 없다고 생각합니다.

우리 남편에게 단 한번만 기회를 주시면 우리 부부는 검사님의 뜻을 되새기고 절대 이러한 일 생기지 않게 하겠습니다.

절대 검사님의 기대에 저버리는 일 생기지 않게 하고 우리 남편 옆에서 항상 지켜보고 올바른 사람으로 이끌어 내고 내조하여 다시는 이런 일이 없도록 하겠습니다.

죄는 미워하시되 한 가정의 파탄을 그저 바라만 보시지 마시고 제발 이제부터라도 죄를 뉘우치고 사회에 헌신하며 바른길로 살아갈 수 있도록 우리 남편을 보살펴 주시고 용서해 주세요.

지금까지 가정주부로만 살아오면서 반평생을 의지해 온 남편이고 앞으로도 제가 의지할 곳은 남편 밖에 없습니다.

법 이전에 한 인간을 불쌍히 여기고 자비로우신 검사님의 판단이 피의자로 하여금 다시금 기회를 주시고 우리 아이들을 위해 허드렛일도 마다하지 않고 열심히 살아가는 탄원인에게 격려와 위안이 될 것이라고 믿어 의심치 않습니다.

우리 피고인에게 선처를 호소합니다.
검사님께서 판단하시는데 우리 온 가족의 운명이 달려있습니다.
부디 선처를 부탁드립니다.

소명자료 및 첨부서류

(1) 가족관계증명서   1통
(2) 탄원인의 인감증명서   1통

○○○○ 년 ○○ 월 ○○ 일

위 탄원인(피의자의 처) : ○ ○ ○ (인)

수원지검 000검사님 귀중

탄　　원　　서

탄　원　인 : ○　　　○　　　○

피　의　자 : ○　　　○　　　○

부산지방검찰청 ○○○검사님 귀중

탄 원 서

1. 탄 원 인

성 명	○ ○ ○	주민등록번호	생략
주 소	부산시 ○○구 ○○로 11길 ○○, ○○○-○○○호		
직 업	회사원	사무실 주 소	생략
전 화	(휴대폰) 010 - 2789 - 0000		
피의자와의 관 계	본인입니다.		

2. 탄원의 취지

　상기 탄원인은 부산지방검찰청 2014형제○○○○호 공공밀집장소에서의 강제추행 및 폭력사건의 피의자로써 아래와 같이 검사님께 탄원서를 제출하오니 선처해 주시기 바랍니다.

3. 탄원의 요지

(1) 존경하는 검사님!

　먼저 사건 당일의 사건정황을 간단하게 설명을 드리겠습니다.

　저는 사건 당일 회사에서 저녁식사 겸 회식을 하면서 술에 취해서 지하철 에스컬레이터에서 깜박 졸아서 앞에 서있던 여성분의 등 부위를 제 이마가 살짝 닿았던 모양입니다.

　그 여성분은 왜 사람을 추행하고 그러냐며 고래고래 소리를 지르면서 저에게 욕설을 퍼붓는 바람에 전 영문도 모른 채 뭔 소리냐고 답변했고 에스컬레이터 계단 몇 칸 아래쪽에 있던 신랑이라는 사람이 좋아 와서 저를 밀치고 뭐라고 하여 넌 뭐냐고 멱살 잡고 한번 흔들었습니다.

그러는 중간 에스컬레이터가 정상에 이르자 지하철역무원 및 공익근무요원 3명이 도착했고 개찰구를 나오기 전에 여성분이 고래고래 욕설을 하면서 소리를 질러 내가 뭘 잘못했냐고 질문하자 뒤에서 성추행하지 않았냐며 욕설을 또 해서 저는 주사도 없고 술에 취하면 잠자는 편입니다.

존경하는 검사님!

만취한 상태에서 실수 할 수도 있습니다.
남들에게 한번 도 술 먹고 실수한적 없는 저로서는 욕설을 퍼붓고 저를 밀어붙이는 바람에 저도 모르게 울분을 참지 못하고 공익요원들이 말리는 걸 뿌리치며 한대 때렸는데 역무원이 신고하여 지구대를 거쳐 경찰서에서 조사를 받았습니다.

(2) 존경하는 검사님!

여성분은 경찰서 조사과정에서 제가 머리로 여성분의 등을 비비고 손으로 가슴을 만졌다고 진술했습니다.

또 뒤에서 엉덩이를 만졌다고 주장하고 있습니다.

저는 만취한 상태에서 전혀 기억이 없고 깜박 졸면서 머리가 앞 사람의 등에 닿은 것 같다고 진술했습니다.

그리고 여자 분이 고래고래 소리를 지르면서 욕설을 퍼붓는 바람에 남편분하고 약간의 실랑이를 벌이면서 옥신각신한 것은 기억이 나지만 누구를 때린 것은 기억이 나지 않습니다.

(3) 존경하는 검사님!

나중에 알게 된 것이지만 저에게 공중밀집장소에서의 강제추행 및 폭력이라는 죄명이라는 말을 듣고 깜짝 놀랐습니다.

술에 만취되어 기억이 나지 않고 모르는 일이라 도저히 이해가 되지 않아 지하철역으로 찾아가 CCTV를 보여 달라고 하였으나 전체의 내용은 보여주지 않아 CCTV를 살펴보았는데 여성분에게 추행했다는 장면은 어디에도 없었고, 멱살을 잡고 난동을 부렸다는 모습도 전혀 확인이 되지 않았습니다.

존경하는 검사님!

제가 술에 만취되어 에스컬레이터를 타고 올라가던 중 깜박 졸면서 앞에 서있는 여성분의 등에 제 이마가 닿은 것뿐인데 이것은 마치 저를 흉악범으로 몰아붙이는 피해여성분이나 남편분이 고래고래 소리를 지르고 저에게 욕설을 퍼붓는 바람에 저도 더 이상 참지 못하고 멱살을 잡는 싸움이 있었습니다.

(4) 존경하는 검사님!

제가 잘했다는 것은 아닙니다.

그렇다고 해서 제가 죽을죄를 진 것도 아닙니다.
당시 저는 만취 상태에 있었기 때문에 졸음을 이기지 못하고 그만 졸다가 실수로 앞에 서있던 여성분의 등에 이마가 살짝 닿은 것뿐인데 피해여성분은 저를 의도적인 성 추행범으로 몰아가고 만지지도 않은 엉덩이를 만졌다며 저를 파렴치한으로 몰아붙이는 것은 인정할 수 없습니다.

또 저는 앞에 있던 여성분께 술 취한 사람의 이마가 자신의 등에 닿았으니 기분은 그리 좋지 않았을 것으로 생각하고 미안하다고 정중히 사과를 했는데 남편과 합세하여 저의 실수가 사전에 계획된 행동으로 바뀌고, 마치 성추행을 일삼는 사람으로 비춰질 오해의 소지가 있다는 것에 대해서는 저의 양심과 인격상 도저히 용납할 수가 없어 이를 바로 잡기 위해 이렇게 염치불구하고 검사님께 호소하기에 이른 것입니다.

(5) 그러나 검사님께서 아시겠지만 에스컬레이터를 타고 올라가면서 가

슴을 만질 수 있는 위치가 아닙니다.

깜박 졸면서 이마가 여성분의 등에 살짝 닿았는데 화들짝 놀라 비명을 지르는 바람에 저도 순간 정신을 차리고 미안하다고 했을 정도인데 엉덩이와 가슴을 만졌다는 주장은 도저히 이해가 되지 않는 대목입니다.

존경하는 검사님!

만취한 상태에서 그만 졸음을 참지 못하고 여성분에게 실수를 한 것은 정말 죄송하고 미안하게 생각합니다.

그렇다고 해서 하지도 않은 성 추행을 했다며 나이도 많은 사람에게 부부가 합심해서 욕설을 퍼붓고 멱살을 잡고 폭력을 행사하는 과정에서 제가 방어하면서 일어난 약간의 상처를 가지고 폭력을 운운하면서 무리한 합의금을 요구하는 등 저로서는 억울한 생각이 들어 검사님께 현명하신 판단을 다시 한 번 호소합니다.

(6) 존경하는 검사님!

저는 단연코 성 추행을 한 사실이 없습니다.
여성분과 남편과의 말다툼에서도 어떠한 폭력도 없었다는 사실은 분명히 하고 싶습니다.

따라서 여성분이 엉덩이를 만졌다, 가슴을 만졌다고 주장하는 추행에 대하여 존경하는 검사님께서 면밀히 검토하시어 진위여부를 분명히 밝혀주시기를 다시 한 번 부탁의 말씀드립니다.

부디 현명하신 판단을 간청 드립니다.

4.소명자료 및 첨부서류

(1) 탄원인에 대한 인감증명서   1통

2014 년 ○ ○ 월 ○ ○ 일

위 탄원인 : ○ ○ ○   (인)

부산지방검찰청 000검사님 귀중

【서식】 교통사고 검찰조사 중인 피의자가 검사님께 억울함 재수사촉구

탄   원   서

탄 원 인 : ○   ○   ○

춘천지검 000검사 귀중

탄 원 서

1. 탄원인(피의자)

성 명	○ ○ ○	주민등록번호	생략
주 소	강원도 춘천시 ○○로 ○○, ○○○-○○○호		
직 업	학생	사무실 주 소	생략
전 화	(휴대폰) 010 - 4567 - 0000		
관 계	피의자 본인입니다.		

2. 탄원의 취지

상기 탄원인은 춘천지방검찰청 ○○○○형제○○○○호 교통사고처리특례법위반 피의사건의 피의자로서 ○○○검사님께 억울함을 호소하오니 치밀하게 재수사하여 누명을 밝혀 주시기 바랍니다.

3. 탄원의 요지

(1) 존엄하신 검사님!

저는 강원대학교 전자공학과 3학년에 재학 중인 학생입니다.

○○○○. ○○. ○○. ○○:○○경 학교 기숙사로 친구 녀석이 놀러 와서 저녁시간을 함께 보내고 바람을 쐬자며 집에 있는 오토바이를 타고 드라이브를 했습니다.

시간은 자정을 조금 넘고 제가 있는 기숙사부근의 도로는 한산한편으로 오토바이드라이브는 기분을 내기 최고였습니다.

저는 친구를 뒤에 태우고 신나게 드라이브를 하고 있는데 저 앞쪽에 한 아주머니께서 자전거를 타고 가고 있었습니다.

(2) 현명하시고 존경하는 검사님!

저는 그 아주머니가 놀랠까봐 속도를 줄이고 천천히 그 옆을 지나 쳤습니다.

그런데 그 아주머니는 우리를 쳐다보느라 그만 자전거가 기우는 것 도 모르시고 도로 경계석에 부딪혀 옆으로 넘어졌습니다.

우리는 그 아주머니를 도우려고 가던 길을 되돌아와서 아주머니와 자전거를 일으켜 세우고 다친 곳은 없는지 물었습니다.

(3) 현명하신 검사님!

괜찮다고 하시던 그 아주머니는 길 건너로부터 순찰을 돌던 경찰차 량을 보더니 갑자기 태도가 돌변하여 변했습니다.

소리를 지르며 우리가 들이 받아서 충격으로 넘어졌다는 것입니다.

우리는 할 수 없이 경찰서에 가서 졸지에 야밤 오토바이 폭주족으 로 몰리고 조사까지 받아야 했습니다.

순찰을 돌던 경찰관 아저씨는 우리가 부딪치지 않았다고 해도 막무 가내로 자초지종을 따져보지도 않고 아주머니께서 자발적으로 넘어 진 곳에 가서 확인도 해보지 않고 오토바이와 자전거가 부딪쳤다면 흔적이 어디에나 있을 텐데 이 또한 확인하지도 않고 무조건 우리 를 몰아붙이고 의심을 했습니다.

(4) 정의로우신 검사님!

우리는 절대 그 아주머니를 치지 않았고 부딪치지도 않았습니다.

그 아주머니께서 요란한 소리가 들리자 우리가 타고 가던 오토바이를 처다 보시다가 그만 넘어지셨는데 상처도 없으시고 자전거도 멀쩡하게 아무런 이상이 없었습니다.

단지 한 동네에 살면서 저도 우리 친구도 부모님 모시고 살고 있는 학생으로 오토바이 소리에 놀라 쳐다보시다가 넘어지시는 바람에 도의적인 책임으로 모른 채하고 지나쳤을 수도 있는데 저만치 가다가 다시 되돌아와서 아주머니와 자전거를 일으켜 세우고 다친 곳은 없는지 물었던 것입니다.

(5) 자비로우신 검사님!

우리가 경찰관에게 자초지종을 설명을 드리고 조사를 받으면서 우리가 아주머니를 치지 않았다고 해도 그 옆에 계시던 아주머니께서는 사실이니까 아무 말씀도 하지 않고 가만히 계시는데 도대체 경찰관은 우리를 폭주족으로 몰고 아주머니를 치고 달아난 것으로 누명을 씌우고 있습니다.

존경하는 검사님 정말 저희는 너무 억울합니다.

잘못이 있다면 요란한 굉음을 내고 오토바이를 탄 죄만 있을 뿐입니다.

이런 오토바이 소리에 우리를 쳐다보시다가 넘어지셨는데 아무런 상처도 입지 않으셨고 자전거도 망가지지 않았습니다.

(6) 존경하는 검사님!

우리는 달리던 길을 되돌아와서 아주머니와 자전거를 일으켜 세우고 다친 곳은 없는지 물었는데 그 때 아주머니께서는 괜찮다고 하셨는데 마침 길 건너편으로 지나가던 순찰차량을 보는 순간 돌변하여 우리가 오토바이로 아주머니를 치는 바람에 넘어지셨다고 거짓말로 누명을 씌운 것입니다.

저와 우리 친구가 뒤에 타고 있었기 때문에 확인해 보시면 아시겠지만 하늘에 맹세코 자전거를 친 사실은 없습니다.

우리는 결백합니다.
절대 자전거를 부딪치지 않았습니다.

우리는 죄진 것 없이 누명을 쓰고 죄인이 된 것이 너무 억울하고 분한 생각이 들어서 밥맛도 없고 공부를 할 수가 없어서 검사님께 누명을 벗겨달라고 호소하기에 이른 것입니다.

(7) 현명하신 검사님!

결코 저희들은 아주머니를 부딪치지 않았습니다.

배우는 우리 학생들의 억울함에 귀 기울려 주시고 억울하게 누명을 쓴 것은 치밀한 재수사를 통하여 밝혀 주시기 바랍니다.

바로 저희들은 경찰서에서 조사를 받고 나오자마자 억울한 누명을 쓴 것이 분해서 이렇게 검사님께 누명을 벗겨 달라고 호소하기에 이른 것입니다.

우리들의 억울한 누명을 존경하는 검사님께서 벗겨 주시리라 믿고 열심히 공부만 하겠습니다.

정말이지 옛말 틀린 것이 없다는 생각이 절로 들었습니다.
그런데 정말 슬픈 일은 이 세상이 왜 이리 각박하냐는간것입니다.

남 도와주고 오히려 가해자로 몰릴 수 있는 세태가 너무 슬프고 실망스러웠습니다.

그러나 남을 돕는 것도 성격인지 몰라도 지금도 남의 도움이 필요한 사람을 보면 저나 우리 친구 역시 그냥 지나치질 못하고 나서야 하니 천성은 천성인가 봅니다.
부탁드립니다.

꼭 저희들의 억울함을 밝혀 주시리라 믿겠습니다.
안녕히 계십시오.

4.소명자료 및 첨부서류

(1) 재학증명서   1통

(2) 탄원인에 대한 인감증명서   1통

○○○○ 년 ○○ 월 ○○ 일

위 탄원인 : ○   ○   ○   (인)

춘천지검 OOO검사 귀중

탄　　원　　서

사 건 번 호 : ○○○○고단○○○○호 교통사고처리특례법위반

피 고 인 : ○　　　○　　　　○

탄 원 인 : ○　　　○　　　　○

창원지법 형사2단독귀중

탄 원 서

1. 탄원인

성 명	○ ○ ○		주민등록번호	생략
주 소	창원시 ○○구 ○○로 ○길 ○○, ○○○호			
직 업	사업	사무실 주 소	생략	
전 화	(휴대폰) 010 - 3422 - 0000			
기타사항	창원지방법원 ○○○○고단○○○○호 교통사고 처리특례법위반 피고사건			

상기 탄원인은 창원지방법원 ○○○○고단○○○○호 교통사고처리특례법위반 피고사건의 피고인으로서 아래와 같은 사유로 재판장님께 탄원서를 제출하오니 부디 피고인을 선처해 주시기 바랍니다.

(1) 존경하는 우리 재판장님께 드립니다!

먼저 존경하는 재판장님께서 항상 사법적 정의구현 노력에 깊은 감사의 말씀부터 올립니다.

저는 ○○○○. ○○. ○○. ○○:○○ 제○○호 법정에서 재판장님께 교통사고처리특례법위반 죄명으로 공판을 앞두고 있는 피고인 ○○○입니다.

피고인은 창원시 ○○구 ○○로 ○○○에서 태권도학원을 운영하고 있습니다.

피고인은 평소에도 학원에서 업무를 보고 점심때가 되면 ○○로에 있는 집으로 가서 점심을 먹고 다시 학원으로 와서 아이들을 가르치고 퇴근을 하고 있습니다.

(2) 자비로우신 우리 재판장님!

○○○○. ○○. ○○. 수요일 오후 2시 조금 넘어서 피고인은 평소처럼 집에서 점심을 먹고 피고인이 운영하는 학원으로 나오다가 ○○로를 넘어 코너를 돌아 내려오는 중 앞을 보지 않은 채 중앙선을 넘어 오는 작은 오토바이를 발견했습니다.

순간 피고인은 아찔했습니다.

피고인은 순간 판단이 흐려지고 당황할 수밖에 없었습니다.

피고인은 뭐지 내가 뭘 잘못 봤나 하는 순간에도 차는 계속 굴러가고 있었고 순식간에 여러 생각이 들었고 클랙션을 계속해서 눌러도 중앙선을 넘어온 오토바이를 피하긴 너무 늦었다는 생각이 들었는데 더구나 앞을 보지 않은 채 오는 도중인데 놀라서 당황해 넘어지기라도 하면 더 상황이 안 좋을 수도 있겠다는 생각으로 브레이크를 밟으면서 최대한 차를 길가로 붙여서 세웠습니다.

(3) 현명하시고 존엄하신 우리 재판장님!

그러나 피고인은 오토바이를 완전히 피하지는 못했고 별 수 없이 오토바이와 약간 스치는 바람에 피고인의 차량 앞부분 백미러가 부러지고 오토바이는 그대로 지나갔습니다.

저는 즉시 차를 세우고보니 오토바이의 운전자는 어린 학생인데 그로 쭈볏쭈볏 가려고 하고 있었습니다.

피고인은 뭔가 이것은 아니지 싶어서 뺑소니로 몰릴 수 있다는 생각도 들고 학생은 아직 오토바이에서 내리지 않은 채로 정지해 있는 상태인데 피고인이 뛰어간다고 잡을 수 있을까 우려도 들었는데 학생이 그 무렵 오토바이에서 내려서 피고인이 있는 곳으로 내려왔습니다.

피고인은 처음 보는 학생이었습니다.

피고인이 학생의 모습을 살펴보니까 많이 다친 것 같지는 않았습니다.

(4) 자비로우신 우리 재판장님!

그래도 피고인은 인정상 얼마나 다쳤느냐고 묻고 병원에는 안가도 되겠냐고 묻고 앞도 안보고 그렇게 중앙선을 넘어오면 어떡하니 하니까 학생은 생각 외로 맹랑하데요.

안 넘어왔는데요.
그럼 내가 너랑 부딪치면서 난 자국이 어떻게 길 바깥쪽으로 나있냐고 하니까 어린 학생은 그때서야 말을 하지 못했습니다.

다그친다고 해결될 일도 아니고 피고인은 먼저 학생의 팔에 눈길이 갔습니다. 많이 다쳤니 팔에는 작은 상처가 있었습니다.

피고인은 학생이 놀랐을 거 같아 일단 학생에게 물어서 학생의 아버지에게 연락을 하고 피고인도 보험회사에 연락을 했습니다.

(5) 은혜롭고 정의로우신 재판장님!

피고인이 보험회사 직원을 기다리고 있던 중 빗방울이 떨기 시작해 학생에게 추우니까 피고인의 차에 들어가 있으라고 했는데 차에 타지 않았습니다.
피고인도 비를 맞으면서 증거사진을 몇 장 찍었습니다.

얼마 후 연락을 받은 학생의 아버지가 보험회사 보다 먼저 사고현장으로 왔습니다.

얼마 안 있어서 보험회사도 왔습니다.

보험회사는 무성의하게 사진 몇 장만 찍고 학생의 인적사항도 묻지 않고 가라고 해서 피고인이 어 그냥 보내도 되는지 물어보았습니다.

그런데 학생의 아버지가 노발대발하면서 사고 접수하고 지금 애가 다쳤는데 병원에 가지 말라는 말이냐며 심하게 화를 냈습니다.

(6) 존경하는 우리 재판장님!

저는 그 다음날 점심을 집에 가서 조금 일찍 먹고 학생이 사는 집에 가보았습니다.

어른들은 안 계시고 그 학생이 문을 열어주는데 팔이 좀 부었고 일회용 밴드를 팔에 하나 손에 세 개 붙였습니다.

피고인도 자식 키우는 입장에서 잘잘못을 떠나 정말 마음이 아팠습니다.

피고인이 왜 그랬어? 하고 학생에게 물었더니 학생은 그냥 싱긋 웃더군요. 병원은 갔다 왔고 했더니 갔다 왔다고 해서 그렇게 지나가는 듯 했습니다.

(7) 정의로우신 재판장님!

2주쯤 지나서 탄원인이 가입한 보험회사의 홈페이지에 들어가 봤더니 처리완료로 되어 있었습니다.

그래서 이상하다고 생각하고 학생이야 본능적으로 자신의 실수를 인정하고 싶지 않을 수 있겠지만 보험회사 직원이 처리를 제대로 했더라면 이렇게 오래 끌지 않고 말끔하게 해결할 수 있었을 거란 생각이 자꾸 들었습니다.

피고인의 차량의 스키즈마크와 차선 안에 많이 떨어진 오토바이의 파편만 정확히 사진을 찍었어도 잘잘못을 가릴 것 없이 확실하게 판가름이 났을 텐데요 보험회사 직원은 피고인 차량의 스키즈마크는 찍지도 않았고 오토바이 파편도 가장 많은 지점인 차선 안에도 찍지도 않고 큰 거 하나 떨어진 학생의 차선만 찍었습니다.

학생에게 불이익이 가는 것을 피고인은 원하지 않습니다.

다만, 피고인이 피해자였다는 것을 인정받고 싶은 생각뿐입니다. 만약, 학생의 아버지께서 면허도 없는 아이에게 오토바이를 내 줘서 사고가 나 미안하게 됐다며 미안하게 생각했다면 피고인도 치료도 해주고 말았을 텐데 대한민국은 법치국가입니다.

법을 따르고 지키면서 바르게 운전한 피고인이 보호를 받아야 마땅하다고 생각합니다.

(8) 존경하는 우리 재판장님!

결코 피고인은 피해자이지 가해자가 아닙니다.

피고인이 중앙선을 넘어간 것이 아니라 오토바이를 운전하던 학생이 중앙선을 넘어왔습니다.
그리고 학생의 아버지가 주장하는 위치에서 사고가 났다면 가장 많은 파편이 있었던 바로 반대편 차선 위치에 오토바이의 파편이 있을 수가 없습니다.

그런데 적반하장으로 피고인이 중앙선을 넘어와 사고를 낸 가해자로 둔갑되어 있었고, 피고인의 차량의 백미러와 오토바이의 손잡이가 비껴서 갔으니 그 부분은 피고인의 차로 덮쳐 있었던 상황이니까요. 상대방의 말이 사실이라면 서로가 이동 중이었으니 물체가 운동 상태를 유지하려고 하는 관성의 법칙에 따라 아마 조금은 더 상대방의 차선으로 파편이 떨어져 있었을 것입니다.

(9) 존경하는 우리 재판장님!

피고인이 잘못을 한 것이 있다면 처벌을 달게 받겠습니다만, 피고인은 이 사건과 관련하여 피해자이지 가해자가 아닙니다.

이제 와서 피고인이 중앙선을 넘어와 피해자 학생을 부딪친 것으로 고소를 당하고 재판을 받아야 하고 손해배상을 해야 할 이유가 없다고 봅니다.

그리고 피해자 학생 측이 주장하는 그 방향과 피고인의 바퀴자국이 전혀 맞지 않습니다. 상대방의 주장은 한마디로 억지주장에 불과하오니 이 사건의 공소사실은 범죄사실의 증명이 없는 때에 해당하므로 형사소송법 제325조 후단에 의하여 무죄를 선고하여 주시기 바랍니다.

2.소명자료 및 첨부서류

(1) 탄원인에 대한 인감증명서   1통

○○○○ 년 ○○ 월 ○○ 일

위 탄원인 : ○ ○ ○   (인)

창원지법 형사2단독귀중

탄　　원　　서

사 건 번 호 : ○○○○고단○○○○호　업무상배임

피 고 인 : ○　　○　　○

탄 원 인 : ○　　○　　○

부산지법 형사6단독 귀중

탄 원 서

1.탄원인

성 명	○ ○ ○	주민등록번호	생략
주 소	부산시 ○○구 ○○로 ○○길 ○○, ○○○호		
직 업	기사	사무실 주 소	생략
전 화	(휴대폰) 010 - 1789 - 0000		
기타사항	부산지방법원 ○○○○고단○○○○호 업무상배 임 피고사건		

상기 탄원인은 부산지방법원 ○○○○고단○○○○호 업무상배임 피고
사건의 피고인 ○○○에 대한 지인으로서 아래와 같이 애틋한 사유로
재판장님께 탄원서를 제출하오니 부디 피고인에게 선처해 주시기 바랍
니다.

(1) 존경하는 재판장님께 올리는 탄원서입니다.

먼저 존경하는 재판장님께서 항상 사법적 정의구현 노력에 깊은 감
사의 말씀을 드립니다.

제가 감히 고명하신 재판장님께 저의 입장을 밝히고 선처를 부탁드
리는 것을 허용해 주시리라 믿고 싶습니다.

제가 재판장님께 탄원서를 작성해 선처를 호소하는 것은 누구로부
터 부탁을 받거나 타의적으로 작성한 것이 절대 아니며 이 탄원서는
전적으로 저의 내면에서 우러나오는 자발성에서 이뤄진 것임을 분명
히 말씀을 올립니다.

(2) 정의로우신 우리 재판장님!

저는 18년 전에 친동생이 자동차사고가 나는 바람에 부산진경찰서에서 조사를 받고 유치되었을 때 그 당시 담당 경찰관이었던 피고인을 만나 저와 이름도 비슷하고 성격이 마음이 들어 우리는 자주만나는 사이가 되었습니다.

당시 피고인은 따뜻하고 인간적인 배려와 어려운 처지에 놓인 저를도와주고 조언해주어 우리는 정말 친형제간 이상으로 끈끈한 의형제로 살았습니다.

그 후로 우리는 연락이 두절된 상태에서 서로의 안부조차 몰랐습니다.

저는 사업에 실패하고 부산 전포동에 있는 나이트클럽에서 대리운전기사로 얻는 수입으로 생계를 꾸려가다가 이제는 택시 기사로서 모범운전자가 되어 사회봉사를 하기 시작하여 동료기사의 아들이 선천성 심장병으로 수술을 긴급하게 받아야 하는데 수술비가 없어서 아들의 수술을 못해주며 애를 태우는 사정을 보고 당시 택시 내에서손님을 상대로 동전모금 운동을 하며 재활원 원생들을 도와오고 있었기 때문에 우리 모범운전자 택시들이 저와 같이 동전모금을 다같이 몇 달 동안 한다면 동료기사의 아들 심장병수술을 받을 수 있게 할 수 있겠다고 생각을 하게 되었습니다.

(3) 자비로우신 우리 재판장님!

이와 같은 계획을 택시조합의 임원회에 상정하였고 임원회에서도 좋다고 만장일치로 의결되었으나 최종 결재권자 회장님의 불허로 부결되어 뜻을 이루지 못하고 이에 동조하던 택시기사 몇몇 분의 동의를받아 모범운전자회에서 탈퇴하여 "사랑나무 봉사대"를 창립하여 무에서 유를 창출하기 위해 탄원인의 택시영업보다 단체와 새 생명 살리기 운동에 적극적으로 활동하여 심장병·백혈병 어린이 200여명에 대한 새 생명을 살려내는 역할로 사회봉사활동을 함으로써 ○○○○년에는 전국봉사한마음대회에서 300만 명의 봉사단원 중에서 최우수단체로 대한민국 봉사부분 최우수 단체 표창을 받기까지 하였습니다.

(4) 은혜로우신 우리 재판장님!

우연히 택시영업을 하던 중 근처 식당으로 들어가 밥을 주문했는데 그곳 식당 주방에서 그릇을 행구고 허드렛일을 하는 의형제처럼 지내던 피고인의 처를 보았습니다.

탄원인은 영문도 모르고 주방으로 달려 들어가 피고인의 처를 데리고 가까운 제과점으로 무조건 모시고 갔습니다.

피고인의 처로부터 피고인에 대한 자초지종을 전해 듣고 눈앞이 캄캄하고 가슴이 아파서 이렇게 염치불구하고 탄원인이 피고인의 가족에게 도움을 줄 수 있는 것은 이것밖에 없다는 생각만 하고 존경하는 재판장님께 피고인의 선처를 호소하게 된 것입니다.

(5) 은혜롭고 자비로우신 재판장님!

저는 그길로 부산구치소로 달려가 피고인을 면회했습니다.

피고인은 1년이 다 되도록 구속되었으므로 가정형편이 어려워서 변호사도 선임하지 못하고 집에서는 끼니를 걱정할 정도로 형편이 매우 열악하다는 사실을 알았습니다.

탄원인을 만난 피고인은 그래도 자신의 처와 어린 아이들을 잘 보살펴달라고 오히려 부탁하면서 많이 괴로워하고 있었습니다.
많은 것을 깊이 뉘우치고 반성하는 모습을 보았습니다.
피고인은 항상 남을 베려하고 베풀며 살아온 정말 좋은 친구였는데 막상 구속이 되고 어려움을 겪게 되어도 누구 하나 의논할 상대로 도움을 주는 이가 없어 정말 쓸쓸해 보였습니다.

저 역시 가지고 있는 돈이 없고 하루를 벌어 하루를 먹고사는 처지라 하는 수 없이 카드사로 달려가 신용카드를 발급받아 대출을 받은 돈으로 우선 피고인의 억울한 점을 벗기기 위해 변호사를 선임했습니다.

(6) 존경하는 우리 재판장님!

그리고는 피고인의 처자식이 사는 집을 수소문 끝에 찾아갔는데 정말 어렵게 살고 있었고 피고인이 석방될 때까지 탄원인이 남편의 자격은 없지만 임시 가장으로서 피고인의 처자식을 돌보기로 하고 돕고는 있지만 그래도 피고인 보다는 저의 형편이 훨씬 좋다는 생각을 하면 제가 너무나 무심했던 것 같아 피고인에게 미안한 마음까지 듭니다.

탄원인으로서는 법도 잘 모릅니다.

그렇다고 해서 피고인이 뭐가 억울하다는 것인지 사건을 잘 알지 못해 뭐라고 말씀드리기는 뭐하지만 피고인이 사람을 때려죽이고 용서받지 못할 파렴치한 죄를 범하지만 않았다면 이번에 한하여 용서해 주시고 선처해 주셨으면 좋겠습니다.

제가 아는 피고인은 법인 없어도 사는 그런 사람입니다.
이는 필시 잘못되었거나 이유가 있었다고 봅니다.

(7) 은혜롭고 자비로우신 재판장님!
우리 피고인에 대한 선처를 다 시 한번 호소합니다.
법 이전에 한 인간을 불쌍히 여기고 자비로우신 재판장님의 판결이, 피고인으로 하여금 다시금 기회를 주시고 어린 아이들과 식당에서 허드렛일을 하고 있는 피고인의 처에게 격려와 위안이 될 것이라고 믿어 의심치 않습니다.

존경하는 재판장님께 또다시 선처를 호소합니다.
피고인에게 법이 허용하는 최대한의 관용을 베풀어 주십시오.

부디 피고인에게 선처를 호소합니다.
다시 한 번 피고인에게 좋은 계기가 될 수 있는 선처를 간곡히 호소합니다.

존경하옵는 우리 재판장님께서 피고인에게 너그러우신 선처와 한 치도 억울한 일이 없도록 법보다 인의와 정의로 한가정의 기둥인 피고인을 위해 현명하신 판단을 해 주시리라 믿겠습니다.

소명자료 및 첨부서류

(1) 탄원인에 대한 임감증명서   1통

(2) 카드대출금명세서   1부

○○○○ 년 ○○ 월 ○○ 일

위 탄원인 : ○ ○ ○ (인)

부산지법 형사6단독 귀중

탄　원　서

사 건 번 호 : ○○○○형제○○○○호　청소년보호법위반

피 고 인 : ○　　　○　　　○

탄 원 인 : ○　　　○　　　○

수원지검 000검사 귀중

탄 원 서

1.탄원인

성 명	○ ○ ○	주민등록번호	생략
주 소	수원시 ○○구 ○○로 ○○, ○○○-○○○호		
직 업	주부	사무실 주 소	생략
전 화	(휴대폰) 010 - 1289 - 0000		
기타사항	수원지검 ○○○○형제○○○○호 청소년보호법 위반		

상기 탄원인은 수원지방검찰청 ○○○○형제○○○○호 청소년보호법위반 피의사건의 피의자 ○○○에 대한 처로서 아래와 같은 사유로 검사님께 탄원서를 제출하오니 부디 피의자를 선처해 주시기 바랍니다.

(1) 존경하는 검사님께 드립니다!

탄원인은 현재 ○○○검사님으로부터 조사 중에 있는 ○○○○형제○○○○호 사기 피의사건의 피의자 ○○○의 처 ○○○입니다.

탄원인은 평택에서 조금 떨어진 안중이라는 곳에서 태어나 여자상업고등학교를 졸업하고 평택에 있는 ○○협동조합에 근무하면서 이곳에 근무하는 남편인 피의자를 만나 결혼하고 슬하에 1남 1녀를 데리고 안성에서 살고 있습니다.

탄원인은 결혼하고 얼마가지 않아 첫아이를 가진 후 사직하고 남편은 계속 근무하다가 최근까지만 해도 평택에서 이곳 안성으로 근무지를 옮겨 근무하던 중 ○○협동조합을 그만두고 안성에서 사회에서 만난 친구 분하고 수원시 장안구 ○○로 ○○, 소재에서 ○○ 호프집을 차려 영업을 시작했습니다.

(2) 존경하옵는 우리 검사님!

탄원인도 남편이 직장생활을 하면서 벌어오는 수입보다는 호프집을 운영하면 수입이 좋을 것으로 믿고 친정집과 시집에서 돈을 차용하여 가게보증금을 내고 인테리어비용은 저희가 살던 아파트를 팔아 지금 사는 집으로 옮기면서 보증금 500만원에 월 50만원 주고 사글세를 살고 나머지까지 모두 호프집에 투자했습니다.

탄원인도 주방에서 일하고 남편을 도왔고 남편과 그 친구 분은 홀에서 열심히 장사를 했습니다.

남편은 장사에 경험이 없었기 때문에 호프집을 어떻게 운영해야 할지 잘 몰랐습니다.

친구 분은 장사에 경험이 많은 것 같았는데 절대 영업에 앞장을 서는 일이 없이 투자할 돈도 투자하지 않고 형식은 동업이지 친구 분은 투자를 하지 않고 가게에 놀러 오는 것 같은 느낌도 받았습니다.

친구 분은 책임감이 없었고 툭하면 남편에게 미루고 남편은 친구 분이 시키는 대로 일만하고 모든 명의는 남편의 이름으로 영업을 해왔습니다.

(3) 정의로우신 우리 검사님!
그러던 중 남편은 결국 친구 분께서 말하는 대로 영업을 하다가 미성년자를 고용하고 술을 팔았다는 이유로 남편은 구속되어 지금 조사를 받고 있고, 가게는 영업정지에 얼마가지 못해 영업허가도 취소되고 문을 닫고 말았습니다.

영업허가명의만 남편의 이름으로 되어 있지만 실제 불법영업은 모두 그 친구 분께서 다했습니다.

남편은 가게에 투자한 돈은 돈대로 고스란히 다 날리고 구속되었고, 가정은 파탄지경에 이르렀고 탄원인이 어린 아이들을 대리고 살고 있는 사글세방은 월세를 6개월 동안 내지 못해 집주인께서 집을 비워달라고 하고 있으므로 탄원인과 어린아이들이 머지않아 길거리로 쫓겨나게 생겼습니다.

존경하옵는 검사님께서 우리 남편의 처분결과에 따라 우리 가족의 생계가 달려있습니다.

(4) 존경하옵는 검사님!

저는 어린 아이들이 잘 무렵 24시간 영업하는 식당에 가서 부엌에서 아침 8시까지 일해주고 번 돈으로 아이들에게 밥을 해주면 자식들 목구멍에 밥 넘어가는 소리가 가장 행복한 소리로 들립니다.

비록 넉넉하지는 않았어도 아이들과 남편과 탄원인이 밥상을 마주하고 앉아 밥그릇과 수저를 부딪쳐가며 웃으며 식사하던 때 그 소리가 그립고 미우나 고우나 남편이 그렇게 보고 싶고 어린 아이들까지 이제는 남편을 그렇게 찾고 있습니다.

우리 남편은 이런 영업을 해보지 못해 아는 것이 없습니다.
제가 교도소로 남편을 면회 갔는데 남편은 참회의 눈물을 흘리면서 뼈저리게 뉘우치고 반성하고 있었습니다.

우리 부부는 이번 일로 인하여 많은 것을 깨달았습니다.

열심히 산다는 것은 행복을 꿈꾸고 행복을 기다리는 일이라고 말입니다.

저의 부부는 평소 너무 시시하다고 또는 너무 흔하다고 소홀히 대하고 탐탁찮게 여겼던 순간들을 다 잊어버리고 새로운 행복을 찾아 열심히 노력하기로 다짐했습니다.

(5) 은혜로우신 검사님!

남편은 허욕으로 당치도 않은 거창한 것을 찾으려다 소중한 전 재산을 안개같이 흩어지고 무지개처럼 모두 사라지고 말았습니다.

저는 절망하는 남편에게 식사조차 스스로 해결하지 못하고 대소변까지 남의 손을 빌려야 하는 그런 분들에 비하면 우리 부부의 역경은 아무것도 아니므로 힘내자고 용기를 주고 왔습니다.

저는 일을 마치고 남편 없는 집으로 들어가면 어린 아이들에게 툭하면 잔소리를 하지만 그 잔소리가 아이들에게 살아가는 힘이 되고 축복의 응원가임을 알게 해 줄 것입니다.
우리 남편이 범한 죄는 아마 전혀 모르고 한 짓입니다.

남편은 면회한 저에게 그 동안 많은 것을 뉘우치고 깨닫고 반성하는 모습을 보였습니다.

(6) 자비로우신 우리 검사님!

정말 힘들게 생활하는 탄원인과 우리 어린 아이들 아무것도 모르고 아버지만 애타게 찾다가 흘린 눈물이 잠이 들어 말라버리는 불쌍한 아이들을 헤아려 주시고 저의 남편에게 관용을 베풀어 가족의 품으로 하루속히 보내 주셨으면 하는 마음 간절합니다.

탄원인과 어린 아이들을 위해 우리 남편인 피의자에게 은전을 베풀어 주시면 이 은혜 평생 동안 가슴속에 잊지 않고 간직하고 있다가 꼭 보답하겠습니다.
우리 사랑하는 남편 나오면 정말 좋은 일 더 많이 하고 항상 남에게 베풀면서 우리 어린아이들 잘 키우고 행복하게 잘 살겠습니다.

그럼 검사님의 건강과 온 가족 모두 평강하시길 기원하겠습니다. 대단히 감사합니다.
안녕히 계십시오.

2.소명자료 및 첨부서류

(1) 가족관계증명서   1부

(2) 탄원인의 인감증명서   1통

○○○○ 년 ○○ 월 ○○ 일

위 탄원인 : ○ ○ ○   (인)

수원지검 000검사 귀중

탄　　원　　서

탄　원　인 :　○　　○　　○

청주지방법원 제2형사부 귀중

탄 원 서

1.탄 원 인

성　　명	○ ○ ○	주민등록번호	생략
주　　소	청주시 ○○구 ○○로 3길 ○○, ○○○-○○○호		
직　　업	회사원	사무실 주　소	생략
전　　화	(휴대폰) 010 - 1267 - 0000		
기타사항	청주지방법원 ○○○○나○○○○호 항소사건		

2.탄원의 내용

　상기 탄원인은 청주지방법원 ○○○○나○○○○호 항소 제○부에서 재판 중인 수감자(수형번호 제○○○○호)이며, 피고인 ○○○의 어머니로서 절박한 사정으로 탄원하오니 부디 피고인을 선처해 주시기 바랍니다.

(1) 존경하는 재판장님께 올립니다.

　　탄원인은 하나밖에 없는 아들인 피고인과 살다가 피고인이 구속되는 바람에 현재 외롭게 홀로 살아가고 있습니다.

　　피고인을 범법자로 만든 것은 한마디로 이 어미에게 있습니다.
　　피고인은 아무런 잘못이 없으니 대신 이 못난 어미를 벌하여 주십시오!

　　피고인은 다른 집 자식들과 마찬가지로 예절바르고 착한 아들이었는데 모든 것이 이 못난 어미의 가정파탄과 무지가 그렇게 만들어 버리고 말았습니다.

(2) 자비롭고 은혜로우신 우리 재판장님!

잠시 피고인이 범법자가 되기까지의 경위를 간단하게 말씀 드리겠습니다.

그러니까 피고인이 중학교 1학년 때 탄원인은 남편과의 성격차이로 끝내 이혼을 하게 되었는데 한창 감수성이 예민했던 피고인은 그만 실의에 찬 시선으로 점점 말이 없는 아이로 변해가고 있었습니다.

그러나 이 어미의 말은 누구보다도 착실하게 말대꾸 한 번 없이 착하게 자라왔는데 어느 날 범죄인이 되어 교도소에 들어가 있는 사실도 뒤늦게 알게 되어 하늘이 무너져 내리는 충격으로 혼절한 몇 달 뒤, 사랑하는 아들로부터 때늦은 후회와 회한이 담긴 내용으로 한 통의 편지가 저에게 날아들었습니다.

(3) 자비로우신 우리 재판장님!

숱한 세월이 흐른 이제 철이 들고 보니 그 동안 불효로 살아왔던 지난날들이 원망스럽다며 구절구절 눈물로 얼룩진 사연들로 탄원인에게 마지막 효도를 하겠다고 하는 내용들이었습니다.

자식 키우는 어미의 심정, 그 무엇으로 다 표현하리까마는 이렇듯 못난 어미의 가슴을 갈기갈기 찢어지는 아픔을 아무도 모를 것 입니다.

탄원인은 현재 고칠 수도 없는 가슴앓이 병으로 숱한 날을 지새우며 우리 피고인이 돌아오기만을 학수고대 하다 이제는 바람 앞에 등불이 된지도 오래되었습니다.

탄원인의 마지막 소원이오니 피고인을 이제 이 못난 어미의 품으로 돌려보내 주셨으면 원이 없겠습니다.

(4) 존경하는 우리 재판장님!

피고인도 교도소로 면회한 탄원인에게 맹세를 하였습니다.
하루속히 가족의 품으로 돌아와 자신이 저지른 피해금액에 대해 피해자를 찾아가 백배사죄하면서 그 변제 금을 다달이 갚아나갈 것이라고 이 어미에게 굳게 약속까지 하였습니다.

탄원인 또한 피고인이 하는 일 적극적으로 돕고 힘을 모아 주고 싶습니다.

내 사랑하는 아들이 하는 일이라면 뒤에서 힘이 되어 주고 싶습니다.

탄원인은 불의의 사고로 인하여 거동도 불편합니다.
날씨도 쌀쌀해지니 피고인 생각으로 밤이면 잠도 제대로 자지 못하고 매일 뜬눈으로 밤을 새고 있습니다.

뜬눈으로 밤을 새고 불편한 몸으로 아침 일찍부터 피고인이 있는 교도소로 가서 면회하고 돌아오면 저녁인데도 아무도 없는 집에 들어가기가 싫습니다.

피고인이 너무 보고 싶습니다.
저 불쌍한 노모 좀 도와주세요.
혼자서 살아가기가 너무나 힘이 듭니다.

(5) 은혜로우신 우리 재판장님!

비록 가난하고 배우지 못한 탄원인의 아들로 태어나 일시 방황하다가 이제 마지막으로 효도를 하겠다며 굳은 결의로 맹서하는 피고인을 불쌍하게 여기시고 갸륵한 효심을 참작하시어 최대한의 관용으로 선처를 구하고자 이렇게 모정의 정으로 이 탄원의 글을 올립니다.
부디 탄원인의 절박한 사정을 헤아려 주시고 피고인을 하루속히 석방해 주시기 바랍니다.

앞으로는 제가 죽는 날까지 우리 피고인을 옆에 두고 다시는 이런 일이 생기지 않도록 하겠습니다.

탄원인이 부모로서 피고인에게 너무 무심해서 이런 일이 생긴 것 같아 정말 가슴이 갈기갈기 찢어지는 것 같습니다.
죄송합니다.

정말 죄송합니다.

(6) 자비로우신 우리 재판장님!

우리 아들인 피고인에게 한번 만 기회를 주셨으면 합니다.
피고인이 돌아오면 제가 항상 옆에 붙어서 피고인을 감시하여 이런 일 없도록 하겠습니다.

피고인에게 다시는 이런 일 없게 할 자신이 있습니다.
저는 피고인을 삐뚤어지지 않도록 바른 길로 인도할 자신도 생겼습니다.

탄원인은 우리 아들과 함께 사는 것이 저의 마지막 소원입니다.

부디 우리 아들에게 선처를 호소합니다.
그럼 재판장님의 건강과 온 가족 모두의 평강을 기원합니다.
부탁드립니다.

3. 소명자료 및 첨부서류

(1) 가족관계증명서   1부

(2) 탄원인에 대한 인감증명서   1부

○○○○ 년 ○○ 월 ○○ 일

위 탄원인 : ○ ○ ○   (인)

청주지방법원 제2형사부 귀중

탄 원 서

피 의 자 : ○ ○ ○

탄 원 인 : ○ ○ ○

창원지방검찰청 ○○○검사 귀중

탄 원 서

1.탄원인(피의자의 처)

성 명	○ ○ ○	주민등록번호	생략
주 소	창원시 ○○구 ○○로 ○○, ○○○-○○○호		
직 업	주부	사무실 주 소	
전 화	(휴대폰) 010 - 2389 - 0000		
기타사항	창원지방검찰청 ○○○○형제○○○○호 미성년자 고용 등 피의사건		

상기 탄원인은 창원지방검찰청 제○○○호 검사실에서 미성년자고용 등 피의사건으로 구속되어 조사 중인 피의자 ○○○의 처 ○○○으로서 아래와 같은 사정으로 검사님께 탄원서를 제출하오니 깊이 통찰하시어 피의자 ○○○을 선처해 주시기 바랍니다.

(1) 존경하는 검사님께 올립니다.

　탄원인은 현재 검사님으로부터 조사 중인 ○○○○형제○○○○호 미성년자고용 등 피의사건의 피의자 ○○○의 처 ○○○라고 합니다.

　탄원인은 마산에서 태어나 여자상업고등학교를 졸업하고 창원에 있는 신용협동조합에 근무하면서 이곳에 근무하던 피의자를 만나 결혼하고 슬하에 1남 1녀를 데리고 살고 있습니다.

　탄원인은 결혼하고 얼마가지 않아 첫아이를 가진 후 사직하고 남편은 계속 근무하다가 최근까지만 해도 마산에서 근무지를 창원으로 옮겨 근무하던 중 신용협동조합을 그만두고 창원에서 만난 사회친구하고 아름다운 곳이라는 상호로 호프집을 차려 영업을 시작했습니다.

(2) 존경하옵는 우리 검사님!

탄원인도 남편이 직장생활을 하면서 벌어오는 수입보다는 호프집을 운영하면 수입이 좋을 것으로 믿고 친정집과 시집에서 돈을 차용하여 가게보증금을 내고 인테리어비용은 저희가 살던 아파트를 팔아 지금 사는 집으로 옮기면서 보증금 500만원에 월 50만원 주고 사글세를 살고 나머지까지 모두 호프집에 투자하게 되었습니다.

탄원인도 주방에서 일하고 남편을 도왔고 남편과 그 친구 분은 홀에서 열심히 장사를 했습니다.

남편은 장사에 경험이 없었기 때문에 호프집을 어떻게 운영해야 할지 잘 몰랐습니다.

친구 분은 장사에 경험이 많은 것 같았는데 절대 영업에 앞장을 서는 일이 없이 투자할 돈도 투자하지 않았고 운영방식은 동업이지 친구 분은 한 푼도 투자를 하지 않고 항상 가게에 놀러 오는 것 같은 느낌을 받았습니다.

친구 분은 책임감이 없었고 툭하면 남편에게 미루고 남편은 친구 분이 시키는 대로 일만하고 모든 명의는 남편의 이름으로 영업을 해왔습니다.

(3) 현명하신 검사님!

그러던 중 남편은 결국 친구 분께서 말하는 대로 영업을 하다가 미성년자를 고용하고 술을 팔았다는 이유로 남편은 구속되어 지금 조사를 받고 있고, 가게는 영업정지에 얼마가지 못해 영업허가도 취소되고 문을 닫고 말았습니다.

영업허가명의만 남편의 이름으로 되어 있지 실제 불법영업은 모두 그 친구 분께서 다했습니다.

남편은 가게에 투자한 돈은 돈대로 고스란히 다 날리고 구속되었고, 가정은 파탄지경에 이르렀고 탄원인이 어린 아이들을 대리고 살고 있는 지금 사글세방은 월세를 6개월 동안 내지 못해 집주인께서 집을 비워달라고 하고 있으므로 탄원인과 어린아이들이 머지않아 길거리로 쫓겨나게 생겼습니다.

존경하옵는 검사님께서 우리 남편의 처분결과에 따라 우리 가족의 생계가 달려있습니다.

(4) 존경하옵는 검사님!

저는 어린 아이들이 잘 무렵 24시간 영업하는 기사식당에 가서 부엌에서 아침 8시까지 일해주고 번 돈으로 아이들에게 밥을 해주면 자식들이 밥을 먹는 소리가 가장 행복한 소리로 들립니다.

비록 넉넉하지는 않았어도 아이들과 남편과 탄원인이 밥상을 마주하고 앉아 밥그릇과 수저를 부딪쳐가며 웃으며 식사하던 때 그 소리가 그립고 비우나 고우나 남편이 그렇게 보고 싶고 어린 아이들까지 이제는 남편을 그렇게 찾고 있습니다.

우리 남편은 이런 영업을 해보지 못해 아는 것이 없습니다.
제가 남편 면회를 갔는데 남편은 참회의 눈물을 흘리면서 뼈저리게 자신의 잘못을 깊이 뉘우치고 반성하고 있었습니다.

우리 부부는 이번 일로 인하여 많은 것을 깨달았습니다.
열심히 산다는 것은 행복을 꿈꾸고 행복을 기다리는 일이라고 말입니다.

(5) 은혜로우신 우리 검사님!

저의 부부는 평소 너무 시시하다고 또는 너무 흔하다고 소홀히 대하고 탐탁찮게 여겼던 순간들을 다 잊어버리고 새로운 행복을 찾아 열심히 노력하기로 다짐했습니다.
남편은 허욕으로 당치도 않은 거창한 것을 찾으려다 소중한 전 재산을 안개같이 흩어지고 무지개처럼 모두 사라지고 말았다고 한탄하고 있지만 우리 부부는 더 열심히 하면 된다고 저는 믿고 있습니다.

저는 절망하는 남편에게 식사조차 스스로 해결하지 못하고 대소변까지 남의 손을 빌려야 하는 그런 분들에 비하면 우리 부부의 역경은 아무것도 아니므로 힘내자고 용기를 주고 왔습니다.

저는 밤새도록 식당에서 일을 마치고 남편 없는 집으로 들어가면 어린 아이들에게 툭하면 잔소리를 하지만 그 잔소리가 아이들에게 살아가는 힘이 되고 축복의 응원가임을 알게 해 줄 것입니다.

(6) 존경하옵는 검사님!

우리 남편이 범한 죄는 탄원인이 봤을 때 아마 전혀 모르고 한 짓입니다.

남편은 수감장소로 찾아온 탄원인에게 그 동안 많은 것을 뉘우치고 깨닫고 반성하는 모습을 보였습니다.

정말 힘들게 생활하는 탄원인과 우리 어린 아이들 아무것도 모르고 아버지만 애타게 찾다가 흘린 눈물이 잠이 들어 말라버리는 불쌍한 아이들을 헤아려 주시고 저의 남편에게 관용을 베풀어 가족의 품으로 하루속히 보내 주시면 고맙겠습니다.

존경하옵는 검사님께서 탄원인과 불쌍한 우리 아이들을 위해 피의자에게 은전을 베풀어 주시면 이 은혜 평생 동안 가슴속에 잊지 않고 간직하고 있다가 꼭 보답하겠습니다.

(7) 자비로우신 우리 검사님!

우리 사랑하는 남편 나오면 정말 좋은 일 더 많이 하고 항상 남에게 베풀면서 우리 어린아이들 잘 키우고 행복하게 잘 살겠습니다. 간곡히 부탁드립니다,

그럼 검사님의 건강과 온 가족 모두 평강하시길 기원하겠습니다.

대단히 감사합니다.
안녕히 계십시오.

2.소명자료 및 첨부서류

(1) 가족관계증명서   1부

(2) 월세계약서   1부

(3) 피의자의 어린 딸아이가 검사님께 드리는 편지   1부

(4) 탄원인에 대한 인감증명서   1통

○○○○ 년 ○○ 월 ○○ 일

위 탄원인 : ○   ○   ○   (인)

창원지방검찰청 OOO검사 귀중

제5장

진정서

진 정 서

진 정 인 : ○   ○   ○

피 진 정 인 : ○   ○   ○

경기지방경찰청 청문감사실 귀중

진 정 서

1.진 정 인

성 명	○ ○ ○		주민등록번호	생략
주 소	경기도 의정부시 ○○로 ○○, ○○○-○○○호			
직 업	상업	사무실 주 소	생략	
전 화	(휴대폰) 010 - 9125 - 0000			
대리인에 의한 진 정	□ 법정대리인 (성명 : , 연락처) □ 진정대리인 (성명 : , 연락처)			

2.피진정인

성 명	○ ○ ○	주민등록번호	생략
주 소	경기도 의정부시 호국로 1265, 의정부경찰서		
소 속	의정부경찰서 수사과 조사계 경제1팀		
전 화	(휴대폰) 010 - 9987 - 0000		
기타사항	의정부경찰서 ○○○○형제○○○○호 사기 고소사건		

3.진정취지

피진정인 의정부경찰서 수사과 조사계 경제1팀 경장 ○○○을 징계에 회부하여 적의 조치하여 주시기 바랍니다.

4.진정원인

(1) 진정인이 ○○○○. ○○. ○○. 고소 제기한 ○○○○형제○○○○
  호 사기사건에 대해 피진정인 사법경찰관리 ○○○가 거짓말을 증거
  로 입증해도 검사가 혐의 없음 수사지휘 했다며 진실을 밝히지 않고
  있습니다.

(2) 진정인이 위 고소사건의 ○○○○. ○○. ○○. 검사의 처분 전에
  피고소인이 임의대로 영수하거나 편취한 사실에 대한 증거자료로
  영수증 등을 제출하였음에도 불구하고 피진정인은 이를 무시하고
  검사에게 위의 증거자료에 대한 지휘보고도 고의적으로 하지 않았
  으면서 지휘를 받았다고 거짓말을 하고 검사가 대질신문 후 혐의
  없음으로 수사보고 하라는 수사지휘를 했다는 거짓말로 둘러대고
  있습니다.

(3) 피진정인 사법경찰관리 ○○○경장은 진정인의 고소사건에 대하여
  진실을 밝히지 않고 검사에게 거짓보고를 일삼고 있으면서 진정인
  이 제출한 증거자료 또한 아예 검사에게 고의적으로 수사보고를
  하지 않고 누락시켰으므로 징계에 회부하여 적의조치를 취하여 주
  시기 바랍니다.

5.증거자료

  □ 진정인은 진정인의 진술 외에 제출할 증거가 없습니다.
  ■ 진정인은 진정인의 진술 외에 제출할 증거가 있습니다.
    ☞ 제출할 증거의 세부내역은 별지를 작성하여 첨부합니다.

6.관련사건의 수사 및 재판 여부

① 중복 신고여부	본 진정서와 같은 내용의 진정서 또는 고소장을 다른 검찰청 또는 경찰서에 제출하거나 제출하였던 사실이 있습니다 □ /없습니다 ■
② 관련 형사사건 수사 유무	본 진정서에 기재된 범죄사실과 관련된 사건 또는 공범에 대하여 검찰청이나 경찰서에서 수사 중에 있습니다 □ /수사 중에 있지 않습니다 ■
③ 관련 민사소송유무	본 진정서에 기재된 범죄사실과 관련된 사건에 대하여 법원에서 민사소송 중에 있습니다 □ /민사소송 중에 있지 않습니다 ■

7.기타

본 진정서에 기재한 내용은 진정인이 알고 있는 지식과 경험을 바탕으로 모두 사실대로 작성하였습니다.

ㅇㅇㅇㅇ 년 ㅇㅇ 월 ㅇㅇ 일

위 진정인 : ㅇ ㅇ ㅇ   (인)

경기지방경찰청 청문감사실 귀중

별지 : 증거자료 세부 목록

  (범죄사실 입증을 위해 제출하려는 증거에 대하여 아래 각
  증거별로 해당 난을 구체적으로 작성해 주시기 바랍니다)

1.인적증거 (목격자, 기타 참고인 등)

성 명		주민등록번호			
주 소	자택 : 직장 :			직업	
전 화	(휴대폰)				
입증하려는 내 용					

2.증거서류(진술서, 차용증, 각서, 진단서 등)

순번	증 거	작성자	제출 유무
1	고소장	진정인	■ 접수시 제출　□ 수사 중 제출
2	증거자료	진정인	■ 접수시 제출　□ 수사 중 제출
3			□ 접수시 제출　□ 수사 중 제출
4			□ 접수시 제출　□ 수사 중 제출
5			□ 접수시 제출　□ 수사 중 제출

3.증거물

순번	증 거	작성자	제출 유무
1	고소장	진정인	■ 접수시 제출 □ 수사 중 제출
2	증거자료	진정인	■ 접수시 제출 □ 수사 중 제출
3			□ 접수시 제출 □ 수사 중 제출
4			□ 접수시 제출 □ 수사 중 제출
5			□ 접수시 제출 □ 수사 중 제출

4.기타 증거

필요에 따라 수시 제출하겠습니다.

진　　정　　서

진　정　인 : ○　　　○　　　○

피 진 정 인 : ○　　　○　　　○

국가권익위원회 위원장 귀중

진 정 서

1.진 정 인

성 명	○ ○ ○		주민등록번호	생략
주 소	경상남도 거제시 ○○로 ○○, ○○○-○○○호			
직 업	상업	사무실 주 소	생략	
전 화	(휴대폰) 010 - 9125 - 0000			
대리인에 의한 진 정	□ 법정대리인 (성명 : , 연락처) □ 진정대리인 (성명 : , 연락처)			

2.피진정인

성 명	○ ○ ○	주민등록번호	생략
주 소	경상남도 거제시 진목1길 2, 거제경찰서		
소 속	거제경찰서 ○○치안센터 근무 중,		
전 화	(휴대폰) 010 - 1278 - 0000		
기타사항	진정인과의 관계 - 친인척 관계없습니다.		

3.진정취지

피진정인은 거제경찰서 ○○치안센터에서 근무하는 경찰관으로서 ○○
○○. ○○. ○○. ○○:○○경 진정인이 경상남도 거제시 ○○로 ○
○농협 앞에서 여성과 1만원 때문에 시비가 있던 중, 출동하여 진정인
의 왼쪽손가락에 깍지를 끼어 꺾었고, 먼저 두 번이나 진정인을 밀어내

기에 진정인이 왜 자꾸 사람을 미느냐며 피진정인의 가슴을 밀어내자, 바로 진정인의 팔을 뒤로 꺾어 수갑을 채우고 위 ○○치안센터로 연행하였으며, ○○치안센터로 가서도 진정인을 소파에 넘어뜨려 목을 누르고 수갑 찬 팔을 누르며 고통을 주어 진정인의 신체의 자유를 침해하였으므로 철저히 조사하여 피진정인을 적의 조치해 주시기 바랍니다.

4. 진정원인

(1) 이 사건 인권침해의 실체

    가. 피진정인은 ○○○○. ○○. ○○. ○○:○○경 남자 한 명이 ○○치안센터로 들어와 자신과 여자 친구에게 자꾸 욕설을 하고 시비를 걸고 있는 사람(진정인)이 있으니 도와달라고 신고함에 따라, 경사 ○○○과 함께 밖으로 나가 경위를 알아보려고 하던 중, 진정인이 욕설을 하며 얘기 듣는 것을 방해하다가 진정 외 ○○○이 손에 1만원을 들고 ○○치안센터 앞쪽으로 다가오자 갑자기 위 돈은 자신이 준 것이라면서 강제로 ○○○에게서 위 1만원을 빼앗으려 하므로 일단 진정인의 손목을 잡고 이를 제지하였습니다.

    나. 피진정인은 이후 욕설을 하며 항의하는 진정인과 ○○치안센터 밖에서 실랑이 하다가 ○○:○○경 먼저 진정인을 배와 양팔로 밀쳤고, 이에 진정인이 맞서 양팔로 피진정인의 가슴을 밀치자, 경사 ○○○과 함께 진정인을 공무집행방해 현행범인으로 체포하면서, 양 옆에서 진정인의 양팔을 뒤로 꺾어 잡고 진정인의 상체를 누른 상태로 ○○치안센터로 연행하였습니다.
이 사건과 관련하여 위에서 본 바와 같이 진정인이 공무집행방해에 대하여 무혐의 불기소 처분이 되었고, 위 체포 과정에서 진정인이 손가락과 팔뚝에 부상을 입은 것이므로 피진정인의 진정인에 대한 체포행위는「헌법」제12조가 정한 진정인의 신체의 자유를 침해한 것입니다.

(2) 결론
이에 조치사항으로는, 이미 피진정인이 이 사건과 관련하여 경남지방경찰청장으로부터 경고처분을 받은 사실이 있기는 하나, 검찰조사 과정에서 진정인의 요구에 의해 ○○치안센터의 CCTV영상이 확보되지 못하였다면 진정인이 공무집행방해죄로 처벌될 수도 있었던 상황을 감안하면 보다 엄중한 조치가 필요하다고 판단되오니 피진정인을 적의 조치하여 주시기 바랍니다.

5.증거자료

- □ 진정인은 진정인의 진술 외에 제출할 증거가 없습니다.
- ■ 진정인은 진정인의 진술 외에 제출할 증거가 있습니다.
  - ☞ 제출할 증거의 세부내역은 별지를 작성하여 첨부합니다.

6.관련사건의 수사 및 재판 여부

① 중복 신고여부	본 진정서와 같은 내용의 진정서 또는 고소장을 다른 검찰청 또는 경찰서에 제출하거나 제출하였던 사실이 있습니다 □/없습니다 ■
② 관련 형사사건 수사 유무	본 진정서에 기재된 범죄사실과 관련된 사건 또는 공범에 대하여 검찰청이나 경찰서에서 수사 중에 있습니다 □/수사 중에 있지 않습니다 ■
③ 관련 민사소송유무	본 진정서에 기재된 범죄사실과 관련된 사건에 대하여 법원에서 민사소송 중에 있습니다 □/민사소송 중에 있지 않습니다 ■

7.기타

본 진정서에 기재한 내용은 진정인이 알고 있는 지식과 경험을 바탕으로 모두 사실대로 작성하였습니다.

○○○○ 년 ○○ 월 ○○ 일

위 진정인 : ○   ○   ○   (인)

국가권익위원회 위원장 귀중

별지 : 증거자료 세부 목록

(범죄사실 입증을 위해 제출하려는 증거에 대하여 아래 각
증거별로 해당 난을 구체적으로 작성해 주시기 바랍니다)

1.인적증거 (목격자, 기타 참고인 등)

성 명		주민등록번호			
주 소	자택 : 직장 :			직업	
전 화	(휴대폰)				
입증하려는 내 용					

2.증거서류(진술서, 차용증, 각서, 진단서 등)

순번	증 거	작성자	제출 유무
1	진단서	진정인	■ 접수시 제출　□ 수사 중 제출
2	CCTV 영상자료	진정인	■ 접수시 제출　□ 수사 중 제출
3			□ 접수시 제출　□ 수사 중 제출
4			□ 접수시 제출　□ 수사 중 제출
5			□ 접수시 제출　□ 수사 중 제출

3.증거물

순번	증 거	작성자	제출 유무
1	진단서	진정인	■ 접수시 제출 □ 수사 중 제출
2	영상자료	진정인	■ 접수시 제출 □ 수사 중 제출
3			□ 접수시 제출 □ 수사 중 제출
4			□ 접수시 제출 □ 수사 중 제출
5			□ 접수시 제출 □ 수사 중 제출

4.기타 증거

필요에 따라 수시 제출하겠습니다.

진 정 서

진 정 인 : ○   ○   ○

피 진 정 인 : ○   ○   ○

춘천지방검찰청 강릉지청 귀중

진 정 서

1.진 정 인

성 명	○ ○ ○		주민등록번호	생략
주 소	강원도 강릉시 ○○로 ○○, ○○○-○○○호			
직 업	임대업	사무실 주 소	생략	
전 화	(휴대폰) 010 - 2345 - 0000			
대리인에 의한 진 정	□ 법정대리인 (성명 : , 연락처) □ 진정대리인 (성명 : , 연락처)			

2.피진정인

성 명	○ ○ ○		주민등록번호	생략
주 소	알지 못합니다.			
직 업	사업	사무실 주 소	강릉시 ○○로○길 ○○, ○○○호	
전 화	(휴대폰) 010 - 9987 - 0000			
기타사항	진정인과의 관계 - 친·인척관계 없습니다.			

3.진정취지

진정인은 춘천지방검찰청 강릉지청 ○○○○○형제○○○○호 사건에 대하여 피진정인을 위계에 의한 공무집행방해, 경매·입찰방해 혐의로 ○○○○. ○○ . ○○. 강릉경찰서에 고소를 제기한 바, 강릉경찰서 에서 ○○○○. ○○. ○○. 발송한 사건처리결과통지서에 의하면 피진정인이 경매를 방해하였다고 보기 어려워 불기소 의견으로 송치하였다는 내용인바, 이는 사실과 전혀 다른 것으로서 강릉경찰서의 조사에 상당한 불만이 있으므로 춘천지방검찰청 강릉지청에서 철저히 재조사해줄 것을 진정합니다.

4.진정원인

(1) 피진정인은 주식회사 ○○○의 대표이사이고, ○○○은 주식회사 ○○○의 임차인 주식회사 ○○○○의 대표이사이면서, ○○○은 주식회사 ○○○○에 대한 가장채권인 근저당을 확정채권양도로 이전한 ○○에너지 주식회사의 대표이사이고, ○○○은 주식회사 ○○○를 설립한 ○○○으로부터 ○○○을 인수한 사주이고, 주식회사 ○○, ○○에너지 주식회사, ○○에너지 주식회사의 회장입니다.

(2) 진정인은 ○○파트너스 라는 상호로 대부업을 하는 사업자로서 위 ○○○의 카트 운영권을 담보로 하여 금 18억 원을 빌려주고 원금은 회수하지 못한 상태에서 이자 및 성과금의 명목으로 금 5억5천만 원의 약속어음을 교부받았는데 부도되어 약속어음금을 발행한 위 ○○○이가 사주로 있는 주식회사 ○○과 배서인 주식회사 ○○○와 ○○에너지 주식회사를 상대로 약속어음금 청구소송을 각 제기하여 승소판결을 받아 그 무렵 판결은 확정되었습니다,

(3) 진정인은 위 확정판결에 기하여 주식회사 ○○○의 소유의 건물을 ○○지방법원 ○○지원 ○○○○타경○○○○호로 부동산강제경매를 신청하자 ○○지원에서 배당요구종기일을 ○○○○. ○○. ○○.로 정하여 공고하였습니다,

(4) 피진정인 ○○○은 주식회사 ○○의 대표이사로서, 주식회사 ○○○○ 소유의 강원도 ○○군 ○○면 ○○로 ○○외 ○○필지 상의 ○○○○에 대하여 임대차계약을 체결하거나 임대차보증금을 주고받은 사실이 없음에도 불구하고 진정인이 주식회사 ○○○에 대한 약속어음금 위 550,000,000원을 변제받기 위해 강제경매신청을 하여 경매절차가 ○○○○. ○○. ○○. 진행되자 주식회사 ○○○의 대표이사인 피진정인 ○○○과 공모하여 강원도 ○○군 ○○로 ○

○○, ○○지방법원 ○○지원 경매1계 사무실에서 ○○○○타경○
○○○호 채권자 진정인, 채무자 주식회사 ○○○○의 부동산강제
경매사건에 관하여, 미리 작성한 권리신고 및 배당요구신청 서의 임
차보증금란에"금 1 8억 원, 월임대료 금 5,000만 원 ", 신청인 성
명 란에"주식회사 ○○ 대표이사 ○○○"라고 자필로 기재하고, 피
진정인이 임의로 임대차보증금 18억 원, 월임대료 5,000만 원, 작성
일자 ○○○○. ○○. ○○.임대인 주식회사 ○○○ 대표이사 ○○
○, 임차인 주식회사 ○○ 대표이사 ○○○으로 미리 기재하여 작
성해 둔 허위의 임대차계약서를 ○○○○. ○○. ○○. 공증인가
법무법인 ○○에서 ○○○○년 등부 제○○○○호로 공증하여 사
본으로 첨부하고, 권리신고 및 배당요구신청 서를 허위로 각 기재하
여 그 정을 알지 못하는 위 ○○지방법원 ○○지원의 법원 경매1계
직원에게 위 서류들을 제출함으로써 위계의 방법으로 위 부동산강
제경매사건의 공정한 경매를 방해한 것입니다.

(5) 피진정인 ○○○은 주식회사 ○○○○를 건설한 ○○○으로부터 채
무를 인수하는 조건으로 법인을 자신이 소유하고 사주로 있는 위
주식회사 ○○과 ○○에너지 주식회사의 명의로 인수한 자로서 주
식회사 ○○○○에 돈을 대여한 사실이 없음에도 주식회사 ○○○
○의 채무를 면하기 위해 주식회사 ○○○○ 소유 건물에 근저당권
을 가장채권으로 70억 원 설정하고 자신이 사주로 있고 피진정인
○○○이 대표이사로 있는 ○○에너지 주식회사와 짜고 확정채권양
도로 근저당권을 이전하면서, 설정당시 가장채권으로 약속어음 72억
원을 가지고 있다가 배당요구종기일 하루 전인 ○○○○. ○○. ○
○. 피진정인 ○○○과 같은 날 권리신고 및 배당요구신청 서를 허
위 작성하고 그 사정을 알지 못하는 ○○지방법원 ○○지원 경매1
계 직원에게 제출함으로서 공정한 경매를 방해한 것입니다.

(6) 피진정인은 ○○○○. ○○. ○○.자로 체결된 각기 다른 임대차계
약서를 2건 작성하여 그 하나는 보증금이 1억3천만 원인 임대차계
약서를 ○○세무서에 제출하여 확정일자를 받고 사업자등록증을 발
급받아 ○○지방법원 ○○지원 소속 집행관에게 제출하였고, 또 하
나는 진정인이 신청한 위 부동산강제경매사건의 배당요구종기일 ○
○○○. ○○. ○○. 하루 전, 위장을 목적으로 보증금 18억 원,
월임대료 5,000만 원으로 허위 임대차계약서를 작성하고, 이를 우

선변제권이 있는 것처럼 외관을 갖추기 위해서 ○○○○. ○○. ○
○. 공증인가 법무법인 ○○의 ○○○○년 등부 제○○○○호로
공증까지 하여 권리신고 및 배당요구신청 서에 허위로 작성한 위
임대차계약서를 사본으로 첨부하여 제출한 임대차계약서가 2건이나
있는데도 강릉경찰서 사법경찰관리는 왜 임대차계약서가 2건이나
있는지, 임대차내용과 각기 보증금이 다른지, 어느 것이 허위로 작
성된 것인지, 허위 작성한 임대차계약서를 경매법원에 제출하고 허
위로 권리신고 및 배당요구를 해도 죄가 되지 않는다는 것인지, 이
애 대하여 철저히 조사하지도 않고, 경매방해를 하였다고 보기 어
렵다며 불기소 의견으로 송치하여 진정인은 상당한 불만을 가지고
있습니다.

(7) 피진정인은 주식회사 ○○○○의 법인을 자신이 사주로 있는 법인을
내세워 인수하였으므로 주식회사 ○○○○에 대한 채권이 없음에도
불구하고 70억 원 근저당권을 설정하고 자신이 사주로 있는 ○○에
너지 주식회사에게 이전하고 권리신고 및 배당요구신청 서에 첨부한
약속어음 72억 원에 대한 채권은 언제 무슨 돈을 주식회사 ○○○
○에 대여하고 교부받은 것인지, 채권의 존재자체를 확인하지도 않
고 경매방해를 하였다고 보기 어렵다며 불기소 의견으로 송치한 것
에 대하여 불만이 있습니다,

(8) 피진정인은 위계행위자로서 행위 목적을 이루기 위하여 허위로 임대
차계약서를 작성하고 확정일자가 있는 공증까지 한 임대차계약서를
사본으로 첨부해 권리신고 및 배당요구신청 서를 제출하면서 임차
보증금·채권자·채무자 ·확정일자·권리신고 및 배당요구신청인 란에
각 허위사실을 기재하고 경매법원에 제출하여 경매의 공정성을 해
한 것이고, 피진정인은 사전에"경매를 방해할 마음을 먹고 허위 임
대차계약서의 사본을 첨부하여 가장채권을 허위 기재하고 권리신고
및 배당요구신청 서를 제출함으로써 경매의 공정성을 해친 것임에
도 불구하고 가짜 임대차계약서를 권리신고하고 가장채권을 허위로
배당요구신청을 해도 죄가 되지 않고 경매를 방해한 것으로 보기
어렵다는 강릉경찰서 사법경찰관리의 주장에 진정인은 동의 할 수
없으므로 다시 춘천지방검찰청 강릉지청에서 철저히 재수사하여 피
진정인을 엄벌에 처하여 주시기 바랍니다.

5.증거자료

□ 진정인은 진정인의 진술 외에 제출할 증거가 없습니다.
■ 진정인은 진정인의 진술 외에 제출할 증거가 있습니다.
   ☞ 제출할 증거의 세부내역은 별지를 작성하여 첨부합니다.

6.관련사건의 수사 및 재판 여부

① 중복 신고여부	본 진정서와 같은 내용의 진정서 또는 고소장을 다른 검찰청 또는 경찰서에 제출하거나 제출하였던 사실이 있습니다 □/없습니다 ■
② 관련 형사사건 수사 유무	본 진정서에 기재된 범죄사실과 관련된 사건 또는 공범에 대하여 검찰청이나 경찰서에서 수사 중에 있습니다 □/수사 중에 있지 않습니다 ■
③ 관련 민사소송유무	본 진정서에 기재된 범죄사실과 관련된 사건에 대하여 법원에서 민사소송 중에 있습니다 □/민사소송 중에 있지 않습니다 ■

7.기타

본 진정서에 기재한 내용은 진정인이 알고 있는 지식과 경험을 바탕으로 모두 사실대로 작성하였습니다.

○○○○ 년 ○○ 월 ○○ 일

위 진정인 : ○　○　○　　(인)

춘천지방검찰청 강릉지청 귀중

별지 : 증거자료 세부 목록

(범죄사실 입증을 위해 제출하려는 증거에 대하여 아래 각
증거별로 해당 난을 구체적으로 작성해 주시기 바랍니다)

1.인적증거 (목격자, 기타 참고인 등)

성 명		주민등록번호		
주 소	자택 : 직장 :		직업	
전 화	(휴대폰)			
입증하려는 내 용				

2.증거서류(진술서, 차용증, 각서, 진단서 등)

순번	증 거	작성자	제출 유무
1	고소장	진정인	■ 접수시 제출 □ 수사 중 제출
2	증거자료	진정인	■ 접수시 제출 □ 수사 중 제출
3			□ 접수시 제출 □ 수사 중 제출
4			□ 접수시 제출 □ 수사 중 제출
5			□ 접수시 제출 □ 수사 중 제출

3.증거물

순번	증 거	작성자	제출 유무
1	고소장	진정인	■ 접수시 제출 □ 수사 중 제출
2	증거자료	진정인	■ 접수시 제출 □ 수사 중 제출
3			□ 접수시 제출 □ 수사 중 제출
4			□ 접수시 제출 □ 수사 중 제출
5			□ 접수시 제출 □ 수사 중 제출

4.기타 증거

필요에 따라 수시 제출하겠습니다.

진 정 서

진 정 인 : ○   ○   ○

피 진 정 인 : ○   ○   ○

전주지방검찰청 정읍지청 귀중

진 정 서

1.진 정 인

성　　명	○ ○ ○		주민등록번호	생략
주　　소	전주시 ○○구 ○○로 ○○, ○○-○○○호			
직　　업	임대업	사무실 주　소	생략	
전　　화	(휴대폰) 010 - 9125 - 0000			
대리인에 의한 진　　정	□ 법정대리인 (성명 :　,　　연락처　　　　　) □ 진정대리인 (성명 :　,　　연락처　　　　　)			

2.피진정인

성　　명	○ ○ ○		주민등록번호	생략
주　　소	전라북도 정읍시 ○○로길 ○○, ○○○호			
직　　업	사업	사무실 주　소	강릉시 ○○로○길 ○○, ○○○호	
전　　화	(휴대폰) 010 - 9987 - 0000			
기타사항	진정인과의 관계 - 친·인척관계 없습니다.			

3.진정취지

진정인은 피진정인을 형법 제156조 무고죄로 진정하오니 철저히 수사하여 엄벌에 처해 주시기 바랍니다.

4.진정원인

(1) 피진정인은 일정한 직업이 없는 자로서, 사실은 ○○○○. ○○. ○
○. 갚는 날을 ○○○○. ○○. ○○. 이자는 월 20%로 하는 내용
으로 피진정인이 직접 작성한 지불각서를 진정인에게 교부하고 금
○○,○○○,○○○원을 진정인으로부터 차용하였음에도 불구하고,

(2) 진정인이 피진정인에게 위 차용금의 지급일자가 도래하여 갚기를 독
촉하자 오히려 진정인이 피진정인의 도장을 이용하여 피진정인 명의
의 지불각서를 위조하여 피진정인으로부터 금 ○○,○○○,○○○
원을 편취하려 한다는 내용의 고소장을 ○○○○. ○○. ○○. 정
읍경찰서에 제출하였는바, 이는 피진정인이 진정인에 대한 채무를
면해 보고자 진정인을 형사처분 받게 할 목적으로 허위의 사실을
기재하고 진정인을 음해하는 것이므로 피진정인을 무고죄로 고소하
오니 조사하여 엄벌하여 주시기 바랍니다.

5.증거자료

   □ 진정인은 진정인의 진술 외에 제출할 증거가 없습니다.
   ■ 진정인은 진정인의 진술 외에 제출할 증거가 있습니다.
      ☞ 제출할 증거의 세부내역은 별지를 작성하여 첨부합니다.

6.관련사건의 수사 및 재판 여부

① 중복 신고여부	본 진정서와 같은 내용의 진정서 또는 고소장을 다른 검찰청 또는 경찰서에 제출하거나 제출하였던 사실이 있습니다 □ /없습니다 ■
② 관련 형사사건 수사 유무	본 진정서에 기재된 범죄사실과 관련된 사건 또는 공범에 대하여 검찰청이나 경찰서에서 수사 중에 있습니다 □ /수사 중에 있지 않습니다 ■
③ 관련 민사소송유무	본 진정서에 기재된 범죄사실과 관련된 사건에 대하여 법원에서 민사소송 중에 있습니다 □ /민사소송 중에 있지 않습니다 ■

7.기타

본 진정서에 기재한 내용은 진정인이 알고 있는 지식과 경험을 바탕으로 모두 사실대로 작성하였습니다.

ㅇㅇㅇㅇ 년 ㅇㅇ 월 ㅇㅇ 일

위 진정인 : ㅇ   ㅇ   ㅇ   (인)

전주지방검찰청 정읍지청 귀중

별지 : 증거자료 세부 목록

(범죄사실 입증을 위해 제출하려는 증거에 대하여 아래 각
증거별로 해당 난을 구체적으로 작성해 주시기 바랍니다)

1.인적증거 (목격자, 기타 참고인 등)

성 명		주민등록번호		
주 소	자택 : 직장 :		직업	
전 화	(휴대폰)			
입증하려는 내 용				

2.증거서류(진술서, 차용증, 각서, 진단서 등)

순번	증 거	작성자	제출 유무
1	고소장	진정인	■ 접수시 제출 □ 수사 중 제출
2	증거자료	진정인	■ 접수시 제출 □ 수사 중 제출
3			□ 접수시 제출 □ 수사 중 제출
4			□ 접수시 제출 □ 수사 중 제출
5			□ 접수시 제출 □ 수사 중 제출

3.증거물

순번	증 거	작성자	제출 유무
1	고소장	진정인	■ 접수시 제출　□ 수사 중 제출
2	증거자료	진정인	■ 접수시 제출　□ 수사 중 제출
3			□ 접수시 제출　□ 수사 중 제출
4			□ 접수시 제출　□ 수사 중 제출
5			□ 접수시 제출　□ 수사 중 제출

4.기타 증거

필요에 따라 수시 제출하겠습니다.

진 정 서

진 정 인 : ○   ○   ○

피 진 정 인 : ○   ○   ○ 외1

창원지방검찰청 마산지청 귀중

진 정 서

1.진 정 인

성 명	○ ○ ○	주민등록번호	생략
주 소	창원시 ○○구 ○○로 ○○, ○○○-○○○호		
직 업	개인사업	사무실 주 소	생략
전 화	(휴대폰) 010 - 8876 - 0000		
대리인에 의한 진 정	□ 법정대리인 (성명 : , 연락처) □ 진정대리인 (성명 : 변호사, 연락처)		

2.피진정인1

성 명	○ ○ ○	주민등록번호	생략
주 소	창원시 ○○구 ○○로길 ○○, ○○○호		
직 업	사업	사무실 주 소	생략
전 화	(휴대폰) 010 - 1275 - 0000		
기타사항	진정인과의 관계 - 친·인척관계 없습니다.		

피진정인2

성 명	○ ○ ○	주민등록번호	생략
주 소	창원시 ○○구 ○○로길 ○○, ○○○-○○○○호		
직 업	무직	사무실 주 소	생략
전 화	(휴대폰) 010 - 3389 - 0000		
기타사항	진정인과의 관계 - 친·인척관계 없습니다.		

3.진정취지

위 피진정인들의 ○○○○. ○○. ○○.부터 ○○○○. ○○. ○○.까지 ○년 ○○개월여 동안의 ○○요식업분회 회계와 관련하여 "업무상 횡령 및 배임의 건"으로 창원 중부경찰서에 고소하여 창원지방검찰청 마산지청에 송치된 이후 "참고인 중지"처분이 내려졌는바, 이는 사실과는 다른 것이므로 철저히 재조사 해줄 것을 진정합니다.

4.진정원인

(1) 위 진정인은 ○○요식업협외 ○○분회 조합원이고, 피진정인들은 ○○○○년 당시 ○○요식업협회 ○○분회의 임원 및 회계감사 시 책임자들입니다.

(2) 그런데 진정인은 당해 연도의 ○○요식업분회 대의원으로서, 대의원대회 결산보고 시(제1호증 : 대의원회 결산보고서 10쪽 11쪽) 결산보고서를 검토한 결과 조합원들에 대한 추석선물의 지급과 관련하여 물건구매 표에 기록된 물품내용과 결산보고서의 내용이 달라 의혹을 제기하게 되었습니다.

(3) 그러나 피진정인들은 한 점의 의혹도 없음을 주장하면서 공인회계사들의 감사보고서를 진정인에게 제시하였습니다.(제2호증 : 피진정인들이 진정인에게 제시한 공인회계사 감사보고서) 이에 진정인은 피진정인들의 조합원 복지 금에 대한 의혹을 밝히기 위해 다른 공인회계사에게 의뢰하여 ○○분회 측이 운전자보험금으로 지급한 ₩ 4,900,000원과 추가수입분 ₩ 3,288,768원 등 합계 ₩ 8,188,768원에 대한 사용출처가 명백히 밝혀져야 한다는 점을 발견하게 되었습니다(제3호증 : 진정인이 공인회계사에게 의뢰하여 받은 조합회계결산에 관한 소견서) 더욱이 피진정인들은 ○○요식업협회 ○○분회의 조합비 추가 수입분 월계 장에는 추가수입 분이 기록되어 있으나(제4호증 : ○○요식업협회 ○○분회의 협회비 추가수입분 월계 장), 통장에는(제3호증 참조) 전혀 입금되지 않았기 때문에 이로써 이중 집행한 점이 증명되는 것입니다.

(4) 이에 진정인은 피진정인들이 계속적으로 발뺌을 하면서 자신들의 주

장만을 일삼았기 때문에 부득이 회원들에게 진실을 밝혀야겠다는 생각으로 위와 같은 증거를 첨부하여 마산 중부경찰서에 고소하게 되었습니다.(제5호증 : 마산 중부경찰서에 제출한 고소장) 그리하여 조사과정에서 ○○분회에서 ○○○○년 당시 피진정인들이 회원들에게 지급하기 위한 추석선물 물품 총 거래 사실증명이 확인되었습니다.(제6호증의 1 : ○○○○년 당시 ○○○의 물품 총 거래 사실증명서) 여기에서 ○○요식업협회 ○○분회 측이 ○○○에서 구입했던 물품에 대한 총금액은 ₩ 14,611,780원이었는바, 이 가운데 ○○요식업협회 ○○분회의 피진정인들이 추석선물로 구입한 회원 복지금은 ₩ 9,212,000원이었음이 확인되었습니다.

(5) 그런데 피진정인들은 위 ₩ 14,611,780원에서 ₩ 9,212,000원을 제외한 ₩ 5,399,780원이 ○○분회 측에서 지급한 금액인데도 마산 중부경찰서에서 조사과정에 ₩ 4,900,000원이라고 허위로 진술하였음에도 불구하고(제6호증의 2 : ○○분회 측에서 구입한 세금계산서) 위 경찰서에서는"혐의 없음"으로 검찰로 송치하였습니다.(제7호증 : ○○경찰서의 민원사건처리결과통지) 그러나 피진정인들은 제6호증의 2(○○분회 측에서 구입한 세금계산서)를"회원복지기금 지출영수증"이라고 주장하고 있으며 이를 확인해 보면" 영수란"에 체크되어 현금으로 지급되었음을 알 수 있습니다.

(6) 더욱이 제6호증의 1(○○○○년 당시 ○○○의 물품 총 거래사실증명서)을 살펴보면, 피진정인들이 지출했다는 ₩ 4,900,000원에 대한 지출이 없음을 알 수 있을 뿐만 아니라 이는 외상거래에 대한 장부이기 때문에 피진정인들의 회원복지기금에 대한"횡령 및 배임"은 명백히 증명되는 부분입니다.

이와 같은 사실은 진정인이 ○○○에서 ○○○ 총무과장과 전화로 확인하기 위한 대화를 하였는바, 피진정인들의 진술내용이 모두 허위라는 사실이 밝혀진 것입니다.(제8호증 : ○○○의 총무과장과의 대화녹취서 참조)

(7) 그럼에도 검찰에서는 별달리 조사하지도 아니하고, ○○요식업협회 ○○분회 사무장인 ○○○을 찾지 못했다는 것만으로"참고인 중지" 처분을 내렸습니다.(제9호증 : 창원지방검찰청 마산지청에의 고소사

건 처분결과통지) 그러나 피진정인1 ○○○은 진정인이 탄원한 바와 같이 경상남도 밀양시 ○○로 ○○, ○○○-○○○호에 거주하고 있음이 확인되었습니다.(제10호증 : 진정인이 창원지방검찰청 마신지청에 제출한 탄원서 및 제11호증 : 진정인의 사건기소중지재기신청) 또한 피진정인1 ○○○은 ○○요식업협회 ○○분회의 ○○○○. ○ ○. ○○.부터 ○○○○. ○○. ○○.까지의"수입지출내역서"에 대한 결재 이후 피진정인들이 의뢰한 제2호증인 공인회계사의 감사보고 이후인 ○○○○. ○○. ○○. 사직하였기 때문에 충분한 조사가 가능함에도 불구하고 성실한 조사를 하지 아니하고 참고인 중지처분을 내린 것은 옳지 않다고 사료되는 것입니다.

(8) 진정인은 피진정인들이 회원들의 피와 땀인 회원 복지금을 사용함에 있어서 다시는 남용하지 않도록"업무상 횡령 및 배임"에 대한 의혹을 보완수사를 통하여 진솔하게 실체를 밝히고, 관계법령에 따라 처벌할 것을 촉구하고자 이 사건 진정에 이르렀습니다.

5.증거자료

□ 진정인은 진정인의 진술 외에 제출할 증거가 없습니다.
■ 진정인은 진정인의 진술 외에 제출할 증거가 있습니다.
　☞ 제출할 증거의 세부내역은 별지를 작성하여 첨부합니다.

6.관련사건의 수사 및 재판 여부

① 중복 신고여부	본 진정서와 같은 내용의 진정서 또는 고소장을 다른 검찰청 또는 경찰서에 제출하거나 제출하였던 사실이 있습니다□ /없습니다 ■
② 관련 형사사건 수사 유무	본 진정서에 기재된 범죄사실과 관련된 사건 또는 공범에 대하여 검찰청이나 경찰서에서 수사 중에 있습니다 □ /수사 중에 있지 않습니다 ■
③ 관련 민사소송유무	본 진정서에 기재된 범죄사실과 관련된 사건에 대하여 법원에서 민사소송 중에 있습니다 □ /민사소송 중에 있지 않습니다 ■

7.기타

본 진정서에 기재한 내용은 진정인이 알고 있는 지식과 경험을 바탕으로 모두 사실대로 작성하였습니다.

○○○○ 년 ○○ 월 ○○ 일

위 진정인 : ○ ○ ○ (인)

창원지방검찰청 마산지청 귀중

별지 : 증거자료 세부 목록

(범죄사실 입증을 위해 제출하려는 증거에 대하여 아래 각
증거별로 해당 난을 구체적으로 작성해 주시기 바랍니다)

1.인적증거 (목격자, 기타 참고인 등)

성　명		주민등록번호		
주　소	자택 : 직장 :		직업	
전　화	(휴대폰)			
입증하려는 내　용				

2.증거서류(진술서, 차용증, 각서, 진단서 등)

순번	증　거	작성자	제출 유무
1	고소장	진정인	■ 접수시 제출　□ 수사 중 제출
2	증거자료	진정인	■ 접수시 제출　□ 수사 중 제출
3			□ 접수시 제출　□ 수사 중 제출
4			□ 접수시 제출　□ 수사 중 제출
5			□ 접수시 제출　□ 수사 중 제출

3.증거물

순번	증 거	작성자	제출 유무
1	고소장	진정인	■ 접수시 제출 □ 수사 중 제출
2	증거자료	진정인	■ 접수시 제출 □ 수사 중 제출
3			□ 접수시 제출 □ 수사 중 제출
4			□ 접수시 제출 □ 수사 중 제출
5			□ 접수시 제출 □ 수사 중 제출

4.기타 증거

필요에 따라 수시 제출하겠습니다.

진 정 서

진 정 인 : ○   ○   ○

피 진 정 인 : ○   ○   ○

수원지방검찰청 안양지청 귀중

진 정 서

1.진 정 인

성 명	○ ○ ○		주민등록번호	생략
주 소	안양시 ○○구 ○○로 ○○, ○○-○○○호			
직 업	임대업	사무실 주 소	생략	
전 화	(휴대폰) 010 - 9125 - 0000			
대리인에 의한 진 정	□ 법정대리인 (성명 : , 연락처) □ 진정대리인 (성명 : , 연락처)			

2.피진정인

성 명	○ ○ ○		주민등록번호	생략
주 소	안양시 ○○구 ○○로길 ○○, ○○○호			
직 업	사업	사무실 주 소	생략	
전 화	(휴대폰) 010 - 9987 - 0000			
기타사항	진정인과의 관계 - 친·인척관계 없습니다.			

3.진정취지

진정인은 피진정인을 형법 제347조 제1항 사기혐의로 진정하오니 엄중히 수사해 보시고, 만약 죄가 있다면 법에 준엄함을 깨달을 수 있도록 그에 상응한 처벌을 내려 주시기를 바랍니다.

4.진정원인

(1) 진정인은 주식회사 ○○건설에 재직 중인 회사원이며 피진정인은 자동차매매센터에서 영업사원으로 근무하고 있는 자인바, 진정인과 피진정인은 서로 고등학교 동창생입니다.

(2) 피진정인은 ○○○○. ○○. ○○. 17:20경 사실은 진정인으로부터 돈을 빌리고도 이를 갚을 의사나 능력이 없음에도 불구하고 마치 돈을 빌려주면 2달 후에 갚을 것이라고 거짓말하여, 이에 속은 진정인으로부터 ○○○○. ○○. ○○. 금 3,000만 원을 교부받아 이를 편취하였습니다.

5.증거자료

□ 진정인은 진정인의 진술 외에 제출할 증거가 없습니다.
■ 진정인은 진정인의 진술 외에 제출할 증거가 있습니다.
　☞ 제출할 증거의 세부내역은 별지를 작성하여 첨부합니다.

6.관련사건의 수사 및 재판 여부

① 중복 신고여부	본 진정서와 같은 내용의 진정서 또는 고소장을 다른 검찰청 또는 경찰서에 제출하거나 제출하였던 사실이 있습니다 □ /없습니다 ■
② 관련 형사사건 수사 유무	본 진정서에 기재된 범죄사실과 관련된 사건 또는 공범에 대하여 검찰청이나 경찰서에서 수사 중에 있습니다 □ /수사 중에 있지 않습니다 ■
③ 관련 민사소송유무	본 진정서에 기재된 범죄사실과 관련된 사건에 대하여 법원에서 민사소송 중에 있습니다 □ /민사소송 중에 있지 않습니다 ■

7.기타

본 진정서에 기재한 내용은 진정인이 알고 있는 지식과 경험을 바탕으로 모두 사실대로 작성하였습니다.

○○○○ 년 ○○ 월 ○○ 일

위 진정인 : ○   ○   ○   (인)

수원지방검찰청 안양지청 귀중

별지 : 증거자료 세부 목록

(범죄사실 입증을 위해 제출하려는 증거에 대하여 아래 각 증거별로 해당 난을 구체적으로 작성해 주시기 바랍니다)

1.인적증거 (목격자, 기타 참고인 등)

성 명		주민등록번호		
주 소	자택 : 직장 :		직업	
전 화	(휴대폰)			
입증하려는 내 용				

2.증거서류(진술서, 차용증, 각서, 진단서 등)

순번	증 거	작성자	제출 유무
1	차용증서	진정인	■ 접수시 제출　□ 수사 중 제출
2	증거자료	진정인	■ 접수시 제출　□ 수사 중 제출
3			□ 접수시 제출　□ 수사 중 제출
4			□ 접수시 제출　□ 수사 중 제출
5			□ 접수시 제출　□ 수사 중 제출

3.증거물

순번	증 거	작성자	제출 유무
1	차용증서	진정인	■ 접수시 제출　□ 수사 중 제출
2	증거자료	진정인	■ 접수시 제출　□ 수사 중 제출
3			□ 접수시 제출　□ 수사 중 제출
4			□ 접수시 제출　□ 수사 중 제출
5			□ 접수시 제출　□ 수사 중 제출

4.기타 증거

필요에 따라 수시 제출하겠습니다.

진　　정　　서

진 정 인 : ○　　　○　　　○

피 진 정 인 : ○　　　○　　　○

경기도 평택경찰서장 귀중

진 정 서

1.진 정 인

성 명	○ ○ ○	주민등록번호	생략
주 소	경기도 평택시 ○○로 ○○, ○○○-○○○호		
직 업	상업	사무실 주 소	생략
전 화	(휴대폰) 010 - 1237 - 0000		
대리인에 의한 진 정	□ 법정대리인 (성명 : , 연락처) □ 진정대리인 (성명 : , 연락처)		

2.피진정인

성 명	○ ○ ○	주민등록번호	생략
주 소	평택시 안중면 ○○로길 ○○, ○○○호		
직 업	가정주부	사무실 주 소	생략
전 화	(휴대폰) 010 - 9987 - 0000		
기타사항	진정인과의 관계 - 친·인척관계 없습니다.		

3.진정취지

진정인은 피진정인을 형법 제347조 제1항 사기혐의로 진정하오니 엄중히 수사해 보시고, 만약 죄가 있다면 법에 준엄함을 깨달을 수 있도록 그에 상응한 처벌을 내려 주시기를 바랍니다.

4.진정원인

(1) 진정인과 피진정인은 이웃에 살던 가정주부로서 진정인이 이사 온 이후 2년간 서로 알고 지내던 사이입니다.
피진정인의 남편은 평택시 ○○로에서 조그마한 점포를 운영하고 있습니다.

(2) 피진정인은 ○○○○. ○○. ○○. 오전 13:40시경 진정인에게 남편의 사업자금으로 급히 필요하니 돈을 3,000,000원만 빌려 달라고 하면서 월말에 틀림없이 갚아 주겠다고 하였습니다.

진정인은 그 동안의 친분도 있고 해서 단호히 거절하지 못하고 돈을 빌려주었습니다.

(3) 그런데 준다고 약속한 월말이 되도 피진정인은 돈을 갚지 않고 차일피일 하더니 다시 ○○○○. ○○. ○○. 긴급히 사업자금이 필요하니 추가로 5,00 0,000원을 더 빌려주면 자금이 들어오는 ○○○ ○. ○○. ○○.까지는 틀림없이 돈을 갚겠다고 했습니다.

(4) 그러나 이 또한 약속한 날이 되도 피진정인은 돈을 갚지 않고 다시 기일만 연기하였습니다. 그래서 할 수 없이 진정인은 피진정인의 남편에게 가서 사정을 얘기하고 돈을 갚아 달라고 하였습니다. 그러자 피진정인의 남편은 자기는 모르는 일이므로 부인에게 받으라고 말하며 자신은 부인을 통하여 사업자금을 빌린 사실이 없다는 것입니다.

진정인은 이후 사정을 알아보니 피진정인은 남편의 사업자금을 핑계로 주위의 여러 이웃 ○○○, ○○○에게서 돈을 빌려 피진정인이 아는 것만 70,0 00,000원이나 됩니다.

피진정인은 빌린 돈들을 무절제한 생활로 낭비하여 진정인을 포함한 채권자 누구에게도 한 푼도 갚지 않았습니다.

(5) 피진정인의 이러한 행위로 보아 처음에 돈을 갚을 의사가 없이 진정 인으로 하여 돈을 빌려간 것이 분명하여 진정하오니 엄중히 조사하 여 처벌하여 주시기 바랍니다.

5. 증거자료

□ 진정인은 진정인의 진술 외에 제출할 증거가 없습니다.
■ 진정인은 진정인의 진술 외에 제출할 증거가 있습니다.
☞ 제출할 증거의 세부내역은 별지를 작성하여 첨부합니다.

6. 관련사건의 수사 및 재판 여부

① 중복 신고여부	본 진정서와 같은 내용의 진정서 또는 고소장을 다른 검찰청 또는 경찰서에 제출하거나 제출하였던 사실이 있습니다 □ /없습니다 ■
② 관련 형사사건 수사 유무	본 진정서에 기재된 범죄사실과 관련된 사건 또는 공범에 대하여 검찰청이나 경찰서에서 수사 중에 있습니다 □ /수사 중에 있지 않습니다 ■
③ 관련 민사소송유무	본 진정서에 기재된 범죄사실과 관련된 사건에 대하여 법원에서 민사소송 중에 있습니다 □ /민사소송 중에 있지 않습니다 ■

7. 기타

본 진정서에 기재한 내용은 진정인이 알고 있는 지식과 경험을 바탕으 로 모두 사실대로 작성하였습니다.

○○○○ 년 ○○ 월 ○○ 일

위 진정인 : ○ ○ ○   (인)

경기도 평택경찰서장 귀중

별지 : 증거자료 세부 목록

(범죄사실 입증을 위해 제출하려는 증거에 대하여 아래 각
증거별로 해당 난을 구체적으로 작성해 주시기 바랍니다)

1.인적증거 (목격자, 기타 참고인 등)

성 명	○ ○ ○	주민등록번호	생략	
주 소	자택 : 평택시 ○○로 ○○길 ○○, ○○○호 직장 :		직업	가정주부
전 화	(휴대폰) 010 - 3456 - 0000			
입증하려는 내 용	위 ○○○은 피고소인에게 고소인과 같이 수차에 걸쳐 돈을 빌려주고 돌려받지 못한 사실이 있으므로 이를 입증하고자 합니다.			

2.증거서류(진술서, 차용증, 각서, 진단서 등)

순번	증 거	작성자	제출 유무
1	차용증서	진정인	■ 접수시 제출 □ 수사 중 제출
2	증거자료	진정인	■ 접수시 제출 □ 수사 중 제출
3			□ 접수시 제출 □ 수사 중 제출
4			□ 접수시 제출 □ 수사 중 제출
5			□ 접수시 제출 □ 수사 중 제출

3.증거물

순번	증 거	작성자	제출 유무
1	차용증서	진정인	■ 접수시 제출 □ 수사 중 제출
2	증거자료	진정인	■ 접수시 제출 □ 수사 중 제출
3			□ 접수시 제출 □ 수사 중 제출
4			□ 접수시 제출 □ 수사 중 제출
5			□ 접수시 제출 □ 수사 중 제출

4.기타 증거

필요에 따라 수시 제출하겠습니다.

진　　정　　서

진　정　인 : ○　　　○　　　○

피 진 정 인 : ○　　　○　　　○

인천시 부평경찰서장 귀중

진 정 서

1.진 정 인

성 명	○ ○ ○	주민등록번호	생략
주 소	경기도 평택시 ○○로 ○○, ○○○-○○○호		
직 업	상업	사무실 주 소	생략
전 화	(휴대폰) 010 - 1237 - 0000		
대리인에 의한 진 정	□ 법정대리인 (성명 : , 연락처) □ 진정대리인 (성명 : , 연락처)		

2.피진정인

성 명	○ ○ ○	주민등록번호	생략
주 소	평택시 안중면 ○○로길 ○○, ○○○호		
직 업	가정주부	사무실 주 소	
전 화	(휴대폰) 010 - 9987 - 0000		
기타사항	진정인과의 관계 - 친·인척관계 없습니다.		

3.진정취지

피진정인은 진정인을 상대로 명예훼손죄로 귀 경찰서에 고소를 제기한 바 있으나, 이는 피진정인이 진정인의 부동산을 매입하면서 미지불한 잔대금 8,500만원을 요구하는 과정에서 언쟁이 있을 때 피진정인은 진정인에게 3만 원짜리의 부동산을 60만원에 팔아 처먹은 도둑놈 이 라고 모욕죄를 저질러 놓고 마치 진정인이 피진정인의 명예를 훼손한 양 자기편의 증인을 미리 만들어 놓고 무고하였으니, 현재 귀 경찰서에서 수사 중인 명예훼손사건과 병행 수사하여 진정인의 억울함을 풀어 주시기 바라며 진정인도 이제 더 이상 억울함을 참을 수가 없어 별도로 피진정인을 상대로 무고 및 모욕죄로 처벌해 달라는 진정을 하게 된 것입니다.

4.진정원인

(1) 진정인은 ○○○○. ○○.○○.부터 현재까지 주거지에서 레스토랑을 운영하고 있으며, 피진정인은 진정인 명의의 위 부동산을 매수하여 그 잔대금이 남은 상태에서 빌라를 건축하고 있는 자입니다.

(2) 한편, ○○○○. ○○. ○○. 12:35경 인천광역시 부평구 ○○로 ○○, ○○호 대지 ○○○.○○㎡를 분할하여 385,000,000원에 매수하면서 300,00 0,000원만 지불하고 잔금 8,500만원이 남아 있었는데 피진정인이 위 잔대금을 지급하지 않고 지급일을 계속 어겨 결국 진정인은 인천지방법원에 ○○○○가단○○○○호로 매매대금청구 소송을 제기하여 법원에서는 피진정인이 진정인에게 금 8,500만원을 지급하라는 조정을 하였습니다.

(3) 그럼에도 불구하고 피진정인은 진정인을 귀 경찰서에 명예훼손죄의 고소장을 제출한 연유로 ○○○○. ○○. ○○. 2차례에 걸쳐 피진정인과 진정인이 대질조사를 받았는데 명예훼손이 아니라 매매대금 때문에 약간의 언쟁이 있었지만 명예를 훼손한 사실은 없었습니다.

(4) 그 경위를 잠시 말씀을 드리자면 진정인이 피진정인에게 얘기 좀 하자, 잔금은 언제 주겠느냐, 돈줄 것은 주고 이제는 그만하자고 하자 피진정인이 미친 자식아 재판에 질 것들이 법도 모르고 개 소리 하지마라, 법이나 알고 까불어라 라는 언쟁이 있었습니다.

(5) 이러한 언쟁을 가지고 진정인이 피진정인의 명예를 훼손하였다고 짜 맞추는 식으로 억지를 부리지 않나 여겨집니다.

위 사건을 담당하시는 수사관님!

서로가 다툼을 하자면 진정인이 말을 할 때 피진정인은 과연 묵묵부답으로 가만히 있었겠습니까.

정말 진정인은 선량한 사람입니다.
진정인은 여지 끝 경찰관 소리만 들어도 겁을 먹는 그야말로 법이 없이도 사는 그런 사람입니다.

매매대금의 잔금을 지급하지 않으려고 요리저리 회피하던 피진정인의 성품을 생각해 보시면 비교가 될 것입니다.

매매대금을 달라고 하면 오히려 진정인에게 사기꾼, 도둑놈 이라며 욕을 아예 입에 달고 다녔습니다.

(6) 진정인이 피진정인의 명예를 훼손한 것이 아니고, 오히려 피진정인이 진정인에게 매매대금을 달라고 하면 가진 욕설을 퍼붓고 모욕을 한 것인데 반대로 진정인이 죄인으로 몰린 것도 억울한데 담당 조사관 마저 진정인을 마치 죄인인양 옥박지르고 추달하니 무지한 진정인으로서는 어떻게 이 진실을 밝혀야 할지 정말 막막할 뿐입니다.

(7) 상세한 내용은 진정인이 귀 경찰서에 출석하여 보충진술토록 하겠습니다.

5.증거자료

□ 진정인은 진정인의 진술 외에 제출할 증거가 없습니다.
■ 진정인은 진정인의 진술 외에 제출할 증거가 있습니다.
  ☞ 제출할 증거의 세부내역은 별지를 작성하여 첨부합니다.

6.관련사건의 수사 및 재판 여부

① 중복 신고여부	본 진정서와 같은 내용의 진정서 또는 고소장을 다른 검찰청 또는 경찰서에 제출하거나 제출하였던 사실이 있습니다 □ /없습니다 ■
② 관련 형사사건 수사 유무	본 진정서에 기재된 범죄사실과 관련된 사건 또는 공범에 대하여 검찰청이나 경찰서에서 수사 중에 있습니다 □ /수사 중에 있지 않습니다 ■
③ 관련 민사소송유무	본 진정서에 기재된 범죄사실과 관련된 사건에 대하여 법원에서 민사소송 중에 있습니다 □ /민사소송 중에 있지 않습니다 ■

7.기타

본 진정서에 기재한 내용은 진정인이 알고 있는 지식과 경험을 바탕으로 모두 사실대로 작성하였습니다.

○○○○ 년 ○○ 월 ○○ 일

위 진정인 : ○　○　○　　(인)

인천시 부평경찰서장 귀중

별지 : 증거자료 세부 목록

(범죄사실 입증을 위해 제출하려는 증거에 대하여 아래 각 증거별로 해당 난을 구체적으로 작성해 주시기 바랍니다)

1.인적증거 (목격자, 기타 참고인 등)

성 명	○ ○ ○	주민등록번호	생략	
주 소	자택 : 인천시 부평구 ○○로 ○○길 ○○, ○○○호 직장 :		직업	가정주부
전 화	(휴대폰) 010 - 3456 - 0000			
입증하려는 내 용	위 ○○○은 피고소인이 고소인에게 하는 욕설을 옆에서 듣고 목격한 사실이 있어 이를 입증하고자 합니다.			

2.증거서류(진술서, 차용증, 각서, 진단서 등)

순번	증 거	작성자	제출 유무
1	매매계약서	진정인	■ 접수시 제출　□ 수사 중 제출
2	증거자료	진정인	■ 접수시 제출　□ 수사 중 제출
3			□ 접수시 제출　□ 수사 중 제출
4			□ 접수시 제출　□ 수사 중 제출
5			□ 접수시 제출　□ 수사 중 제출

3.증거물

순번	증 거	작성자	제출 유무
1	매매계약서	진정인	■ 접수시 제출 □ 수사 중 제출
2	증거자료	진정인	■ 접수시 제출 □ 수사 중 제출
3			□ 접수시 제출 □ 수사 중 제출
4			□ 접수시 제출 □ 수사 중 제출
5			□ 접수시 제출 □ 수사 중 제출

4.기타 증거

필요에 따라 수시 제출하겠습니다.

진   정   서

진 정 인 : ○   ○   ○

피 진 정 인 : ○   ○   ○

경기도 파주경찰서장 귀중

진 정 서

1.진 정 인

성 명	○ ○ ○		주민등록번호	생략
주 소	경기도 파주시 ○○로 ○○, ○○○-○○○호			
직 업	상업	사무실 주 소	생략	
전 화	(휴대폰) 010 - 1237 - 0000			
대리인에 의한 진 정	□ 법정대리인 (성명 : ,　연락처　　　) □ 진정대리인 (성명 : ,　연락처　　　)			

2.피진정인

성 명	○ ○ ○		주민등록번호	생략
주 소	경기도 파주시 ○○로길 ○○, ○○○호			
직 업	사채업	사무실 주 소		
전 화	(휴대폰) 010 - 9987 - 0000			
기타사항	진정인과의 관계 - 친·인척관계 없습니다.			

3.진정취지

진정인은 피진정인을 강요 및 협박혐의로 진정하오니 법에 준엄함을 깨달을 수 있도록 엄벌에 처해 주시기 바랍니다.

4.진정원인

(1) 진정인은 위 주소지에서 치킨집을 운영하다가 경기 불황으로 장사가 되지 않아 은행으로부터 대출받은 원금에 대한 이자도 변제하지 못하고 있던 중, 치킨집의 운영상 급전이 필요해 신문 속에 끼어들어온 광고를 보고 사채업을 하는 위 피진정인에게 사채를 얻어 사용하게 되었습니다.

(2) 그러나 치킨집의 사정은 더욱 악화되어 진정인은 업종 변경 등으로 다른 사업을 구상하던 중에 지인의 권유를 받아 중국에 사업시찰의 일환으로 여권을 발급 받았는데, 피진정인은 진정인이 채무변제를 회피할 목적으로 해외도피를 하는 것으로 오인하여 그의 채권실현을 목적으로 조직폭력배로 보이는 조직원들을 동원하여 진정인에게 찾아와 주먹으로 얼굴을 폭행하고 협박하는 바람에 진정인이 겁을 먹고 있는 상태를 이용해 진정인 소유의 여권을 빼앗아 그 여권을 강제 회수당한 결과, 진정인은 진정인의 중요한 해외 사업시찰 계획에 차질이 있었을 뿐만 아니라 해외를 여행할 사실상 권리마저 침해를 당하였습니다.

(3) 진정인은 위와 같은 사실을 들어 피진정인을 강요죄(협박에 의한 권리행사방해죄)로 진정하오니 법률이 허용하는 범위 내에서 엄벌하여 주시기 바랍니다.

5.증거자료

  □ 진정인은 진정인의 진술 외에 제출할 증거가 없습니다.
  ■ 진정인은 진정인의 진술 외에 제출할 증거가 있습니다.
    ☞ 제출할 증거의 세부내역은 별지를 작성하여 첨부합니다.

6.관련사건의 수사 및 재판 여부

① 중복 신고여부	본 진정서와 같은 내용의 진정서 또는 고소장을 다른 검찰청 또는 경찰서에 제출하거나 제출하였던 사실이 있습니다 □ /없습니다 ■
② 관련 형사사건 수사 유무	본 진정서에 기재된 범죄사실과 관련된 사건 또는 공범에 대하여 검찰청이나 경찰서에서 수사 중에 있습니다 □ /수사 중에 있지 않습니다 ■
③ 관련 민사소송유무	본 진정서에 기재된 범죄사실과 관련된 사건에 대하여 법원에서 민사소송 중에 있습니다 □ /민사소송 중에 있지 않습니다 ■

7.기타

본 진정서에 기재한 내용은 진정인이 알고 있는 지식과 경험을 바탕으로 모두 사실대로 작성하였습니다.

○○○○ 년 ○○ 월 ○○ 일

위 진정인 : ○ ○ ○   (인)

경기도 파주경찰서장 귀중

별지 : 증거자료 세부 목록

(범죄사실 입증을 위해 제출하려는 증거에 대하여 아래 각 증거별로 해당 난을 구체적으로 작성해 주시기 바랍니다)

1.인적증거 (목격자, 기타 참고인 등)

성 명	○ ○ ○	주민등록번호	생략	
주 소	자택 : 파주시 ○○로 ○○길 ○○, ○○○호 직장 :		직업	상업
전 화	(휴대폰) 010 - 3456 - 0000			
입증하려는 내 용	위 ○○○은 피고소인이 고소인의 여권을 빼앗는 모습과 욕설과 협박하는 것을 옆에서 듣고 목격한 사실이 있어 이를 입증하고자 합니다.			

2.증거서류(진술서, 차용증, 각서, 진단서 등)

순번	증 거	작성자	제출 유무
1	여권 사본	진정인	■ 접수시 제출 □ 수사 중 제출
2	증거자료	진정인	■ 접수시 제출 □ 수사 중 제출
3			□ 접수시 제출 □ 수사 중 제출
4			□ 접수시 제출 □ 수사 중 제출
5			□ 접수시 제출 □ 수사 중 제출

3.증거물

순번	증 거	작성자	제출 유무	
1	여권 사본	진정인	■ 접수시 제출	□ 수사 중 제출
2	증거자료	진정인	■ 접수시 제출	□ 수사 중 제출
3			□ 접수시 제출	□ 수사 중 제출
4			□ 접수시 제출	□ 수사 중 제출
5			□ 접수시 제출	□ 수사 중 제출

4.기타 증거

필요에 따라 수시 제출하겠습니다.

진　　정　　서

진 정 인 : ○　　　　○　　　　○

피 진 정 인 : ○　　　　○　　　　○

부산지방검찰청 동부지청 귀중

진 정 서

1.진 정 인

성　　명	○ ○ ○	주민등록번호	생략
주　　소	부산시 해운대구 ○○로 ○○, ○○○-○○○호		
직　　업	사무원	사무실 주　소	생략
전　　화	(휴대폰) 010 - 1237 - 0000		
대리인에 의한 진　　정	□ 법정대리인 (성명 :　　　,　　연락처　　　　　　) □ 진정대리인 (성명 :　　　,　　연락처　　　　　　)		

2.피진정인

성　　명	○ ○ ○	주민등록번호	불상
주　　소	불상		
직　　업	불상	사무실 주　소	인터넷 네이버 중고시장
전　　화	(휴대폰) 불상		
기타사항	계좌번호 국민은행 ○○○○-○○-○○○-○○		

3.진정취지

진정인은 피진정인을 인터넷사기 혐의로 진정하오니 철저히 수사하여 피진정인이 다시는 이러한 사기행각을 하지 못하도록 엄하게 처벌하여 주시기 바랍니다.

4.진정원인

(1) 진정인은 ○○○○. ○○. ○○. 13:45경 우연히 인터넷 네이버를 검색하던 중 피진정인이 카메라를 싸게 판매한다는 광고를 보고 카메라대금을 계좌번호 국민은행 ○○○○-○○-○○○-○○ 예금주 ○○○으로 금 135,000원을 송금하고 구입한 후 피진정인은 문자메시지를 통해 ○○○○. ○○. ○○. 배송하겠다고 하였습니다.

(2) 위 배송일자가 지나도 카메라가 배송되지 않아 이상하게 생각하고 피진정인의 사이트를 방문하려고 하였으나 이미 피진정인의 사이트는 없어지고 잠적한 상태였습니다.

(3) 진정인으로서는 피진정인에 대한 인적사항은 알지 못하고 피진정인이 범죄수단으로 이용한 계좌번호와 예금주만 유일하게 알고 있을 뿐입니다.

(4) 진정인은 이에 피진정인으로부터 사기를 당한 것을 알고 피진정인을 인터넷사기 혐의로 진정하오니 철저히 수사하여 엄벌에 처하여 주시기 바랍니다.

5.증거자료

　□ 진정인은 진정인의 진술 외에 제출할 증거가 없습니다.
　■ 진정인은 진정인의 진술 외에 제출할 증거가 있습니다.
　　☞ 제출할 증거의 세부내역은 별지를 작성하여 첨부합니다.

6.관련사건의 수사 및 재판 여부

① 중복 신고여부	본 진정서와 같은 내용의 진정서 또는 고소장을 다른 검찰청 또는 경찰서에 제출하거나 제출하였던 사실이 있습니다 □ /없습니다 ■
② 관련 형사사건 수사 유무	본 진정서에 기재된 범죄사실과 관련된 사건 또는 공범에 대하여 검찰청이나 경찰서에서 수사 중에 있습니다 □ /수사 중에 있지 않습니다 ■
③ 관련 민사소송유무	본 진정서에 기재된 범죄사실과 관련된 사건에 대하여 법원에서 민사소송 중에 있습니다 □ /민사소송 중에 있지 않습니다 ■

7.기타

본 진정서에 기재한 내용은 진정인이 알고 있는 지식과 경험을 바탕으로 모두 사실대로 작성하였습니다.

ㅇㅇㅇㅇ 년 ㅇㅇ 월 ㅇㅇ 일

위 진정인 : ㅇ   ㅇ   ㅇ   (인)

부산지방검찰청 동부지청 귀중

별지 : 증거자료 세부 목록

    (범죄사실 입증을 위해 제출하려는 증거에 대하여 아래 각 증거별로 해당 난을 구체적으로 작성해 주시기 바랍니다)

1.인적증거 (목격자, 기타 참고인 등)

성　명		주민등록번호		
주　소	자택: 지장:		직업	
전　화	(휴대폰)			
입증하려는 내　용				

2.증거서류(진술서, 차용증, 각서, 진단서 등)

순번	증　거	작성자	제출 유무	
1	온라인입금영수증	진정인	■ 접수시 제출	□ 수사 중 제출
2	문자메시지	진정인	■ 접수시 제출	□ 수사 중 제출
3			□ 접수시 제출	□ 수사 중 제출
4			□ 접수시 제출	□ 수사 중 제출
5			□ 접수시 제출	□ 수사 중 제출

3.증거물

순번	증 거	작성자	제출 유무
1	영수증	진정인	■ 접수시 제출 □ 수사 중 제출
2	문자메시지	진정인	■ 접수시 제출 □ 수사 중 제출
3			□ 접수시 제출 □ 수사 중 제출
4			□ 접수시 제출 □ 수사 중 제출
5			□ 접수시 제출 □ 수사 중 제출

4.기타 증거

필요에 따라 수시 제출하겠습니다.

▣ 대한실무법률편찬연구회 ▣

연구회 발행도서
-2018년 소법전
-법률용어사전
-고소장 장석방법과 실무
-탄원서 의견서 작성방법과 실무
-소액소장 작성방법과 실무
-항소 항고 이유서 작성방법과 실제
-지급명령 신청방법

실질사례로 중심으로한
고발 · 고소장 · 내용증명 · 탄원서 · 진정서 　정가 28,000원

2022년　9월 15일　2판 인쇄
2022년　9월 20일　2판 발행
　편　　저 : 대한실무법률편찬연구회
　발 행 인 : 김 현 호
　발 행 처 : 법문 북스
　공 급 처 : 법률미디어

서울 구로구 경인로 54길4 (우편번호 : 08278)
TEL : 2636-2911-2,　FAX : 2636-3012
등록 : 1979년 8월 27일 제5-22호
Home : www.lawb.co.kr

❙ ISBN　978-89-7535-690-2 (13360)
❙ 이 도서의 국립중앙도서관 출판예정도서목록(CIP)은 서지정보유통지원시스템 홈페이지
　(http://seoji.nl.go.kr)와 국가자료종합목록시스템(http://www.nl.go.kr/kolisnet)
　에서 이용하실 수 있습니다. (CIP제어번호 : CIP2018031374)
❙ 파본은 교환해 드립니다.

법을 잘 몰라서 억울하게 손해를 보거나
누구에게나 주어진 권리를 찾아 주기 위하여
생활에 가장 기초적인 법 규정을 활용할 수 있도록
도와드리는 법률서적입니다.

13360

9 788975 356902
ISBN 978-89-7535-690-2

28,000원